HEBRAICO

VOCABULÁRIO

PORTUGUÊS BRASILEIRO

PORTUGUÊS HEBRAICO

Para alargar o seu léxico e apurar
as suas competências linguísticas

9000 palavras

Vocabulário Português Brasileiro-Hebraico - 9000 palavras

Por Andrey Taranov

Os vocabulários da T&P Books destinam-se a ajudar a aprender, a memorizar, e a rever palavras estrangeiras. O dicionário é dividido em temas, cobrindo todas as principais esferas de atividades quotidianas, negócios, ciência, cultura, etc.

O processo de aprendizagem, utilizando os dicionários baseados em temáticas da T&P Books dá-lhe as seguintes vantagens:

- Informação de origem corretamente agrupada predetermina o sucesso em fases subsequentes da memorização de palavras
- Disponibilização de palavras derivadas da mesma raiz, o que permite a memorização de unidades de texto (em vez de palavras separadas)
- Pequenas unidades de palavras facilitam o processo de estabelecimento de vínculos associativos necessários para a consolidação do vocabulário
- O nível de conhecimento da língua pode ser estimado pelo número de palavras aprendidas

T&P Books Publishing
www.tpbooks.com

ISBN: 978-1-78767-279-6

Este livro também está disponível em formato E-book.
Por favor visite www.tpbooks.com ou as principais livrarias on-line.

VOCABULÁRIO HEBRAICO
palavras mais úteis

Os vocabulários da T&P Books destinam-se a ajudar a aprender, a memorizar, e a rever palavras estrangeiras. O vocabulário contém mais de 9000 palavras de uso comum organizadas tematicamente.

O vocabulário contém as palavras mais comummente usadas
Recomendado como adicional para qualquer curso de línguas
Satisfaz as necessidades dos iniciados e dos alunos avançados de línguas estrangeiras
Conveniente para o uso diário, sessões de revisão e atividades de auto-teste
Permite avaliar o seu vocabulário

Características especias do vocabulário

- As palavras estão organizadas de acordo com o seu significado, e não por ordem alfabética
- As palavras são apresentadas em três colunas para facilitar os processos de revisão e auto-teste
- As palavras compostas são divididas em pequenos blocos para facilitar o processo de aprendizagem
- O vocabulário oferece uma transcrição simples e adequada de cada palavra estrangeira

O vocabulário contém 256 tópicos incluindo:

Conceitos básicos, Números, Cores, Meses, Estações do ano, Unidades de medida, Roupas & Acessórios, Alimentos & Nutrição, Restaurante, Membros da Família, Parentes, Caráter, Sentimentos, Emoções, Doenças, Cidade, Passeios, Compras, Dinheiro, Casa, Lar, Escritório, Trabalho no Escritório, Importação & Exportação, Marketing, Pesquisa de Emprego, Esportes, Educação, Computador, Internet, Ferramentas, Natureza, Países, Nacionalidades e muito mais ...

TABELA DE CONTEÚDOS

Guia de pronunciação   11
Abreviaturas   12

CONCEITOS BÁSICOS   13
Conceitos básicos. Parte 1   13

1. Pronomes   13
2. Cumprimentos. Saudações. Despedidas   13
3. Como se dirigir a alguém   14
4. Números cardinais. Parte 1   14
5. Números cardinais. Parte 2   15
6. Números ordinais   16
7. Números. Frações   16
8. Números. Operações básicas   16
9. Números. Diversos   17
10. Os verbos mais importantes. Parte 1   17
11. Os verbos mais importantes. Parte 2   18
12. Os verbos mais importantes. Parte 3   19
13. Os verbos mais importantes. Parte 4   20
14. Cores   21
15. Questões   21
16. Preposições   22
17. Palavras funcionais. Advérbios. Parte 1   22
18. Palavras funcionais. Advérbios. Parte 2   24

Conceitos básicos. Parte 2   26

19. Opostos   26
20. Dias da semana   28
21. Horas. Dia e noite   28
22. Meses. Estações   29
23. Tempo. Diversos   30
24. Linhas e formas   31
25. Unidades de medida   32
26. Recipientes   33
27. Materiais   34
28. Metais   35

O SER HUMANO   36
O ser humano. O corpo   36

29. Humanos. Conceitos básicos   36
30. Anatomia humana   36

31. Cabeça   37
32. Corpo humano   38

Vestuário & Acessórios   39

33. Roupa exterior. Casacos   39
34. Vestuário de homem & mulher   39
35. Vestuário. Roupa interior   40
36. Adereços de cabeça   40
37. Calçado   40
38. Têxtil. Tecidos   41
39. Acessórios pessoais   41
40. Vestuário. Diversos   42
41. Cuidados pessoais. Cosméticos   42
42. Joalheria   43
43. Relógios de pulso. Relógios   44

Alimentação. Nutrição   45

44. Comida   45
45. Bebidas   46
46. Vegetais   47
47. Frutos. Nozes   48
48. Pão. Bolaria   49
49. Pratos cozinhados   49
50. Especiarias   50
51. Refeições   51
52. Por a mesa   52
53. Restaurante   52

Família, parentes e amigos   53

54. Informação pessoal. Formulários   53
55. Membros da família. Parentes   53
56. Amigos. Colegas de trabalho   54
57. Homem. Mulher   55
58. Idade   55
59. Crianças   56
60. Casais. Vida de família   57

Caráter. Sentimentos. Emoções   58

61. Sentimentos. Emoções   58
62. Caráter. Personalidade   59
63. O sono. Sonhos   60
64. Humor. Riso. Alegria   61
65. Discussão, conversação. Parte 1   61
66. Discussão, conversação. Parte 2   62
67. Discussão, conversação. Parte 3   64
68. Acordo. Recusa   64
69. Sucesso. Boa sorte. Insucesso   65
70. Conflitos. Emoções negativas   66

Medicina 68

71. Doenças 68
72. Sintomas. Tratamentos. Parte 1 69
73. Sintomas. Tratamentos. Parte 2 70
74. Sintomas. Tratamentos. Parte 3 71
75. Médicos 72
76. Medicina. Drogas. Acessórios 72
77. Fumar. Produtos tabágicos 73

HABITAT HUMANO 74
Cidade 74

78. Cidade. Vida na cidade 74
79. Instituições urbanas 75
80. Sinais 76
81. Transportes urbanos 77
82. Turismo 78
83. Compras 79
84. Dinheiro 80
85. Correios. Serviço postal 81

Moradia. Casa. Lar 82

86. Casa. Habitação 82
87. Casa. Entrada. Elevador 83
88. Casa. Eletricidade 83
89. Casa. Portas. Fechaduras 83
90. Casa de campo 84
91. Moradia. Mansão 84
92. Castelo. Palácio 85
93. Apartamento 85
94. Apartamento. Limpeza 86
95. Mobiliário. Interior 86
96. Quarto de dormir 87
97. Cozinha 87
98. Casa de banho 88
99. Eletrodomésticos 89
100. Reparações. Renovação 89
101. Canalizações 90
102. Fogo. Deflagração 90

ATIVIDADES HUMANAS 92
Emprego. Negócios. Parte 1 92

103. Escritório. O trabalho no escritório 92
104. Processos negociais. Parte 1 93
105. Processos negociais. Parte 2 94
106. Produção. Trabalhos 95
107. Contrato. Acordo 96
108. Importação & Exportação 97

109. Finanças   97
110. Marketing   98
111. Publicidade   99
112. Banca   99
113. Telefone. Conversação telefônica   100
114. Telefone móvel   101
115. Estacionário   101
116. Vários tipos de documentos   102
117. Tipos de negócios   103

Emprego. Negócios. Parte 2   105

118. Espetáculo. Feira   105
119. Media   106
120. Agricultura   107
121. Construção. Processo de construção   108
122. Ciência. Investigação. Cientistas   109

Profissões e ocupações   110

123. Procura de emprego. Demissão   110
124. Gente de negócios   110
125. Profissões de serviços   111
126. Profissões militares e postos   112
127. Oficiais. Padres   113
128. Profissões agrícolas   113
129. Profissões artísticas   114
130. Várias profissões   114
131. Ocupações. Estatuto social   116

Desportos   117

132. Tipos de desportos. Desportistas   117
133. Tipos de desportos. Diversos   118
134. Ginásio   118
135. Hóquei   119
136. Futebol   119
137. Esqui alpino   121
138. Tênis. Golfe   121
139. Xadrez   122
140. Boxe   122
141. Desportos. Diversos   123

Educação   125

142. Escola   125
143. Colégio. Universidade   126
144. Ciências. Disciplinas   127
145. Sistema de escrita. Ortografia   127
146. Línguas estrangeiras   128

147. Personagens de contos de fadas 129
148. Signos do Zodíaco 130

Artes 131

149. Teatro 131
150. Cinema 132
151. Pintura 133
152. Literatura & Poesia 134
153. Circo 134
154. Música. Música popular 135

Descanso. Entretenimento. Viagens 137

155. Viagens 137
156. Hotel 137
157. Livros. Leitura 138
158. Caça. Pesca 140
159. Jogos. Bilhar 141
160. Jogos. Jogar cartas 141
161. Casino. Roleta 141
162. Descanso. Jogos. Diversos 142
163. Fotografia 142
164. Praia. Natação 143

EQUIPAMENTO TÉCNICO. TRANSPORTES 145
Equipamento técnico. Transportes 145

165. Computador 145
166. Internet. E-mail 146
167. Eletricidade 147
168. Ferramentas 147

Transportes 150

169. Avião 150
170. Comboio 151
171. Barco 152
172. Aeroporto 153
173. Bicicleta. Motocicleta 154

Carros 155

174. Tipos de carros 155
175. Carros. Carroçaria 155
176. Carros. Habitáculo 156
177. Carros. Motor 157
178. Carros. Batidas. Reparação 158
179. Carros. Estrada 159
180. Sinais de trânsito 160

PESSOAS. EVENTOS 161
Eventos 161

181. Férias. Evento 161
182. Funerais. Enterro 162
183. Guerra. Soldados 162
184. Guerra. Ações militares. Parte 1 164
185. Guerra. Ações militares. Parte 2 165
186. Armas 166
187. Povos da antiguidade 168
188. Idade média 169
189. Líder. Chefe. Autoridades 170
190. Estrada. Caminho. Direções 171
191. Violação da lei. Criminosos. Parte 1 172
192. Violação da lei. Criminosos. Parte 2 173
193. Polícia. Lei. Parte 1 174
194. Polícia. Lei. Parte 2 175

NATUREZA 177
A Terra. Parte 1 177

195. Espaço sideral 177
196. A Terra 178
197. Pontos cardeais 179
198. Mar. Oceano 179
199. Nomes de Mares e Oceanos 180
200. Montanhas 181
201. Nomes de montanhas 182
202. Rios 182
203. Nomes de rios 183
204. Floresta 183
205. Recursos naturais 184

A Terra. Parte 2 186

206. Tempo 186
207. Tempo extremo. Catástrofes naturais 187
208. Ruídos. Sons 187
209. Inverno 188

Fauna 190

210. Mamíferos. Predadores 190
211. Animais selvagens 190
212. Animais domésticos 191
213. Cães. Raças de cães 192
214. Sons produzidos pelos animais 193
215. Animais jovens 193
216. Pássaros 194
217. Pássaros. Canto e sons 195
218. Peixes. Animais marinhos 195
219. Anfíbios. Répteis 196

220. Insetos 197
221. Animais. Partes do corpo 197
222. Ações dos animais 198
223. Animais. Habitats 199
224. Cuidados com os animais 199
225. Animais. Diversos 200
226. Cavalos 200

Flora 202

227. Árvores 202
228. Arbustos 202
229. Cogumelos 203
230. Frutos. Bagas 203
231. Flores. Plantas 204
232. Cereais, grãos 205
233. Vegetais. Verduras 206

GEOGRAFIA REGIONAL 207
Países. Nacionalidades 207

234. Europa Ocidental 207
235. Europa Central e de Leste 209
236. Países da ex-URSS 210
237. Asia 211
238. América do Norte 213
239. América Central do Sul 213
240. Africa 214
241. Austrália. Oceania 215
242. Cidades 215
243. Política. Governo. Parte 1 216
244. Política. Governo. Parte 2 218
245. Países. Diversos 219
246. Grupos religiosos mais importantes. Confissões 219
247. Religiões. Padres 221
248. Fé. Cristianismo. Islão 221

TEMAS DIVERSOS 224

249. Várias palavras úteis 224
250. Modificadores. Adjetivos. Parte 1 225
251. Modificadores. Adjetivos. Parte 2 227

500 VERBOS PRINCIPAIS 230

252. Verbos A-B 230
253. Verbos C-D 231
254. Verbos E-J 234
255. Verbos L-P 236
256. Verbos Q-Z 238

GUIA DE PRONUNCIAÇÃO

Letra	Exemplo Hebraico	Alfabeto fonético T&P	Exemplo Português
א	אריה	[a], [ɑ:]	amar
א	אחד	[ɛ], [ɛ:]	mover
א	מָאָה	['] (hamza)	oclusiva glotal
ב	בית	[b]	barril
ג	גמל	[g]	gosto
ג׳	ג׳ונגל	[ʤ]	adjetivo
ד	דג	[d]	dentista
ה	הר	[h]	[h] aspirada
ו	וסת	[v]	fava
ז	זאב	[z]	sésamo
ז׳	ז׳ורנל	[ʒ]	talvez
ח	חוט	[x]	fricativa uvular surda
ט	טוב	[t]	tulipa
י	יום	[j]	Vietnã
ך כ	בריש	[k]	aquilo
ל	לחם	[l]	libra
ם מ	מלך	[m]	magnólia
ן נ	נר	[n]	natureza
ס	סוס	[s]	sanita
ע	עין	[a], [ɑ:]	amar
ע	תשעים	['] (ayn)	fricativa faríngea sonora
ף פ	פיל	[p]	presente
צ	צעצוע	[ts]	tsé-tsé
צ׳	צ׳ק	[ʧ]	Tchau!
ק	קוף	[k]	aquilo
ר	רכבת	[r]	[r] vibrante
ש	שלחן, עָשׂרים	[s], [ʃ]	sanita, mês
ת	תפוז	[t]	tulipa

ABREVIATURAS
usadas no vocabulário

Abreviaturas do Português

adj	-	adjetivo
adv	-	advérbio
anim.	-	animado
conj.	-	conjunção
desp.	-	esporte
etc.	-	Etcetera
ex.	-	por exemplo
f	-	nome feminino
f pl	-	feminino plural
fem.	-	feminino
inanim.	-	inanimado
m	-	nome masculino
m pl	-	masculino plural
m, f	-	masculino, feminino
masc.	-	masculino
mat.	-	matemática
mil.	-	militar
pl	-	plural
prep.	-	preposição
pron.	-	pronome
sb.	-	sobre
sing.	-	singular
v aux	-	verbo auxiliar
vi	-	verbo intransitivo
vi, vt	-	verbo intransitivo, transitivo
vr	-	verbo reflexivo
vt	-	verbo transitivo

Abreviaturas do Hebraico

ז	-	masculino
ז"ר	-	masculino plural
ז , נ	-	masculino, feminino
נ	-	feminino
נ"ר	-	feminino plural

CONCEITOS BÁSICOS

Conceitos básicos. Parte 1

1. Pronomes

eu	ani	אֲנִי (ז, נ)
você (masc.)	ata	אַתָּה (ז)
você (fem.)	at	אַתְּ (נ)
ele	hu	הוּא (ז)
ela	hi	הִיא (נ)
nós	a'naxnu	אֲנַחְנוּ (ז, נ)
vocês (masc.)	atem	אַתֶּם (ז"ר)
vocês (fem.)	aten	אַתֶּן (נ"ר)
o senhor, -a	ata, at	אַתָּה (ז), אַתְּ (נ)
senhores, -as	atem, aten	אַתֶּם (ז"ר), אַתֶּן (נ"ר)
eles	hem	הֵם (ז"ר)
elas	hen	הֵן (נ"ר)

2. Cumprimentos. Saudações. Despedidas

Oi!	ʃalom!	שָׁלוֹם!
Olá!	ʃalom!	שָׁלוֹם!
Bom dia!	'boker tov!	בּוֹקֶר טוֹב!
Boa tarde!	tsaha'rayim tovim!	צָהֳרַיִם טוֹבִים!
Boa noite!	'erev tov!	עֶרֶב טוֹב!
cumprimentar (vt)	lomar ʃalom	לוֹמַר שָׁלוֹם
Oi!	hai!	הַיי!
saudação (f)	ahlan	אַהְלָן
saudar (vt)	lomar ʃalom	לוֹמַר שָׁלוֹם
Tudo bem?	ma ʃlomxa?	מַה שְׁלוֹמְךָ? (ז)
Como vai?	ma niʃma?	מַה נִשְׁמָע?
E aí, novidades?	ma xadaʃ?	מַה חָדָשׁ?
Tchau!	lehitra'ot!	לְהִתְרָאוֹת!
Até logo!	bai!	בַּיי!
Até breve!	lehitra'ot bekarov!	לְהִתְרָאוֹת בְּקָרוֹב!
Adeus!	lehitra'ot!	לְהִתְרָאוֹת!
despedir-se (dizer adeus)	lomar lehitra'ot	לוֹמַר לְהִתְרָאוֹת
Até mais!	bai!	בַּיי!
Obrigado! -a!	toda!	תּוֹדָה!
Muito obrigado! -a!	toda raba!	תּוֹדָה רַבָּה!
De nada	bevakaʃa	בְּבַקָשָׁה

Não tem de quê	al lo davar	עַל לֹא דָּבָר
Não foi nada!	ein be'ad ma	אֵין בְּעַד מָה
Desculpa!	sliχa!	סְלִיחָה!
Desculpe!	sliχa!	סְלִיחָה!
desculpar (vt)	lis'loaχ	לִסְלוֹחַ
desculpar-se (vr)	lehitnatsel	לְהִתְנַצֵּל
Me desculpe	ani mitnatsel, ani mitna'tselet	אֲנִי מִתְנַצֵּל (ז), אֲנִי מִתְנַצֶּלֶת (נ)
Desculpe!	ani mitsta'er, ani mitsta"eret	אֲנִי מִצְטַעֵר (ז), אֲנִי מִצְטַעֶרֶת (נ)
perdoar (vt)	lis'loaχ	לִסְלוֹחַ
Não faz mal	lo nora	לֹא נוֹרָא
por favor	bevakaʃa	בְּבַקָּשָׁה
Não se esqueça!	al tiʃkaχ!	אַל תִּשְׁכַּח! (ז)
Com certeza!	'betaχ!	בֶּטַח!
Claro que não!	'betaχ ʃelo!	בֶּטַח שֶׁלֹּא!
Está bem! De acordo!	okei!	אוֹקֵיי!
Chega!	maspik!	מַסְפִּיק!

3. Como se dirigir a alguém

Desculpe ...	sliχa!	סְלִיחָה!
senhor	adon	אָדוֹן
senhora	gvirti	גְּבִרְתִּי
senhorita	'gveret	גְּבֶרֶת
jovem	baχur tsa'ir	בָּחוּר צָעִיר
menino	'yeled	יֶלֶד
menina	yalda	יַלְדָּה

4. Números cardinais. Parte 1

zero	'efes	אֶפֶס (ז)
um	eχad	אֶחָד (ז)
uma	aχat	אַחַת (נ)
dois	'ʃtayim	שְׁתַּיִם (נ)
três	ʃaloʃ	שָׁלוֹשׁ (נ)
quatro	arba	אַרְבַּע (נ)
cinco	χameʃ	חָמֵשׁ (נ)
seis	ʃeʃ	שֵׁשׁ (נ)
sete	'ʃeva	שֶׁבַע (נ)
oito	'ʃmone	שְׁמוֹנֶה (נ)
nove	'teʃa	תֵּשַׁע (נ)
dez	'eser	עֶשֶׂר (נ)
onze	aχat esre	אַחַת־עֶשְׂרֵה (נ)
doze	ʃteim esre	שְׁתֵּים־עֶשְׂרֵה (נ)
treze	ʃloʃ esre	שְׁלוֹשׁ־עֶשְׂרֵה (נ)
catorze	arba esre	אַרְבַּע־עֶשְׂרֵה (נ)
quinze	χameʃ esre	חֲמֵשׁ־עֶשְׂרֵה (נ)
dezesseis	ʃeʃ esre	שֵׁשׁ־עֶשְׂרֵה (נ)

dezessete	ʃva esre	שְׁבַע־עֶשְׂרֵה (נ)
dezoito	ʃmone esre	שְׁמוֹנֶה־עֶשְׂרֵה (נ)
dezenove	tʃa esre	תְּשַׁע־עֶשְׂרֵה (נ)
vinte	esrim	עֶשְׂרִים
vinte e um	esrim ve'eχad	עֶשְׂרִים וְאֶחָד
vinte e dois	esrim u'ʃnayim	עֶשְׂרִים וּשְׁנַיִּים
vinte e três	esrim uʃloʃa	עֶשְׂרִים וּשְׁלוֹשָׁה
trinta	ʃloʃim	שְׁלוֹשִׁים
trinta e um	ʃloʃim ve'eχad	שְׁלוֹשִׁים וְאֶחָד
trinta e dois	ʃloʃim u'ʃnayim	שְׁלוֹשִׁים וּשְׁנַיִּים
trinta e três	ʃloʃim uʃloʃa	שְׁלוֹשִׁים וּשְׁלוֹשָׁה
quarenta	arba'im	אַרְבָּעִים
quarenta e um	arba'im ve'eχad	אַרְבָּעִים וְאֶחָד
quarenta e dois	arba'im u'ʃnayim	אַרְבָּעִים וּשְׁנַיִּים
quarenta e três	arba'im uʃloʃa	אַרְבָּעִים וּשְׁלוֹשָׁה
cinquenta	χamiʃim	חֲמִישִׁים
cinquenta e um	χamiʃim ve'eχad	חֲמִישִׁים וְאֶחָד
cinquenta e dois	χamiʃim u'ʃnayim	חֲמִישִׁים וּשְׁנַיִּים
cinquenta e três	χamiʃim uʃloʃa	חֲמִישִׁים וּשְׁלוֹשָׁה
sessenta	ʃiʃim	שִׁישִׁים
sessenta e um	ʃiʃim ve'eχad	שִׁישִׁים וְאֶחָד
sessenta e dois	ʃiʃim u'ʃnayim	שִׁישִׁים וּשְׁנַיִּים
sessenta e três	ʃiʃim uʃloʃa	שִׁישִׁים וּשְׁלוֹשָׁה
setenta	ʃiv'im	שְׁבַעִים
setenta e um	ʃiv'im ve'eχad	שְׁבַעִים וְאֶחָד
setenta e dois	ʃiv'im u'ʃnayim	שְׁבַעִים וּשְׁנַיִּים
setenta e três	ʃiv'im uʃloʃa	שְׁבַעִים וּשְׁלוֹשָׁה
oitenta	ʃmonim	שְׁמוֹנִים
oitenta e um	ʃmonim ve'eχad	שְׁמוֹנִים וְאֶחָד
oitenta e dois	ʃmonim u'ʃnayim	שְׁמוֹנִים וּשְׁנַיִּים
oitenta e três	ʃmonim uʃloʃa	שְׁמוֹנִים וּשְׁלוֹשָׁה
noventa	tiʃ'im	תְּשַׁעִים
noventa e um	tiʃ'im ve'eχad	תְּשַׁעִים וְאֶחָד
noventa e dois	tiʃ'im u'ʃayim	תְּשַׁעִים וּשְׁנַיִּים
noventa e três	tiʃ'im uʃloʃa	תְּשַׁעִים וּשְׁלוֹשָׁה

5. Números cardinais. Parte 2

cem	'me'a	מֵאָה (נ)
duzentos	ma'tayim	מָאתַיִּים
trezentos	ʃloʃ me'ot	שְׁלוֹשׁ מֵאוֹת (נ)
quatrocentos	arba me'ot	אַרְבַּע מֵאוֹת (נ)
quinhentos	χameʃ me'ot	חֲמֵשׁ מֵאוֹת (נ)
seiscentos	ʃeʃ me'ot	שֵׁשׁ מֵאוֹת (נ)
setecentos	ʃva me'ot	שְׁבַע מֵאוֹת (נ)

| oitocentos | ʃmone me'ot | שְׁמוֹנֶה מֵאוֹת (נ) |
| novecentos | tʃa me'ot | תְּשַׁע מֵאוֹת (נ) |

mil	'elef	אֶלֶף (ז)
dois mil	al'payim	אַלְפַּיִם (ז)
três mil	'ʃloʃet alafim	שְׁלוֹשֶׁת אֲלָפִים (ז)
dez mil	a'seret alafim	עֲשֶׂרֶת אֲלָפִים (ז)
cem mil	'me'a 'elef	מֵאָה אֶלֶף (ז)

| um milhão | milyon | מִילְיוֹן (ז) |
| um bilhão | milyard | מִילְיַארְד (ז) |

6. Números ordinais

primeiro (adj)	riʃon	רִאשׁוֹן
segundo (adj)	ʃeni	שֵׁנִי
terceiro (adj)	ʃliʃi	שְׁלִישִׁי
quarto (adj)	revi'i	רְבִיעִי
quinto (adj)	χamiʃi	חֲמִישִׁי

sexto (adj)	ʃiʃi	שִׁישִׁי
sétimo (adj)	ʃvi'i	שְׁבִיעִי
oitavo (adj)	ʃmini	שְׁמִינִי
nono (adj)	tʃi'i	תְּשִׁיעִי
décimo (adj)	asiri	עֲשִׂירִי

7. Números. Frações

fração (f)	'ʃever	שֶׁבֶר (ז)
um meio	'χetsi	חֲצִי (ז)
um terço	ʃliʃ	שְׁלִישׁ (ז)
um quarto	'reva	רֶבַע (ז)

um oitavo	ʃminit	שְׁמִינִית (נ)
um décimo	asirit	עֲשִׂירִית (נ)
dois terços	ʃnei ʃliʃim	שְׁנֵי שְׁלִישִׁים (ז)
três quartos	'ʃloʃet riv'ei	שְׁלוֹשֶׁת רְבָעֵי

8. Números. Operações básicas

subtração (f)	χisur	חִיסּוּר (ז)
subtrair (vi, vt)	leχaser	לְחַסֵּר
divisão (f)	χiluk	חִילּוּק (ז)
dividir (vt)	leχalek	לְחַלֵּק

adição (f)	χibur	חִיבּוּר (ז)
somar (vt)	leχaber	לְחַבֵּר
adicionar (vt)	leχaber	לְחַבֵּר
multiplicação (f)	'kefel	כֶּפֶל (ז)
multiplicar (vt)	lehaχpil	לְהַכְפִּיל

16

9. Números. Diversos

algarismo, dígito (m)	sifra	סִפְרָה (נ)
número (m)	mispar	מִסְפָּר (ז)
numeral (m)	ʃem mispar	שֵׁם מִסְפָּר (ז)
menos (m)	ˈminus	מִינוּס (ז)
mais (m)	plus	פְּלוּס (ז)
fórmula (f)	nusχa	נוּסְחָה (נ)
cálculo (m)	χiʃuv	חִישׁוּב (ז)
contar (vt)	lispor	לִסְפּוֹר
calcular (vt)	leχaʃev	לְחַשֵׁב
comparar (vt)	lehaʃvot	לְהַשְׁווֹת
Quanto, -os, -as?	ˈkama?	כַּמָה?
soma (f)	sχum	סְכוּם (ז)
resultado (m)	totsaˈa	תּוֹצָאָה (נ)
resto (m)	ʃeˈerit	שְׁאֵרִית (נ)
alguns, algumas …	ˈkama	כַּמָה
pouco (~ tempo)	ktsat	קְצָת
poucos, poucas	meˈat	מְעַט
um pouco de …	meˈat	מְעַט
resto (m)	ʃeˈar	שְׁאָר (ז)
um e meio	eχad vaˈχetsi	אֶחָד וָחֵצִי (ז)
dúzia (f)	tresar	תְּרֵיסָר (ז)
ao meio	ˈχetsi ˈχetsi	חֲצִי חֲצִי
em partes iguais	ʃave beʃave	שָׁווֶה בְּשָׁווֶה
metade (f)	ˈχetsi	חֲצִי (ז)
vez (f)	ˈpaˈam	פַּעַם (נ)

10. Os verbos mais importantes. Parte 1

abrir (vt)	lifˈtoaχ	לִפְתּוֹחַ
acabar, terminar (vt)	lesayem	לְסַיֵם
aconselhar (vt)	leyaˈets	לְיַיעֵץ
adivinhar (vt)	lenaχeʃ	לְנַחֵשׁ
advertir (vt)	lehazhir	לְהַזְהִיר
ajudar (vt)	laˈazor	לַעֲזוֹר
almoçar (vi)	leˈeχol aruχat tsahaˈrayim	לֶאֱכוֹל אֲרוּחַת צָהֳרַיים
alugar (~ um apartamento)	liskor	לִשְׁכּוֹר
amar (pessoa)	leˈehov	לֶאֱהוֹב
ameaçar (vt)	leˈayem	לְאַיֵם
anotar (escrever)	lirʃom	לִרְשׁוֹם
apressar-se (vr)	lemaher	לְמַהֵר
arrepender-se (vr)	lehitstaˈer	לְהִצְטַעֵר
assinar (vt)	laχtom	לַחְתּוֹם
brincar (vi)	lehitbaˈdeaχ	לְהִתְבַּדֵחַ
brincar, jogar (vi, vt)	lesaχek	לְשַׂחֵק
buscar (vt)	leχapes	לְחַפֵּשׂ

caçar (vi)	latsud	לָצוּד
cair (vi)	lipol	לִיפּוֹל
cavar (vt)	laχpor	לַחְפּוֹר
chamar (~ por socorro)	likro	לִקְרוֹא
chegar (vi)	leha'gi'a	לְהַגִּיעַ
chorar (vi)	livkot	לִבְכּוֹת
começar (vt)	lehatχil	לְהַתְחִיל
comparar (vt)	lehaʃvot	לְהַשְׁווֹת
concordar (dizer "sim")	lehaskim	לְהַסְכִּים
confiar (vt)	liv'toaχ	לִבְטוֹחַ
confundir (equivocar-se)	lehitbalbel	לְהִתְבַּלְבֵּל
conhecer (vt)	lehakir et	לְהַכִּיר אֶת
contar (fazer contas)	lispor	לִסְפּוֹר
contar com ...	lismoχ al	לִסְמוֹךְ עַל
continuar (vt)	lehamʃiχ	לְהַמְשִׁיךְ
controlar (vt)	liʃlot	לִשְׁלוֹט
convidar (vt)	lehazmin	לְהַזְמִין
correr (vi)	laruts	לָרוּץ
criar (vt)	litsor	לִיצוֹר
custar (vt)	la'alot	לַעֲלוֹת

11. Os verbos mais importantes. Parte 2

dar (vt)	latet	לָתֵת
dar uma dica	lirmoz	לִרְמוֹז
decorar (enfeitar)	lekaʃet	לְקַשֵׁט
defender (vt)	lehagen	לְהָגֵן
deixar cair (vt)	lehapil	לְהַפִּיל
descer (para baixo)	la'redet	לָרֶדֶת
desculpar (vt)	lis'loaχ	לִסְלוֹחַ
desculpar-se (vr)	lehitnatsel	לְהִתְנַצֵּל
dirigir (~ uma empresa)	lenahel	לְנַהֵל
discutir (notícias, etc.)	ladun	לָדוּן
disparar, atirar (vi)	lirot	לִירוֹת
dizer (vt)	lomar	לוֹמַר
duvidar (vt)	lefakpek	לְפַקְפֵּק
encontrar (achar)	limtso	לִמְצוֹא
enganar (vt)	leramot	לְרַמּוֹת
entender (vt)	lehavin	לְהָבִין
entrar (na sala, etc.)	lehikanes	לְהִיכָּנֵס
enviar (uma carta)	liʃ'loaχ	לִשְׁלוֹחַ
errar (enganar-se)	lit'ot	לִטְעוֹת
escolher (vt)	livχor	לִבְחוֹר
esconder (vt)	lehastir	לְהַסְתִּיר
escrever (vt)	liχtov	לִכְתּוֹב
esperar (aguardar)	lehamtin	לְהַמְתִּין
esperar (ter esperança)	lekavot	לְקַווֹת

esquecer (vt)	liʃkoaχ	לִשְׁכּוֹחַ
estar (vi)	lihyot	לִהְיוֹת
estudar (vt)	lilmod	לִלְמוֹד
exigir (vt)	lidroʃ	לִדְרוֹשׁ
existir (vi)	lehitkayem	לְהִתְקַיֵּים
explicar (vt)	lehasbir	לְהַסְבִּיר

falar (vi)	ledaber	לְדַבֵּר
faltar (a la escuela, etc.)	lehaχsir	לְהַחְסִיר
fazer (vt)	la'asot	לַעֲשׂוֹת
ficar em silêncio	liʃtok	לִשְׁתּוֹק
gabar-se (vr)	lehitravrev	לְהִתְרַבְרֵב

gostar (apreciar)	limtso χen be'ei'nayim	לִמְצוֹא חֵן בְּעֵינַיִים
gritar (vi)	lits'ok	לִצְעוֹק
guardar (fotos, etc.)	liʃmor	לִשְׁמוֹר
informar (vt)	leho'dia	לְהוֹדִיעַ
insistir (vi)	lehit'akeʃ	לְהִתְעַקֵּשׁ

insultar (vt)	leha'aliv	לְהַעֲלִיב
interessar-se (vr)	lehit'anyen be...	לְהִתְעַנְיֵין בְּ...
ir (a pé)	la'leχet	לָלֶכֶת
ir nadar	lehitraχets	לְהִתְרַחֵץ
jantar (vi)	le'eχol aruχat 'erev	לֶאֱכוֹל אֲרוּחַת עֶרֶב

12. Os verbos mais importantes. Parte 3

ler (vt)	likro	לִקְרוֹא
libertar, liberar (vt)	leʃaχrer	לְשַׁחְרֵר
matar (vt)	laharog	לַהֲרוֹג
mencionar (vt)	lehazkir	לְהַזְכִּיר
mostrar (vt)	lehar'ot	לְהַרְאוֹת

mudar (modificar)	leʃanot	לְשַׁנוֹת
nadar (vi)	lisχot	לִשְׂחוֹת
negar-se a ... (vr)	lesarev	לְסָרֵב
objetar (vt)	lehitnaged	לְהִתְנַגֵּד

observar (vt)	litspot, lehaʃkif	לִצְפּוֹת, לְהַשְׁקִיף
ordenar (mil.)	lifkod	לִפְקוֹד
ouvir (vt)	liʃ'mo'a	לִשְׁמוֹעַ
pagar (vt)	leʃalem	לְשַׁלֵם
parar (vi)	la'atsor	לַעֲצוֹר

parar, cessar (vt)	lehafsik	לְהַפְסִיק
participar (vi)	lehiʃtatef	לְהִשְׁתַּתֵּף
pedir (comida, etc.)	lehazmin	לְהַזְמִין
pedir (um favor, etc.)	levakeʃ	לְבַקֵשׁ
pegar (tomar)	la'kaχat	לָקַחַת

pegar (uma bola)	litfos	לִתְפּוֹס
pensar (vi, vt)	laχʃov	לַחְשׁוֹב
perceber (ver)	lasim lev	לָשִׂים לֵב
perdoar (vt)	lis'loaχ	לִסְלוֹחַ

perguntar (vt)	liʃol	לִשְׁאוֹל
permitir (vt)	leharʃot	לְהַרְשׁוֹת
pertencer a ... (vi)	lehiʃtayex	לְהִשְׁתַּיֵּךְ
planejar (vt)	letaxnen	לְתַכְנֵן
poder (~ fazer algo)	yaxol	יָכוֹל
possuir (uma casa, etc.)	lihyot 'ba‘al ʃel	לִהְיוֹת בַּעַל שֶׁל

preferir (vt)	leha‘adif	לְהַעֲדִיף
preparar (vt)	levaʃel	לְבַשֵּׁל
prever (vt)	laxazot	לַחֲזוֹת
prometer (vt)	lehav'tiax	לְהַבְטִיחַ
pronunciar (vt)	levate	לְבַטֵּא

propor (vt)	leha'tsi‘a	לְהַצִּיעַ
punir (castigar)	leha‘aniʃ	לְהַעֲנִישׁ
quebrar (vt)	liʃbor	לִשְׁבּוֹר
queixar-se de ...	lehitlonen	לְהִתְלוֹנֵן
querer (desejar)	lirtsot	לִרְצוֹת

13. Os verbos mais importantes. Parte 4

ralhar, repreender (vt)	linzof	לִנְזוֹף
recomendar (vt)	lehamlits	לְהַמְלִיץ
repetir (dizer outra vez)	laxazor al	לַחֲזוֹר עַל
reservar (~ um quarto)	lehazmin meroʃ	לְהַזְמִין מֵרֹאשׁ
responder (vt)	la‘anot	לַעֲנוֹת

rezar, orar (vi)	lehitpalel	לְהִתְפַּלֵּל
rir (vi)	litsxok	לִצְחוֹק
roubar (vt)	lignov	לִגְנוֹב
saber (vt)	la'da‘at	לָדַעַת
sair (~ de casa)	latset	לָצֵאת

salvar (resgatar)	lehatsil	לְהַצִּיל
seguir (~ alguém)	la‘akov axarei	לַעֲקוֹב אַחֲרֵי
sentar-se (vr)	lehityaʃev	לְהִתְיַישֵׁב
ser (vi)	lihyot	לִהְיוֹת
ser necessário	lehidareʃ	לְהִידָרֵשׁ

significar (vt)	lomar	לוֹמַר
sorrir (vi)	lexayex	לְחַיֵּיךְ
subestimar (vt)	leham'it be"erex	לְהַמְעִיט בְּעֶרֶךְ
surpreender-se (vr)	lehitpale	לְהִתְפַּלֵּא

tentar (~ fazer)	lenasot	לְנַסּוֹת
ter (vt)	lehaxzik	לְהַחֲזִיק
ter fome	lihyot ra‘ev	לִהְיוֹת רָעֵב

ter medo	lefaxed	לְפַחֵד
ter sede	lihyot tsame	לִהְיוֹת צָמֵא
tocar (com as mãos)	la'ga‘at	לָגַעַת
tomar café da manhã	le'exol aruxat 'boker	לֶאֱכוֹל אֲרוּחַת בּוֹקֶר
trabalhar (vi)	la‘avod	לַעֲבוֹד
traduzir (vt)	letargem	לְתַרְגֵּם

unir (vt)	le'aχed	לְאַחֵד
vender (vt)	limkor	לִמְכּוֹר
ver (vt)	lir'ot	לִרְאוֹת
virar (~ para a direita)	lifnot	לִפְנוֹת
voar (vi)	la'uf	לָעוּף

14. Cores

cor (f)	'tseva	צֶבַע (ז)
tom (m)	gavan	גָּוֶן (ז)
tonalidade (m)	gavan	גָּוֶן (ז)
arco-íris (m)	'keʃet	קֶשֶׁת (נ)
branco (adj)	lavan	לָבָן
preto (adj)	ʃaχor	שָׁחוֹר
cinza (adj)	afor	אָפוֹר
verde (adj)	yarok	יָרוֹק
amarelo (adj)	tsahov	צָהוֹב
vermelho (adj)	adom	אָדוֹם
azul (adj)	kaχol	כָּחוֹל
azul claro (adj)	taχol	תְּכוֹל
rosa (adj)	varod	וָרוֹד
laranja (adj)	katom	כָּתוֹם
violeta (adj)	segol	סָגוֹל
marrom (adj)	χum	חוּם
dourado (adj)	zahov	זָהוֹב
prateado (adj)	kasuf	כָּסוּף
bege (adj)	beʒ	בֵּז'
creme (adj)	be'tseva krem	בְּצֶבַע קְרֶם
turquesa (adj)	turkiz	טוּרְקִיז
vermelho cereja (adj)	bordo	בּוֹרְדוֹ
lilás (adj)	segol	סָגוֹל
carmim (adj)	patol	פָּטוֹל
claro (adj)	bahir	בָּהִיר
escuro (adj)	kehe	כֵּהֶה
vivo (adj)	bohek	בּוֹהֵק
de cor	tsiv'oni	צִבְעוֹנִי
a cores	tsiv'oni	צִבְעוֹנִי
preto e branco (adj)	ʃaχor lavan	שָׁחוֹר-לָבָן
unicolor (de uma só cor)	χad tsiv'i	חַד-צִבְעִי
multicolor (adj)	sasgoni	סַסְגּוֹנִי

15. Questões

Quem?	mi?	מִי?
O que?	ma?	מָה?

Onde?	'eifo?	אֵיפֹה?
Para onde?	le'an?	לְאָן?
De onde?	me"eifo?	מֵאֵיפֹה?
Quando?	matai?	מָתַי?
Para quê?	'lama?	לָמָה?
Por quê?	ma'du‘a?	מַדּוּעַ?

Para quê?	biʃvil ma?	בִּשְׁבִיל מָה?
Como?	eiχ, keitsad?	כֵּיצַד? אֵיךְ?
Qual (~ é o problema?)	'eize?	אֵיזֶה?
Qual (~ deles?)	'eize?	אֵיזֶה?

A quem?	lemi?	לְמִי?
De quem?	al mi?	עַל מִי?
Do quê?	al ma?	עַל מָה?
Com quem?	im mi?	עִם מִי?

| Quanto, -os, -as? | 'kama? | כַּמָּה? |
| De quem (~ é isto?) | ʃel mi? | שֶׁל מִי? |

16. Preposições

com (prep.)	im	עִם
sem (prep.)	bli, lelo	בְּלִי, לְלֹא
a, para (exprime lugar)	le...	לְ...
sobre (ex. falar ~)	al	עַל
antes de ...	lifnei	לִפְנֵי
em frente de ...	lifnei	לִפְנֵי

debaixo de ...	mi'taχat le...	מִתַּחַת לְ...
sobre (em cima de)	me‘al	מֵעַל
em ..., sobre ...	al	עַל
de, do (sou ~ Rio de Janeiro)	mi, me	מִ, מְ
de (feito ~ pedra)	mi, me	מִ, מְ

| em (~ 3 dias) | toχ | תּוֹךְ |
| por cima de ... | 'dereχ | דֶּרֶךְ |

17. Palavras funcionais. Advérbios. Parte 1

Onde?	'eifo?	אֵיפֹה?
aqui	po, kan	פֹּה, כָּאן
lá, ali	ʃam	שָׁם

| em algum lugar | 'eifo ʃehu | אֵיפֹה שֶׁהוּא |
| em lugar nenhum | beʃum makom | בְּשׁוּם מָקוֹם |

| perto de ... | leyad ... | לְיַד ... |
| perto da janela | leyad haχalon | לְיַד הַחַלוֹן |

| Para onde? | le'an? | לְאָן? |
| aqui | 'hena, lekan | הֵנָה; לְכָאן |

para lá	leʃam	לְשָׁם
daqui	mikan	מִכָּאן
de lá, dali	miʃam	מִשָּׁם
perto	karov	קָרוֹב
longe	raχok	רָחוֹק
perto de …	leyad	לְיַד
à mão, perto	karov	קָרוֹב
não fica longe	lo raχok	לֹא רָחוֹק
esquerdo (adj)	smali	שְׂמָאלִי
à esquerda	mismol	מִשְּׂמֹאל
para a esquerda	'smola	שְׂמֹאלָה
direito (adj)	yemani	יְמָנִי
à direita	miyamin	מִיָּמִין
para a direita	ya'mina	יָמִינָה
em frente	mika'dima	מִקָּדִימָה
da frente	kidmi	קָדְמִי
adiante (para a frente)	ka'dima	קָדִימָה
atrás de …	me'aχor	מֵאָחוֹר
de trás	me'aχor	מֵאָחוֹר
para trás	a'χora	אָחוֹרָה
meio (m), metade (f)	'emtsa	אָמְצַע (ז)
no meio	ba'’emtsa	בָּאָמְצַע
do lado	mehatsad	מֵהַצַּד
em todo lugar	beχol makom	בְּכָל מָקוֹם
por todos os lados	misaviv	מִסָּבִיב
de dentro	mibifnim	מִבִּפְנִים
para algum lugar	le'an ʃehu	לְאָן שֶׁהוּא
diretamente	yaʃar	יָשָׁר
de volta	baχazara	בַּחֲזָרָה
de algum lugar	me'ei ʃam	מֵאֵי שָׁם
de algum lugar	me'ei ʃam	מֵאֵי שָׁם
em primeiro lugar	reʃit	רֵאשִׁית
em segundo lugar	ʃenit	שֵׁנִית
em terceiro lugar	ʃliʃit	שְׁלִישִׁית
de repente	pit'om	פִּתְאוֹם
no início	behatslaχa	בַּהַתְחָלָה
pela primeira vez	lariʃona	לָרִאשׁוֹנָה
muito antes de …	zman rav lifnei …	זְמַן רַב לִפְנֵי …
de novo	meχadaʃ	מֵחָדָשׁ
para sempre	letamid	לְתָמִיד
nunca	af 'pa‘am, me‘olam	מֵעוֹלָם, אַף פַּעַם
de novo	ʃuv	שׁוּב
agora	aχʃav, ka‘et	עַכְשָׁיו, כָּעֵת

frequentemente	le'itim krovot	לְעִיתִים קְרוֹבוֹת
então	az	אָז
urgentemente	bidχifut	בִּדחִיפוּת
normalmente	be'dereχ klal	בְּדֶרֶךְ כְּלָל
a propósito, …	'dereχ 'agav	דֶרֶךְ אַגַב
é possível	efʃari	אֶפשָרִי
provavelmente	kanir'e	כַּנִראֶה
talvez	ulai	אוּלַי
além disso, …	χuts mize …	חוּץ מִזֶה …
por isso …	laχen	לָכֵן
apesar de …	lamrot …	לַמרוֹת …
graças a …	hodot le…	הוֹדוֹת לְ…
que (pron.)	ma	מָה
que (conj.)	ʃe	שְ
algo	'maʃehu	מַשֶהוּ
alguma coisa	'maʃehu	מַשֶהוּ
nada	klum	כּלוּם
quem	mi	מִי
alguém (~ que …)	'miʃehu, 'miʃehi	מִישֶהוּ (ז), מִישֶהִי (נ)
alguém (com ~)	'miʃehu, 'miʃehi	מִישֶהוּ (ז), מִישֶהִי (נ)
ninguém	af eχad, af aχat	אַף אֶחָד (ז), אַף אַחַת (נ)
para lugar nenhum	leʃum makom	לְשוּם מָקוֹם
de ninguém	lo ʃayaχ le'af eχad	לֹא שַיָיךְ לְאַף אֶחָד
de alguém	ʃel 'miʃehu	שֶל מִישֶהוּ
tão	kol kaχ	כָּל־כָּךְ
também (gostaria ~ de …)	gam	גַם
também (~ eu)	gam	גַם

18. Palavras funcionais. Advérbios. Parte 2

Por quê?	ma'du‘a?	מַדוּעַ?
por alguma razão	miʃum ma	מִשוּם־מָה
porque …	miʃum ʃe	מִשוּם שְ
por qualquer razão	lematara 'kolʃehi	לְמַטָרָה כָּלשֶהִי
e (tu ~ eu)	ve …	וְ …
ou (ser ~ não ser)	o	אוֹ
mas (porém)	aval, ulam	אֲבָל, אוּלָם
para (~ a minha mãe)	biʃvil	בִּשבִיל
muito, demais	yoter midai	יוֹתֵר מִדַי
só, somente	rak	רַק
exatamente	bediyuk	בְּדִיוּק
cerca de (~ 10 kg)	be"ereχ	בְּעֵרֶךְ
aproximadamente	be"ereχ	בְּעֵרֶךְ
aproximado (adj)	meʃo‘ar	מְשוֹעָר
quase	kim'at	כִּמעַט
resto (m)	ʃe'ar	שְאָר (ז)

o outro (segundo)	aχer	אַחֵר
outro (adj)	aχer	אַחֵר
cada (adj)	kol	כֹּל
qualquer (adj)	kolʃehu	כָּלשֶׁהוּ
muitos, muitas	harbe	הַרבֵּה
muito, muitos, muitas	harbe	הַרבֵּה
muitas pessoas	harbe	הַרבֵּה
todos	kulam	כּוּלָם

em troca de ...	tmurat ...	תמוּרַת ...
em troca	bitmura	בִּתמוּרָה
à mão	bayad	בְּיָד
pouco provável	safek im	סָפֵק אִם

provavelmente	karov levadai	קָרוֹב לְוַודַאי
de propósito	'davka	דַווקָא
por acidente	bemikre	בְּמִקרֶה

muito	me'od	מְאוֹד
por exemplo	lemaʃal	לְמָשָׁל
entre	bein	בֵּין
entre (no meio de)	be'kerev	בְּקֶרֶב
tanto	kol kaχ harbe	כָּל־כָּך הַרבֵּה
especialmente	bimyuχad	בְּמיוּחָד

Conceitos básicos. Parte 2

19. Opostos

rico (adj)	aʃir	עָשִׁיר
pobre (adj)	ani	עָנִי
doente (adj)	χole	חוֹלֶה
bem (adj)	bari	בָּרִיא
grande (adj)	gadol	גָּדוֹל
pequeno (adj)	katan	קָטָן
rapidamente	maher	מַהֵר
lentamente	le'at	לְאַט
rápido (adj)	mahir	מָהִיר
lento (adj)	iti	אִטִּי
alegre (adj)	sa'meaχ	שָׂמֵחַ
triste (adj)	atsuv	עָצוּב
juntos (ir ~)	be'yaχad	בְּיַחַד
separadamente	levad	לְבַד
em voz alta (ler ~)	bekol ram	בְּקוֹל רָם
para si (em silêncio)	belev, be'ʃeket	בְּלֵב, בְּשֶׁקֶט
alto (adj)	ga'voha	גָּבוֹהַּ
baixo (adj)	namuχ	נָמוּך
profundo (adj)	amok	עָמוֹק
raso (adj)	radud	רָדוד
sim	ken	כֵּן
não	lo	לֹא
distante (adj)	raχok	רָחוֹק
próximo (adj)	karov	קָרוֹב
longe	raχok	רָחוֹק
à mão, perto	samuχ	סָמוּך
longo (adj)	aroχ	אָרוֹך
curto (adj)	katsar	קָצָר
bom (bondoso)	tov lev	טוֹב לֵב
mal (adj)	raʃa	רָשָׁע
casado (adj)	nasui	נָשׂוּי

solteiro (adj)	ravak	רַוָּק
proibir (vt)	le'esor al	לֶאֱסֹר עַל
permitir (vt)	leharʃot	לְהַרְשׁוֹת
fim (m)	sof	סוֹף (ז)
início (m)	hatχala	הַתְחָלָה (נ)
esquerdo (adj)	smali	שְׂמָאלִי
direito (adj)	yemani	יְמָנִי
primeiro (adj)	riʃon	רִאשׁוֹן
último (adj)	aχaron	אַחֲרוֹן
crime (m)	'peʃa	פֶּשַׁע (ז)
castigo (m)	'oneʃ	עוֹנֶשׁ (ז)
ordenar (vt)	letsavot	לְצַוּוֹת
obedecer (vt)	letsayet	לְצַיֵּת
reto (adj)	yaʃar	יָשָׁר
curvo (adj)	me'ukal	מְעוּקָל
paraíso (m)	gan 'eden	גַּן עֵדֶן (ז)
inferno (m)	gehinom	גֵּיהִינוֹם (ז)
nascer (vi)	lehivaled	לְהִיוָּלֵד
morrer (vi)	lamut	לָמוּת
forte (adj)	χazak	חָזָק
fraco, débil (adj)	χalaʃ	חַלָשׁ
velho, idoso (adj)	zaken	זָקֵן
jovem (adj)	tsa'ir	צָעִיר
velho (adj)	yaʃan	יָשָׁן
novo (adj)	χadaʃ	חָדָשׁ
duro (adj)	kaʃe	קָשֶׁה
macio (adj)	raχ	רַךְ
quente (adj)	χamim	חָמִים
frio (adj)	kar	קַר
gordo (adj)	ʃamen	שָׁמֵן
magro (adj)	raze	רָזֶה
estreito (adj)	tsar	צַר
largo (adj)	raχav	רָחָב
bom (adj)	tov	טוֹב
mau (adj)	ra	רַע
valente, corajoso (adj)	amits	אַמִּיץ
covarde (adj)	paχdani	פַּחְדָּנִי

20. Dias da semana

segunda-feira (f)	yom ʃeni	יוֹם שֵׁנִי (ז)
terça-feira (f)	yom ʃliʃi	יוֹם שְׁלִישִׁי (ז)
quarta-feira (f)	yom revi'i	יוֹם רְבִיעִי (ז)
quinta-feira (f)	yom χamiʃi	יוֹם חֲמִישִׁי (ז)
sexta-feira (f)	yom ʃiʃi	יוֹם שִׁישִׁי (ז)
sábado (m)	ʃabat	שַׁבָּת (נ)
domingo (m)	yom riʃon	יוֹם רִאשׁוֹן (ז)

hoje	hayom	הַיּוֹם
amanhã	maχar	מָחָר
depois de amanhã	maχara'tayim	מָחָרָתַיִם
ontem	etmol	אֶתְמוֹל
anteontem	ʃilʃom	שִׁלְשׁוֹם

dia (m)	yom	יוֹם (ז)
dia (m) de trabalho	yom avoda	יוֹם עֲבוֹדָה (ז)
feriado (m)	yom χag	יוֹם חַג (ז)
dia (m) de folga	yom menuχa	יוֹם מְנוּחָה (ז)
fim (m) de semana	sof ʃa'vu'a	סוֹף שָׁבוּעַ

o dia todo	kol hayom	כָּל הַיּוֹם
no dia seguinte	lamaχarat	לְמָחֳרָת
há dois dias	lifnei yo'mayim	לִפְנֵי יוֹמַיִם
na véspera	'erev	עֶרֶב
diário (adj)	yomyomi	יוֹמִיוֹמִי
todos os dias	midei yom	מְדֵי יוֹם

semana (f)	ʃa'vua	שָׁבוּעַ (ז)
na semana passada	baʃa'vu'a ʃe'avar	בַּשָּׁבוּעַ שֶׁעָבַר
semana que vem	baʃa'vu'a haba	בַּשָּׁבוּעַ הַבָּא
semanal (adj)	ʃvu'i	שְׁבוּעִי
toda semana	kol ʃa'vu'a	כָּל שָׁבוּעַ
duas vezes por semana	pa'a'mayim beʃa'vu'a	פַּעֲמַיִם בְּשָׁבוּעַ
toda terça-feira	kol yom ʃliʃi	כָּל יוֹם שְׁלִישִׁי

21. Horas. Dia e noite

manhã (f)	'boker	בּוֹקֶר (ז)
de manhã	ba'boker	בַּבּוֹקֶר
meio-dia (m)	tsaha'rayim	צָהֳרַיִם (ז"ר)
à tarde	aχar hatsaha'rayim	אַחַר הַצָּהֳרַיִם

tardinha (f)	'erev	עֶרֶב (ז)
à tardinha	ba''erev	בָּעֶרֶב
noite (f)	'laila	לַיְלָה (ז)
à noite	ba'laila	בַּלַיְלָה
meia-noite (f)	χatsot	חֲצוֹת (נ)

segundo (m)	ʃniya	שְׁנִיָּה (נ)
minuto (m)	daka	דַּקָּה (נ)
hora (f)	ʃa'a	שָׁעָה (נ)

meia hora (f)	χatsi ʃaʻa	חֲצִי שָׁעָה (נ)
quarto (m) de hora	'reva ʃaʻa	רֶבַע שָׁעָה (ז)
quinze minutos	χameʃ esre dakot	חָמֵשׁ עֶשְׂרֵה דַּקּוֹת
vinte e quatro horas	yemama	יְמָמָה (נ)
nascer (m) do sol	zriχa	זְרִיחָה (נ)
amanhecer (m)	'ʃaχar	שַׁחַר (ז)
madrugada (f)	'ʃaχar	שַׁחַר (ז)
pôr-do-sol (m)	ʃkiʻa	שְׁקִיעָה (נ)
de madrugada	mukdam ba'boker	מוּקְדָּם בַּבּוֹקֶר
esta manhã	ha'boker	הַבּוֹקֶר
amanhã de manhã	maχar ba'boker	מָחָר בַּבּוֹקֶר
esta tarde	hayom aχarei hatzaha'rayim	הַיּוֹם אַחֲרֵי הַצׇהֳרַיִם
à tarde	aχar hatsaha'rayim	אַחַר הַצׇהֳרַיִם
amanhã à tarde	maχar aχarei hatsaha'rayim	מָחָר אַחֲרֵי הַצׇהֳרַיִם
esta noite, hoje à noite	ha''erev	הָעֶרֶב
amanhã à noite	maχar ba''erev	מָחָר בָּעֶרֶב
às três horas em ponto	baʃaʻa ʃaloʃ bediyuk	בְּשָׁעָה שָׁלוֹשׁ בְּדִיּוּק
por volta das quatro	bisvivot arba	בִּסְבִיבוֹת אַרְבַּע
às doze	ad ʃteim esre	עַד שְׁתֵּים-עֶשְׂרֵה
em vinte minutos	be'od esrim dakot	בְּעוֹד עֶשְׂרִים דַּקּוֹת
em uma hora	be'od ʃaʻa	בְּעוֹד שָׁעָה
a tempo	bazman	בַּזְּמַן
... um quarto para	'reva le...	רֶבַע לְ...
dentro de uma hora	toχ ʃaʻa	תּוֹךְ שָׁעָה
a cada quinze minutos	kol 'reva ʃaʻa	כָּל רֶבַע שָׁעָה
as vinte e quatro horas	misaviv laʃaʻon	מִסָּבִיב לַשָּׁעוֹן

22. Meses. Estações

janeiro (m)	'yanu'ar	יָנוּאָר (ז)
fevereiro (m)	'febru'ar	פֶבְּרוּאָר (ז)
março (m)	merts	מֶרְץ (ז)
abril (m)	april	אַפְּרִיל (ז)
maio (m)	mai	מַאי (ז)
junho (m)	'yuni	יוּנִי (ז)
julho (m)	'yuli	יוּלִי (ז)
agosto (m)	'ogust	אוֹגוּסְט (ז)
setembro (m)	sep'tember	סֶפְּטֶמְבֶּר (ז)
outubro (m)	ok'tober	אוֹקְטוֹבֶּר (ז)
novembro (m)	no'vember	נוֹבֶמְבֶּר (ז)
dezembro (m)	de'tsember	דֶּצֶמְבֶּר (ז)
primavera (f)	aviv	אָבִיב (ז)
na primavera	ba'aviv	בָּאָבִיב
primaveril (adj)	avivi	אֲבִיבִי
verão (m)	'kayits	קַיִץ (ז)

no verão	ba'kayits	בַּקַּיִץ
de verão	ketsi	קֵיצִי
outono (m)	stav	סְתָיו (ז)
no outono	bestav	בִּסְתָיו
outonal (adj)	stavi	סְתָווִי
inverno (m)	'χoref	חוֹרֶף (ז)
no inverno	ba'χoref	בַּחוֹרֶף
de inverno	χorpi	חוֹרְפִּי
mês (m)	'χodeʃ	חוֹדֶשׁ (ז)
este mês	ha'χodeʃ	הַחוֹדֶשׁ
mês que vem	ba'χodeʃ haba	בַּחוֹדֶשׁ הַבָּא
no mês passado	ba'χodeʃ ʃe'avar	בַּחוֹדֶשׁ שֶׁעָבַר
um mês atrás	lifnei 'χodeʃ	לִפְנֵי חוֹדֶשׁ
em um mês	be'od 'χodeʃ	בְּעוֹד חוֹדֶשׁ
em dois meses	be'od χod'ʃayim	בְּעוֹד חוֹדְשַׁיִם
todo o mês	kol ha'χodeʃ	כָּל הַחוֹדֶשׁ
um mês inteiro	kol ha'χodeʃ	כָּל הַחוֹדֶשׁ
mensal (adj)	χodʃi	חוֹדְשִׁי
mensalmente	χodʃit	חוֹדְשִׁית
todo mês	kol 'χodeʃ	כָּל חוֹדֶשׁ
duas vezes por mês	pa'a'mayim be'χodeʃ	פַּעֲמַיִם בְּחוֹדֶשׁ
ano (m)	ʃana	שָׁנָה (נ)
este ano	haʃana	הַשָּׁנָה
ano que vem	baʃana haba'a	בַּשָּׁנָה הַבָּאָה
no ano passado	baʃana ʃe'avra	בַּשָּׁנָה שֶׁעָבְרָה
há um ano	lifnei ʃana	לִפְנֵי שָׁנָה
em um ano	be'od ʃana	בְּעוֹד שָׁנָה
dentro de dois anos	be'od ʃna'tayim	בְּעוֹד שְׁנָתַיִם
todo o ano	kol haʃana	כָּל הַשָּׁנָה
um ano inteiro	kol haʃana	כָּל הַשָּׁנָה
cada ano	kol ʃana	כָּל שָׁנָה
anual (adj)	ʃnati	שְׁנָתִי
anualmente	midei ʃana	מִדֵּי שָׁנָה
quatro vezes por ano	arba pa'amim be'χodeʃ	אַרְבַּע פְּעָמִים בְּחוֹדֶשׁ
data (~ de hoje)	ta'ariχ	תַּאֲרִיךְ (ז)
data (ex. ~ de nascimento)	ta'ariχ	תַּאֲרִיךְ (ז)
calendário (m)	'luaχ ʃana	לוּחַ שָׁנָה (ז)
meio ano	χatsi ʃana	חֲצִי שָׁנָה (ז)
seis meses	ʃiʃa χodaʃim, χatsi ʃana	חֲצִי שָׁנָה, שִׁישָׁה חוֹדָשִׁים
estação (f)	ona	עוֹנָה (נ)
século (m)	'me'a	מֵאָה (נ)

23. Tempo. Diversos

tempo (m)	zman	זְמַן (ז)
momento (m)	'rega	רֶגַע (ז)

instante (m)	'rega	רֶגַע (ז)
instantâneo (adj)	miyadi	מִיָּדִי
lapso (m) de tempo	tkufa	תְּקוּפָה (נ)
vida (f)	χayim	חַיִּים (ז"ר)
eternidade (f)	'netsaχ	נֶצַח (ז)
época (f)	idan	עִידָן (ז)
era (f)	idan	עִידָן (ז)
ciclo (m)	maχzor	מַחְזוֹר (ז)
período (m)	tkufa	תְּקוּפָה (נ)
prazo (m)	tkufa	תְּקוּפָה (נ)
futuro (m)	atid	עָתִיד (ז)
futuro (adj)	haba	הַבָּא
da próxima vez	ba'pa‘am haba'a	בַּפַּעַם הַבָּאָה
passado (m)	avar	עָבָר (ז)
passado (adj)	ʃe‘avar	שֶׁעָבַר
na última vez	ba'pa‘am hako'demet	בַּפַּעַם הַקּוֹדֶמֶת
mais tarde	me'uχar yoter	מְאוּחָר יוֹתֵר
depois de …	aχarei	אַחֲרֵי
atualmente	kayom	כַּיּוֹם
agora	aχʃav, ka‘et	עַכְשָׁיו, כָּעֵת
imediatamente	miyad	מִיָּד
em breve	bekarov	בְּקָרוֹב
de antemão	meroʃ	מֵרֹאשׁ
há muito tempo	mizman	מִזְּמַן
recentemente	lo mizman	לֹא מִזְּמַן
destino (m)	goral	גּוֹרָל (ז)
recordações (f pl)	ziχronot	זִכְרוֹנוֹת (ז"ר)
arquivo (m)	arχiyon	אַרְכִיּוֹן (ז)
durante …	bezman ʃel …	בְּזְמַן שֶׁל …
durante muito tempo	zman rav	זְמַן רַב
pouco tempo	lo zman rav	לֹא זְמַן רַב
cedo (levantar-se ~)	mukdam	מוּקְדָּם
tarde (deitar-se ~)	me'uχar	מְאוּחָר
para sempre	la'netsaχ	לָנֶצַח
começar (vt)	lehatχil	לְהַתְחִיל
adiar (vt)	lidχot	לִדְחוֹת
ao mesmo tempo	bo zmanit	בּוֹ זְמַנִית
permanentemente	bikvi‘ut	בִּקְבִיעוּת
constante (~ ruído, etc.)	ka'vu‘a	קָבוּעַ
temporário (adj)	zmani	זְמַנִי
às vezes	lif‘amim	לִפְעָמִים
raras vezes, raramente	le‘itim reχokot	לְעִתִּים רְחוֹקוֹת
frequentemente	le‘itim krovot	לְעִתִּים קְרוֹבוֹת

24. Linhas e formas

quadrado (m)	ri'bu‘a	רִיבּוּעַ (ז)
quadrado (adj)	meruba	מְרוּבָּע

círculo (m)	maʻagal, igul	מַעְגָּל, עִיגוּל (ז)
redondo (adj)	agol	עָגוֹל
triângulo (m)	meʃulaʃ	מְשׁוּלָשׁ (ז)
triangular (adj)	meʃulaʃ	מְשׁוּלָשׁ

oval (f)	eʼlipsa	אֶלִיפְּסָה (נ)
oval (adj)	eʼlipti	אֶלִיפְּטִי
retângulo (m)	malben	מַלְבֵּן (ז)
retangular (adj)	malbeni	מַלְבֵּנִי

pirâmide (f)	piraʼmida	פִּירָמִידָה (נ)
losango (m)	meʻuyan	מְעוּיָן (ז)
trapézio (m)	trapez	טְרַפֵּז (ז)
cubo (m)	kubiya	קוּבִּיָּה (נ)
prisma (m)	minsara	מִנְסָרָה (נ)

circunferência (f)	maʻagal	מַעְגָּל (ז)
esfera (f)	sfira	סְפִירָה (נ)
globo (m)	kadur	כַּדּוּר (ז)
diâmetro (m)	ʼkoter	קוֹטֶר (ז)
raio (m)	ʼradyus	רַדְיוּס (ז)
perímetro (m)	hekef	הֶיקֵּף (ז)
centro (m)	merkaz	מֶרְכָּז (ז)

horizontal (adj)	ofki	אוֹפְקִי
vertical (adj)	anaχi	אֲנָכִי
paralela (f)	kav makbil	קַו מַקְבִּיל (ז)
paralelo (adj)	makbil	מַקְבִּיל

linha (f)	kav	קַו (ז)
traço (m)	kav	קַו (ז)
reta (f)	kav yaʃar	קַו יָשָׁר (ז)
curva (f)	akuma	עֲקוּמָה (נ)
fino (linha ~a)	dak	דַּק
contorno (m)	mitʼar	מִתְאָר (ז)

interseção (f)	χituχ	חִיתּוּךְ (ז)
ângulo (m) reto	zavit yaʃara	זָווִית יָשָׁרָה (נ)
segmento (m)	mikta	מִקְטָע (ז)
setor (m)	gizra	גִּזְרָה (נ)
lado (de um triângulo, etc.)	ʼtsela	צֶלַע (ז)
ângulo (m)	zavit	זָווִית (נ)

25. Unidades de medida

peso (m)	miʃkal	מִשְׁקָל (ז)
comprimento (m)	ʼoreχ	אוֹרֶךְ (ז)
largura (f)	ʼroχav	רוֹחַב (ז)
altura (f)	ʼgova	גּוֹבַהּ (ז)
profundidade (f)	ʼomek	עוֹמֶק (ז)
volume (m)	ʼnefaχ	נֶפַח (ז)
área (f)	ʃetaχ	שֶׁטַח (ז)
grama (m)	gram	גְּרָם (ז)
miligrama (m)	miligram	מִילִיגְרָם (ז)

quilograma (m)	kilogram	קִילוֹגְרָם (ז)
tonelada (f)	ton	טוֹן (ז)
libra (453,6 gramas)	'pa'und	פָּאוּנד (ז)
onça (f)	'unkiya	אוּנקִיָה (נ)
metro (m)	'meter	מֶטֶר (ז)
milímetro (m)	mili'meter	מִילִימֶטֶר (ז)
centímetro (m)	senti'meter	סָנטִימֶטֶר (ז)
quilômetro (m)	kilo'meter	קִילוֹמֶטֶר (ז)
milha (f)	mail	מַייל (ז)
polegada (f)	intʃ	אִינצ' (ז)
pé (304,74 mm)	'regel	רֶגֶל (נ)
jarda (914,383 mm)	yard	יַרד (ז)
metro (m) quadrado	'meter ra'vu'a	מֶטֶר רָבוּעַ (ז)
hectare (m)	hektar	הֶקטָר (ז)
litro (m)	litr	לִיטר (ז)
grau (m)	ma'ala	מַעֲלָה (נ)
volt (m)	volt	ווֹלט (ז)
ampère (m)	amper	אַמפֶּר (ז)
cavalo (m) de potência	'koaχ sus	כּוֹחַ סוּס (ז)
quantidade (f)	kamut	כַּמוּת (נ)
um pouco de ...	ktsat ...	קְצָת ...
metade (f)	'χetsi	חֵצִי (ז)
dúzia (f)	tresar	תְרֵיסָר (ז)
peça (f)	yeχida	יְחִידָה (נ)
tamanho (m), dimensão (f)	'godel	גוֹדֶל (ז)
escala (f)	kne mida	קְנֵה מִידָה (ז)
mínimo (adj)	mini'mali	מִינִימָאלִי
menor, mais pequeno	hakatan beyoter	הַקָטָן בְּיוֹתֵר
médio (adj)	memutsa	מְמוּצָע
máximo (adj)	maksi'mali	מַקסִימָלִי
maior, mais grande	hagadol beyoter	הַגָדוֹל בְּיוֹתֵר

26. Recipientes

pote (m) de vidro	tsin'tsenet	צִנצֶנֶת (נ)
lata (~ de cerveja)	paχit	פַּחִית (נ)
balde (m)	dli	דְלִי (ז)
barril (m)	χavit	חָבִית (נ)
bacia (~ de plástico)	gigit	גִיגִית (נ)
tanque (m)	meiχal	מֵיכָל (ז)
cantil (m) de bolso	meimiya	מֵימִיָה (נ)
galão (m) de gasolina	'dʒerikan	ג'רִיקָן (ז)
cisterna (f)	meχalit	מֵיכָלִית (נ)
caneca (f)	'sefel	סֵפֶל (ז)
xícara (f)	'sefel	סֵפֶל (ז)

pires (m)	taχtit	תַּחְתִּית (נ)
copo (m)	kos	כּוֹס (נ)
taça (f) de vinho	ga'vi'a	גָּבִיעַ (ז)
panela (f)	sir	סִיר (ז)

garrafa (f)	bakbuk	בַּקְבּוּק (ז)
gargalo (m)	tsavar habakbuk	צַוַּאר הַבַּקְבּוּק (ז)

jarra (f)	kad	כַּד (ז)
jarro (m)	kankan	קַנְקַן (ז)
recipiente (m)	kli	כְּלִי (ז)
pote (m)	sir 'χeres	סִיר חֶרֶס (ז)
vaso (m)	agartal	אֲגַרְטָל (ז)

frasco (~ de perfume)	tsloχit	צְלוֹחִית (נ)
frasquinho (m)	bakbukon	בַּקְבּוּקוֹן (ז)
tubo (m)	ʃfo'feret	שְׁפוֹפֶרֶת (נ)

saco (ex. ~ de açúcar)	sak	שַׂק (ז)
sacola (~ plastica)	sakit	שַׂקִּית (נ)
maço (de cigarros, etc.)	χafisa	חֲפִיסָה (נ)

caixa (~ de sapatos, etc.)	kufsa	קוּפְסָה (נ)
caixote (~ de madeira)	argaz	אַרְגָּז (ז)
cesto (m)	sal	סַל (ז)

27. Materiais

material (m)	'χomer	חוֹמֶר (ז)
madeira (f)	ets	עֵץ (ז)
de madeira	me'ets	מֵעֵץ

vidro (m)	zχuχit	זְכוּכִית (נ)
de vidro	mizχuχit	מִזְּכוּכִית

pedra (f)	'even	אֶבֶן (נ)
de pedra	me''even	מֵאֶבֶן

plástico (m)	'plastik	פְּלַסְטִיק (ז)
plástico (adj)	mi'plastik	מִפְּלַסְטִיק

borracha (f)	'gumi	גּוּמִי (ז)
de borracha	mi'gumi	מִגּוּמִי

tecido, pano (m)	bad	בַּד (ז)
de tecido	mibad	מִבַּד

papel (m)	neyar	נְיָיר (ז)
de papel	mineyar	מִנְּיָיר

papelão (m)	karton	קַרְטוֹן (ז)
de papelão	mikarton	מִקַּרְטוֹן
polietileno (m)	'nailon	נַיְילוֹן (ז)
celofane (m)	tselofan	צֶלוֹפָן (ז)

| linóleo (m) | li'nole'um | לִינוֹלֵיאוּם (ז) |
| madeira (f) compensada | dikt | דִּיקְט (ז) |

porcelana (f)	χar'sina	חַרְסִינָה (נ)
de porcelana	meχar'sina	מְחַרְסִינָה
argila (f), barro (m)	χarsit	חַרְסִית (נ)
de barro	me'χeres	מֶחֶרֶס
cerâmica (f)	ke'ramika	קֶרָמִיקָה (נ)
de cerâmica	ke'rami	קֶרָמִי

28. Metais

metal (m)	ma'teχet	מַתֶּכֶת (נ)
metálico (adj)	mataχti	מַתַּכְתִּי
liga (f)	sag'soget	סַגְסוֹגֶת (נ)

ouro (m)	zahav	זָהָב (ז)
de ouro	mizahav, zahov	מִזָּהָב, זָהוֹב
prata (f)	'kesef	כֶּסֶף (ז)
de prata	kaspi	כַּסְפִּי

ferro (m)	barzel	בַּרְזֶל (ז)
de ferro	mibarzel	מְבַּרְזֶל
aço (m)	plada	פְּלָדָה (נ)
de aço (adj)	miplada	מִפְּלָדָה
cobre (m)	ne'χoʃet	נְחוֹשֶׁת (נ)
de cobre	mine'χoʃet	מִנְּחוֹשֶׁת

alumínio (m)	alu'minyum	אָלוּמִינְיוּם (ז)
de alumínio	me'alu'minyum	מֵאָלוּמִינְיוּם
bronze (m)	arad	אָרָד (ז)
de bronze	me'arad	מֵאָרָד

latão (m)	pliz	פְּלִיז (ז)
níquel (m)	'nikel	נִיקֶל (ז)
platina (f)	'platina	פְּלָטִינָה (נ)
mercúrio (m)	kaspit	כַּסְפִּית (נ)
estanho (m)	bdil	בְּדִיל (ז)
chumbo (m)	o'feret	עוֹפֶרֶת (נ)
zinco (m)	avats	אָבָץ (ז)

O SER HUMANO

O ser humano. O corpo

29. Humanos. Conceitos básicos

ser (m) humano	ben adam	בֶּן אָדָם (ז)
homem (m)	'gever	גֶּבֶר (ז)
mulher (f)	iʃa	אִשָּׁה (נ)
criança (f)	'yeled	יֶלֶד (ז)
menina (f)	yalda	יַלְדָּה (נ)
menino (m)	'yeled	יֶלֶד (ז)
adolescente (m)	'na'ar	נַעַר (ז)
velho (m)	zaken	זָקֵן (ז)
velha (f)	zkena	זְקֵנָה (נ)

30. Anatomia humana

organismo (m)	guf ha'adam	גּוּף הָאָדָם (ז)
coração (m)	lev	לֵב (ז)
sangue (m)	dam	דָּם (ז)
artéria (f)	'orek	עוֹרֶק (ז)
veia (f)	vrid	וְרִיד (ז)
cérebro (m)	'moaχ	מוֹחַ (ז)
nervo (m)	atsav	עָצָב (ז)
nervos (m pl)	atsabim	עֲצַבִּים (ז"ר)
vértebra (f)	χulya	חוּלְיָה (נ)
coluna (f) vertebral	amud haʃidra	עַמּוּד הַשִּׁדְרָה (ז)
estômago (m)	keiva	קֵיבָה (נ)
intestinos (m pl)	me"ayim	מֵעַיִים (ז"ר)
intestino (m)	me'i	מְעִי (ז)
fígado (m)	kaved	כָּבֵד (ז)
rim (m)	kilya	כִּלְיָה (נ)
osso (m)	'etsem	עֶצֶם (נ)
esqueleto (m)	'ʃeled	שֶׁלֶד (ז)
costela (f)	'tsela	צֵלָע (ז)
crânio (m)	gul'golet	גּוּלְגּוֹלֶת (נ)
músculo (m)	ʃrir	שְׁרִיר (ז)
bíceps (m)	ʃrir du raʃi	שְׁרִיר דּוּ־רָאשִׁי (ז)
tríceps (m)	ʃrir tlat raʃi	שְׁרִיר תְּלָת־רָאשִׁי (ז)
tendão (m)	gid	גִּיד (ז)
articulação (f)	'perek	פֶּרֶק (ז)

pulmões (m pl)	re'ot	רֵיאוֹת (נ"ר)
órgãos (m pl) genitais	evrei min	אֶבְרֵי מִין (ז"ר)
pele (f)	or	עוֹר (ז)

31. Cabeça

cabeça (f)	roʃ	רֹאשׁ (ז)
rosto, cara (f)	panim	פָּנִים (ז"ר)
nariz (m)	af	אַף (ז)
boca (f)	pe	פֶּה (ז)

olho (m)	'ayin	עַיִן (נ)
olhos (m pl)	ei'nayim	עֵינַיִם (נ"ר)
pupila (f)	iʃon	אִישׁוֹן (ז)
sobrancelha (f)	gaba	גַּבָּה (נ)
cílio (f)	ris	רִיס (ז)
pálpebra (f)	af'af	עַפְעַף (ז)

língua (f)	laʃon	לָשׁוֹן (נ)
dente (m)	ʃen	שֵׁן (נ)
lábios (m pl)	sfa'tayim	שְׂפָתַיִם (נ"ר)
maçãs (f pl) do rosto	atsamot leχa'yayim	עַצְמוֹת לְחָיַיִם (נ"ר)
gengiva (f)	χani'χayim	חֲנִיכַיִם (ז"ר)
palato (m)	χeχ	חֵךְ (ז)

narinas (f pl)	neχi'rayim	נְחִירַיִם (ז"ר)
queixo (m)	santer	סַנְטֵר (ז)
mandíbula (f)	'leset	לֶסֶת (נ)
bochecha (f)	'leχi	לֶחִי (נ)

testa (f)	'metsaχ	מֵצַח (ז)
têmpora (f)	raka	רַקָּה (נ)
orelha (f)	'ozen	אוֹזֶן (נ)
costas (f pl) da cabeça	'oref	עוֹרֶף (ז)
pescoço (m)	tsavar	צַוָּאר (ז)
garganta (f)	garon	גָּרוֹן (ז)

cabelo (m)	se'ar	שֵׂיעָר (ז)
penteado (m)	tis'roket	תִּסְרוֹקֶת (נ)
corte (m) de cabelo	tis'poret	תִּסְפּוֹרֶת (נ)
peruca (f)	pe'a	פֵּאָה (נ)

bigode (m)	safam	שָׂפָם (ז)
barba (f)	zakan	זָקָן (ז)
ter (~ barba, etc.)	legadel	לְגַדֵּל
trança (f)	tsama	צַמָּה (נ)
suíças (f pl)	pe'ot leχa'yayim	פֵּאוֹת לְחָיַיִם (נ"ר)

ruivo (adj)	'dʒindʒi	גִּ'ינגִּ'י
grisalho (adj)	kasuf	כָּסוּף
careca (adj)	ke'reaχ	קֵירֵחַ
calva (f)	ka'raχat	קָרַחַת (נ)
rabo-de-cavalo (m)	'kuku	קוּקוּ (ז)
franja (f)	'poni	פּוֹנִי (ז)

32. Corpo humano

mão (f)	kaf yad	כַּף יָד (נ)
braço (m)	yad	יָד (נ)
dedo (m)	'etsba	אֶצְבַּע (נ)
dedo (m) do pé	'bohen	בּוֹהֶן (נ)
polegar (m)	agudal	אֲגוּדָל (ז)
dedo (m) mindinho	'zeret	זֶרֶת (נ)
unha (f)	tsi'poren	צִיפּוֹרֶן (ז)
punho (m)	egrof	אֶגְרוֹף (ז)
palma (f)	kaf yad	כַּף יָד (נ)
pulso (m)	'foref kaf hayad	שׁוֹרֶשׁ כַּף הַיָד (ז)
antebraço (m)	ama	אַמָה (נ)
cotovelo (m)	marpek	מַרְפֵּק (ז)
ombro (m)	katef	כָּתֵף (נ)
perna (f)	'regel	רֶגֶל (נ)
pé (m)	kaf 'regel	כַּף רֶגֶל (נ)
joelho (m)	'berex	בֶּרֶך (נ)
panturrilha (f)	fok	שׁוֹק (נ)
quadril (m)	yarex	יָרֵך (ז)
calcanhar (m)	akev	עָקֵב (ז)
corpo (m)	guf	גוּף (ז)
barriga (f), ventre (m)	'beten	בֶּטֶן (נ)
peito (m)	xaze	חָזֶה (ז)
seio (m)	fad	שָׁד (ז)
lado (m)	tsad	צַד (ז)
costas (dorso)	gav	גַב (ז)
região (f) lombar	mot'nayim	מוֹתְנַיִים (ז"ר)
cintura (f)	'talya	טַלְיָה (נ)
umbigo (m)	tabur	טַבּוּר (ז)
nádegas (f pl)	axo'rayim	אֲחוֹרַיִים (ז"ר)
traseiro (m)	yafvan	יַשְׁבָן (ז)
sinal (m), pinta (f)	nekudat xen	נְקוּדַת חֵן (נ)
sinal (m) de nascença	'ketem leida	כֶּתֶם לֵידָה (ז)
tatuagem (f)	ka'a'ku'a	קַעֲקוּעַ (ז)
cicatriz (f)	tsa'leket	צַלֶקֶת (נ)

Vestuário & Acessórios

33. Roupa exterior. Casacos

roupa (f)	bgadim	בְּגָדִים (ז"ר)
roupa (f) exterior	levuʃ elyon	לְבוּשׁ עֶלְיוֹן (ז)
roupa (f) de inverno	bigdei 'ҳoref	בִּגְדֵי חוֹרֶף (ז"ר)
sobretudo (m)	me'il	מְעִיל (ז)
casaco (m) de pele	me'il parva	מְעִיל פַּרְוָה (ז)
jaqueta (f) de pele	me'il parva katsar	מְעִיל פַּרְוָה קָצָר (ז)
casaco (m) acolchoado	me'il pū	מְעִיל פּוּךְ (ז)
casaco (m), jaqueta (f)	me'il katsar	מְעִיל קָצָר (ז)
impermeável (m)	me'il 'geʃem	מְעִיל גֶּשֶׁם (ז)
a prova d'água	amid be'mayim	עָמִיד בְּמַיִם

34. Vestuário de homem & mulher

camisa (f)	ҳultsa	חוּלצָה (נ)
calça (f)	miҳna'sayim	מִכְנָסַיִם (ז"ר)
jeans (m)	miҳnesei 'dʒins	מִכְנָסֵי ג'ינְס (ז"ר)
paletó, terno (m)	ʒaket	ז'קֶט (ז)
terno (m)	ҳalifa	חֲלִיפָה (נ)
vestido (ex. ~ de noiva)	simla	שִׂמְלָה (נ)
saia (f)	ҳatsa'it	חֲצָאִית (נ)
blusa (f)	ҳultsa	חוּלצָה (נ)
casaco (m) de malha	ʒaket 'tsemer	ז'קֶט צֶמֶר (ז)
casaco, blazer (m)	ʒaket	ז'קֶט (ז)
camiseta (f)	ti ʃert	טִי שֶׁרְט (ז)
short (m)	miҳna'sayim ktsarim	מִכְנָסַיִם קְצָרִים (ז"ר)
training (m)	'trening	טְרֶנִינְג (ז)
roupão (m) de banho	ҳaluk raҳatsa	חָלוּק רַחְצָה (ז)
pijama (m)	pi'dʒama	פִּיג'מָה (נ)
suéter (m)	'sveder	סְוֶודֶר (ז)
pulôver (m)	afuda	אֲפוּדָה (נ)
colete (m)	vest	וֶסְט (ז)
fraque (m)	frak	פְרָאק (ז)
smoking (m)	tuk'sido	טוּקְסִידוֹ (ז)
uniforme (m)	madim	מַדִּים (ז"ר)
roupa (f) de trabalho	bigdei avoda	בִּגְדֵי עֲבוֹדָה (ז"ר)
macacão (m)	sarbal	סַרְבָּל (ז)
jaleco (m), bata (f)	ҳaluk	חָלוּק (ז)

35. Vestuário. Roupa interior

roupa (f) íntima	levanim	לְבָנִים (ז״ר)
cueca boxer (f)	taxtonim	תַּחְתּוֹנִים (ז״ר)
calcinha (f)	taxtonim	תַּחְתּוֹנִים (ז״ר)
camiseta (f)	gufiya	גּוּפִיָה (נ)
meias (f pl)	gar'bayim	גַּרְבַּיִם (ז״ר)
camisola (f)	'ktonet 'laila	כְּתוֹנֶת לַיְלָה (נ)
sutiã (m)	xaziya	חֲזִיָה (נ)
meias longas (f pl)	birkon	בִּרְכּוֹן (ז)
meias-calças (f pl)	garbonim	גַּרְבּוֹנִים (ז״ר)
meias (~ de nylon)	garbei 'nailon	גַּרְבֵּי נַיְלוֹן (ז״ר)
maiô (m)	'beged yam	בֶּגֶד יָם (ז)

36. Adereços de cabeça

chapéu (m), touca (f)	'kova	כּוֹבַע (ז)
chapéu (m) de feltro	'kova 'leved	כּוֹבַע לֶבֶד (ז)
boné (m) de beisebol	'kova 'beisbol	כּוֹבַע בֵּייסְבּוֹל (ז)
boina (~ italiana)	'kova mitsxiya	כּוֹבַע מִצְחִיָה (ז)
boina (ex. ~ basca)	baret	בֶּרֶט (ז)
capuz (m)	bardas	בַּרְדָס (ז)
chapéu panamá (m)	'kova 'tembel	כּוֹבַע טֶמְבֶּל (ז)
touca (f)	'kova 'gerev	כּוֹבַע גֶרֶב (ז)
lenço (m)	mit'paxat	מִטְפַּחַת (נ)
chapéu (m) feminino	'kova	כּוֹבַע (ז)
capacete (m) de proteção	kasda	קַסְדָה (נ)
bibico (m)	kumta	כּוּמְתָה (נ)
capacete (m)	kasda	קַסְדָה (נ)
chapéu-coco (m)	mig'ba'at me'u'gelet	מִגְבַּעַת מְעוּגֶלֶת (נ)
cartola (f)	tsi'linder	צִילִינְדֶר (ז)

37. Calçado

calçado (m)	han'ala	הַנְעָלָה (נ)
botinas (f pl), sapatos (m pl)	na'a'layim	נַעֲלַיִם (נ״ר)
sapatos (de salto alto, etc.)	na'a'layim	נַעֲלַיִם (נ״ר)
botas (f pl)	maga'fayim	מַגָפַיִם (ז״ר)
pantufas (f pl)	na‘alei 'bayit	נַעֲלֵי בַּיִת (נ״ר)
tênis (~ Nike, etc.)	na'alei sport	נַעֲלֵי סְפּוֹרְט (נ״ר)
tênis (~ Converse)	na'alei sport	נַעֲלֵי סְפּוֹרְט (נ״ר)
sandálias (f pl)	sandalim	סַנְדָלִים (ז״ר)
sapateiro (m)	sandlar	סַנְדְלָר (ז)
salto (m)	akev	עָקֵב (ז)

par (m)	zug	זוּג (ז)
cadarço (m)	sroχ	שְׂרוֹךְ (ז)
amarrar os cadarços	lisroχ	לִשְׂרוֹךְ
calçadeira (f)	kaf na'a'layim	כַּף נַעֲלַיִים (נ)
graxa (f) para calçado	miʃχat na'a'layim	מִשְׁחַת נַעֲלַיִים (נ)

38. Têxtil. Tecidos

algodão (m)	kutna	כּוּתְנָה (נ)
de algodão	mikutna	מִכּוּתְנָה
linho (m)	piʃtan	פִּשְׁתָּן (ז)
de linho	mipiʃtan	מִפִּשְׁתָּן
seda (f)	'meʃi	מֶשִׁי (ז)
de seda	miʃyi	מֶשִׁיִי
lã (f)	'tsemer	צֶמֶר (ז)
de lã	tsamri	צַמְרִי
veludo (m)	ktifa	קְטִיפָה (נ)
camurça (f)	zamʃ	זָמְשׁ (ז)
veludo (m) cotelê	'korderoi	קוֹרְדְרוֹי (ז)
nylon (m)	'nailon	נַיְילוֹן (ז)
de nylon	mi'nailon	מִנַיְילוֹן
poliéster (m)	poli"ester	פּוֹלִיאָסְטֶר (ז)
de poliéster	mipoli"ester	מִפּוֹלִיאָסְטֶר
couro (m)	or	עוֹר (ז)
de couro	me'or	מֵעוֹר
pele (f)	parva	פַּרְווָה (נ)
de pele	miparva	מִפַּרְווָה

39. Acessórios pessoais

luva (f)	kfafot	כְּפָפוֹת (נ"ר)
mitenes (f pl)	kfafot	כְּפָפוֹת (נ"ר)
cachecol (m)	tsa'if	צָעִיף (ז)
óculos (m pl)	miʃka'fayim	מִשְׁקָפַיִים (ז"ר)
armação (f)	mis'geret	מִסְגֶרֶת (נ)
guarda-chuva (m)	mitriya	מִטְרִייָה (נ)
bengala (f)	makel haliχa	מַקֵל הֲלִיכָה (ז)
escova (f) para o cabelo	miv'reʃet se'ar	מִבְרֶשֶׁת שֵׂיעָר (נ)
leque (m)	menifa	מְנִיפָה (נ)
gravata (f)	aniva	עֲנִיבָה (נ)
gravata-borboleta (f)	anivat parpar	עֲנִיבַת פַּרְפַּר (נ)
suspensórios (m pl)	ktefiyot	כְּתֵפִיּוֹת (נ"ר)
lenço (m)	mimχata	מִמְחָטָה (נ)
pente (m)	masrek	מַסְרֵק (ז)
fivela (f) para cabelo	sikat roʃ	סִיכַּת רֹאשׁ (נ)

| grampo (m) | sikat se'ar | סִיכַּת שֵׂעָר (נ) |
| fivela (f) | avzam | אַבְזָם (ז) |

| cinto (m) | χagora | חֲגוֹרָה (נ) |
| alça (f) de ombro | retsu'at katef | רְצוּעַת כָּתֵף (נ) |

bolsa (f)	tik	תִּיק (ז)
bolsa (feminina)	tik	תִּיק (ז)
mochila (f)	tarmil	תַּרְמִיל (ז)

40. Vestuário. Diversos

moda (f)	ofna	אוֹפְנָה (נ)
na moda (adj)	ofnati	אוֹפְנָתִי
estilista (m)	me'atsev ofna	מְעַצֵּב אוֹפְנָה (ז)

colarinho (m)	tsavaron	צַוָּארוֹן (ז)
bolso (m)	kis	כִּיס (ז)
de bolso	ʃel kis	שֶׁל כִּיס
manga (f)	ʃarvul	שַׁרְווּל (ז)
ganchinho (m)	mitle	מִתְלֶה (ז)
bragueta (f)	χanut	חֲנוּת (נ)

zíper (m)	roχsan	רוֹכְסָן (ז)
colchete (m)	'keres	קֶרֶס (ז)
botão (m)	kaftor	כַּפְתּוֹר (ז)
botoeira (casa de botão)	lula'a	לוּלָאָה (נ)
soltar-se (vr)	lehitaleʃ	לְהִיתָּלֵשׁ

costurar (vi)	litpor	לִתְפּוֹר
bordar (vt)	lirkom	לִרְקוֹם
bordado (m)	rikma	רִקְמָה (נ)
agulha (f)	'maχat tfira	מַחַט תְּפִירָה (נ)
fio, linha (f)	χut	חוּט (ז)
costura (f)	'tefer	תֶּפֶר (ז)

sujar-se (vr)	lehitlaχleχ	לְהִתְלַכְלֵךְ
mancha (f)	'ketem	כֶּתֶם (ז)
amarrotar-se (vr)	lehitkamet	לְהִתְקַמֵּט
rasgar (vt)	lik'ro'a	לִקְרוֹעַ
traça (f)	aʃ	עָשׁ (ז)

41. Cuidados pessoais. Cosméticos

pasta (f) de dente	miʃχat ʃi'nayim	מִשְׁחַת שִׁינַּיִים (נ)
escova (f) de dente	miv'reʃet ʃi'nayim	מִבְרֶשֶׁת שִׁינַּיִים (נ)
escovar os dentes	letsaχ'tseaχ ʃi'nayim	לְצַחְצֵחַ שִׁינַּיִים

gilete (f)	'ta'ar	תַּעַר (ז)
creme (m) de barbear	'ketsef gi'luaχ	קֶצֶף גִּילּוּחַ (ז)
barbear-se (vr)	lehitga'leaχ	לְהִתְגַּלֵּחַ
sabonete (m)	sabon	סַבּוֹן (ז)

xampu (m)	ʃampu	שַׁמְפּוּ (ז)
tesoura (f)	mispa'rayim	מִסְפָּרַיִם (ז״ר)
lixa (f) de unhas	ptsira	פְּצִירָה (נ)
corta-unhas (m)	gozez tsipor'nayim	גּוֹזֵז צִיפּוֹרְנַיִים (ז)
pinça (f)	pin'tseta	פִּינְצֶטָה (נ)
cosméticos (m pl)	tamrukim	תַּמְרוּקִים (ז״ר)
máscara (f)	maseχa	מַסֵּכָה (נ)
manicure (f)	manikur	מָנִיקוּר (ז)
fazer as unhas	la'asot manikur	לַעֲשׂוֹת מָנִיקוּר
pedicure (f)	pedikur	פֶּדִיקוּר (ז)
bolsa (f) de maquiagem	tik ipur	תִּיק אִיפּוּר (ז)
pó (de arroz)	'pudra	פּוּדְרָה (נ)
pó (m) compacto	pudriya	פּוּדְרִיָּה (נ)
blush (m)	'somek	סוֹמֵק (ז)
perfume (m)	'bosem	בּוֹשֶׂם (ז)
água-de-colônia (f)	mei 'bosem	מֵי בּוֹשֶׂם (ז״ר)
loção (f)	mei panim	מֵי פָּנִים (ז״ר)
colônia (f)	mei 'bosem	מֵי בּוֹשֶׂם (ז״ר)
sombra (f) de olhos	tslalit	צְלָלִית (נ)
delineador (m)	ai 'lainer	אַי לַיינֶר (ז)
máscara (f), rímel (m)	'maskara	מַסְקָרָה (נ)
batom (m)	sfaton	שְׂפָתוֹן (ז)
esmalte (m)	'laka letsipor'nayim	לָקָה לְצִיפּוֹרְנַיִים (נ)
laquê (m), spray fixador (m)	tarsis lese'ar	תַּרְסִיס לְשִׂיעָר (ז)
desodorante (m)	de'odo'rant	דֵּאוֹדוֹרַנְט (ז)
creme (m)	krem	קְרֵם (ז)
creme (m) de rosto	krem panim	קְרֵם פָּנִים (ז)
creme (m) de mãos	krem ya'dayim	קְרֵם יָדַיִים (ז)
creme (m) antirrugas	krem 'neged kmatim	קְרֵם נֶגֶד קְמָטִים (ז)
creme (m) de dia	krem yom	קְרֵם יוֹם (ז)
creme (m) de noite	krem 'laila	קְרֵם לַיְלָה (ז)
de dia	yomi	יוֹמִי
da noite	leili	לֵילִי
absorvente (m) interno	tampon	טַמְפּוֹן (ז)
papel (m) higiênico	neyar tu'alet	נְיָיר טוּאָלֶט (ז)
secador (m) de cabelo	meyabeʃ se'ar	מְיַיבֵּשׁ שִׂיעָר (ז)

42. Joalheria

joias (f pl)	taχʃitim	תַּכְשִׁיטִים (ז״ר)
precioso (adj)	yekar 'ereχ	יְקַר עֵרֶךְ
marca (f) de contraste	tav tsorfim, bχina	תַּו צוֹרְפִים (ז), בְּחִינָה (נ)
anel (m)	ta'ba'at	טַבַּעַת (נ)
aliança (f)	ta'ba'at nisu'in	טַבַּעַת נִישּׂוּאִין (נ)
pulseira (f)	tsamid	צָמִיד (ז)
brincos (m pl)	agilim	עֲגִילִים (ז״ר)

colar (m)	max'rozet	מַחְרוֹזֶת (נ)
coroa (f)	'keter	כֶּתֶר (ז)
colar (m) de contas	max'rozet	מַחְרוֹזֶת (נ)

diamante (m)	yahalom	יַהֲלוֹם (ז)
esmeralda (f)	ba'reket	בָּרֶקֶת (נ)
rubi (m)	'odem	אוֹדֶם (ז)
safira (f)	sapir	סַפִּיר (ז)
pérola (f)	pnina	פְּנִינָה (נ)
âmbar (m)	inbar	עִנְבָּר (ז)

43. Relógios de pulso. Relógios

relógio (m) de pulso	ʃeʻon yad	שְׁעוֹן יָד (ז)
mostrador (m)	'luax ʃaʻon	לוּחַ שָׁעוֹן (ז)
ponteiro (m)	maxog	מָחוֹג (ז)
bracelete (em aço)	tsamid	צָמִיד (ז)
bracelete (em couro)	retsuʻa leʃaʻon	רְצוּעָה לְשָׁעוֹן (נ)

pilha (f)	solela	סוֹלְלָה (נ)
acabar (vi)	lehitroken	לְהִתְרוֹקֵן
trocar a pilha	lehaxlif	לְהַחְלִיף
estar adiantado	lemaher	לְמַהֵר
estar atrasado	lefager	לְפַגֵּר

relógio (m) de parede	ʃeʻon kir	שְׁעוֹן קִיר (ז)
ampulheta (f)	ʃeʻon xol	שְׁעוֹן חוֹל (ז)
relógio (m) de sol	ʃeʻon 'ʃemeʃ	שְׁעוֹן שֶׁמֶשׁ (ז)
despertador (m)	ʃaʻon meʻorer	שְׁעוֹן מְעוֹרֵר (ז)
relojoeiro (m)	ʃaʻan	שַׁעָן (ז)
reparar (vt)	letaken	לְתַקֵּן

Alimentação. Nutrição

44. Comida

carne (f)	basar	בָּשָׂר (ז)
galinha (f)	of	עוֹף (ז)
frango (m)	pargit	פַּרְגִּית (נ)
pato (m)	barvaz	בַּרְוָז (ז)
ganso (m)	avaz	אֲוָז (ז)
caça (f)	'tsayid	צַיִד (ז)
peru (m)	'hodu	הוֹדוּ (ז)
carne (f) de porco	basar χazir	בָּשָׂר חֲזִיר (ז)
carne (f) de vitela	basar 'egel	בָּשָׂר עֵגֶל (ז)
carne (f) de carneiro	basar 'keves	בָּשָׂר כֶּבֶשׂ (ז)
carne (f) de vaca	bakar	בָּקָר (ז)
carne (f) de coelho	arnav	אַרְנָב (ז)
linguiça (f), salsichão (m)	naknik	נַקְנִיק (ז)
salsicha (f)	naknikiya	נַקְנִיקִיָּה (נ)
bacon (m)	'kotel χazir	קוֹתֶל חֲזִיר (ז)
presunto (m)	basar χazir me'uʃan	בָּשָׂר חֲזִיר מְעֻשָּׁן (ז)
pernil (m) de porco	'kotel χazir me'uʃan	קוֹתֶל חֲזִיר מְעֻשָּׁן (ז)
patê (m)	pate	פָּטֶה (ז)
fígado (m)	kaved	כָּבֵד (ז)
guisado (m)	basar taχun	בָּשָׂר טָחוּן (ז)
língua (f)	laʃon	לָשׁוֹן (נ)
ovo (m)	beitsa	בֵּיצָה (נ)
ovos (m pl)	beitsim	בֵּיצִים (נ"ר)
clara (f) de ovo	χelbon	חֶלְבּוֹן (ז)
gema (f) de ovo	χelmon	חֶלְמוֹן (ז)
peixe (m)	dag	דָּג (ז)
mariscos (m pl)	perot yam	פֵּירוֹת יָם (ז"ר)
crustáceos (m pl)	sartana'im	סַרְטָנָאִים (ז"ר)
caviar (m)	kavyar	קָוְיָאר (ז)
caranguejo (m)	sartan yam	סַרְטָן יָם (ז)
camarão (m)	ʃrimps	שְׁרִימְפְּס (ז"ר)
ostra (f)	tsidpat ma'aχal	צִדְפַּת מַאֲכָל (נ)
lagosta (f)	'lobster kotsani	לוֹבְּסְטֶר קוֹצָנִי (ז)
polvo (m)	tamnun	תַּמְנוּן (ז)
lula (f)	kala'mari	קָלָמָארִי (ז)
esturjão (m)	basar haχidkan	בָּשָׂר הַחִדְקָן (ז)
salmão (m)	'salmon	סַלְמוֹן (ז)
halibute (m)	putit	פּוּטִית (נ)
bacalhau (m)	ʃibut	שִׁיבּוּט (ז)

cavala, sarda (f)	kolyas	קוֹלְיָס (ז)
atum (m)	'tuna	טוּנָה (נ)
enguia (f)	tslofax	צְלוֹפָח (ז)
truta (f)	forel	פוֹרֶל (ז)
sardinha (f)	sardin	סַרְדִין (ז)
lúcio (m)	ze'ev 'mayim	זְאֵב מַיִם (ז)
arenque (m)	ma'liax	מָלִים (ז)
pão (m)	'lexem	לֶחֶם (ז)
queijo (m)	gvina	גְבִינָה (נ)
açúcar (m)	sukar	סוּכָּר (ז)
sal (m)	'melax	מֶלַח (ז)
arroz (m)	'orez	אוֹרֶז (ז)
massas (f pl)	'pasta	פַּסְטָה (נ)
talharim, miojo (m)	irtiyot	אִטְרִיוֹת (נ"ר)
manteiga (f)	xem'a	חֶמְאָה (נ)
óleo (m) vegetal	'ʃemen tsimxi	שֶׁמֶן צִמְחִי (ז)
óleo (m) de girassol	'ʃemen xamaniyot	שֶׁמֶן חַמָנִיוֹת (ז)
margarina (f)	marga'rina	מַרְגָרִינָה (נ)
azeitonas (f pl)	zeitim	זֵיתִים (ז"ר)
azeite (m)	'ʃemen 'zayit	שֶׁמֶן זַיִת (ז)
leite (m)	xalav	חָלָב (ז)
leite (m) condensado	xalav merukaz	חָלָב מְרוּכָּז (ז)
iogurte (m)	'yogurt	יוֹגוּרְט (ז)
creme (m) azedo	ʃa'menet	שַׁמֶנֶת (נ)
creme (m) de leite	ʃa'menet	שַׁמֶנֶת (נ)
maionese (f)	mayonez	מָיוֹנֶז (ז)
creme (m)	ka'tsefet xem'a	קַצֶפֶת חֶמְאָה (נ)
grãos (m pl) de cereais	grisim	גְרִיסִים (ז"ר)
farinha (f)	'kemax	קֶמַח (ז)
enlatados (m pl)	ʃimurim	שִׁימוּרִים (ז"ר)
flocos (m pl) de milho	ptitei 'tiras	פְּתִיתֵי תִירָס (ז"ר)
mel (m)	dvaʃ	דְבַשׁ (ז)
geleia (m)	riba	רִיבָּה (נ)
chiclete (m)	'mastik	מַסְטִיק (ז)

45. Bebidas

água (f)	'mayim	מַיִם (ז"ר)
água (f) potável	mei ʃtiya	מֵי שְׁתִיָה (ז"ר)
água (f) mineral	'mayim mine'raliyim	מַיִם מִינֵרָלִיִים (ז"ר)
sem gás (adj)	lo mugaz	לֹא מוּגָז
gaseificada (adj)	mugaz	מוּגָז
com gás (adj)	mugaz	מוּגָז
gelo (m)	'kerax	קֶרַח (ז)

com gelo	im 'keraχ	עִם קֶרַח
não alcoólico (adj)	natul alkohol	נָטוּל אַלְכּוֹהוֹל
refrigerante (m)	maʃke kal	מַשְׁקֶה קַל (ז)
refresco (m)	maʃke mera'anen	מַשְׁקֶה מְרַעֲנֵן (ז)
limonada (f)	limo'nada	לִימוֹנָדָה (נ)

bebidas (f pl) alcoólicas	maʃka'ot χarifim	מַשְׁקָאוֹת חָרִיפִים (ז"ר)
vinho (m)	'yayin	יַיִן (ז)
vinho (m) branco	'yayin lavan	יַיִן לָבָן (ז)
vinho (m) tinto	'yayin adom	יַיִן אָדֹם (ז)

licor (m)	liker	לִיקֶר (ז)
champanhe (m)	ʃam'panya	שַׁמְפַּנְיָה (נ)
vermute (m)	'vermut	וֶרְמוּט (ז)

uísque (m)	'viski	וִיסְקִי (ז)
vodca (f)	'vodka	וֹודְקָה (נ)
gim (m)	dʒin	ג'ִין (ז)
conhaque (m)	'konyak	קוֹנְיָאק (ז)
rum (m)	rom	רוֹם (ז)

café (m)	kafe	קָפֶּה (ז)
café (m) preto	kafe ʃaχor	קָפֶּה שָׁחֹר (ז)
café (m) com leite	kafe hafuχ	קָפֶּה הָפוּך (ז)
cappuccino (m)	kapu'ʧino	קָפוּצ'ִינוֹ (ז)
café (m) solúvel	kafe names	קָפֶּה נָמֵס (ז)

leite (m)	χalav	חָלָב (ז)
coquetel (m)	kokteil	קוֹקְטֵיל (ז)
batida (f), milkshake (m)	'milkʃeik	מִילְקְשֵׁייק (ז)

suco (m)	mits	מִיץ (ז)
suco (m) de tomate	mits agvaniyot	מִיץ עַגְבָנִיּוֹת (ז)
suco (m) de laranja	mits tapuzim	מִיץ תַּפּוּזִים (ז)
suco (m) fresco	mits saχut	מִיץ סָחוּט (ז)

cerveja (f)	'bira	בִּירָה (נ)
cerveja (f) clara	'bira bahira	בִּירָה בְּהִירָה (נ)
cerveja (f) preta	'bira keha	בִּירָה כֵּהָה (נ)

chá (m)	te	תֵּה (ז)
chá (m) preto	te ʃaχor	תֵּה שָׁחֹר (ז)
chá (m) verde	te yarok	תֵּה יָרֹק (ז)

46. Vegetais

| vegetais (m pl) | yerakot | יְרָקוֹת (ז"ר) |
| verdura (f) | 'yerek | יֶרֶק (ז) |

tomate (m)	agvaniya	עַגְבָנִיָּה (נ)
pepino (m)	melafefon	מְלָפְפוֹן (ז)
cenoura (f)	'gezer	גֶּזֶר (ז)
batata (f)	ta'puaχ adama	תַּפּוּחַ אֲדָמָה (ז)
cebola (f)	baʦal	בָּצָל (ז)

alho (m)	ʃum	שׁוּם (ז)
couve (f)	kruv	כְּרוּב (ז)
couve-flor (f)	kruvit	כְּרוּבִית (נ)
couve-de-bruxelas (f)	kruv niʦanim	כְּרוּב נִצָּנִים (ז)
brócolis (m pl)	'brokoli	בְּרוֹקוֹלִי (ז)

beterraba (f)	'selek	סֶלֶק (ז)
berinjela (f)	χaʦil	חָצִיל (ז)
abobrinha (f)	kiʃu	קִישׁוּא (ז)
abóbora (f)	'dla'at	דְּלַעַת (נ)
nabo (m)	'lefet	לֶפֶת (נ)

salsa (f)	petro'zilya	פֶּטְרוֹזִילְיָה (נ)
endro, aneto (m)	ʃamir	שָׁמִיר (ז)
alface (f)	'χasa	חַסָּה (נ)
aipo (m)	'seleri	סֶלֶרִי (ז)
aspargo (m)	aspa'ragos	אַסְפָּרָגּוֹס (ז)
espinafre (m)	'tered	תֶּרֶד (ז)

ervilha (f)	afuna	אֲפוּנָה (נ)
feijão (~ soja, etc.)	pol	פּוֹל (ז)
milho (m)	'tiras	תִּירָס (ז)
feijão (m) roxo	ʃu'it	שְׁעוּעִית (נ)

pimentão (m)	'pilpel	פִּלְפֵּל (ז)
rabanete (m)	ʦnonit	צְנוֹנִית (נ)
alcachofra (f)	artiʃok	אַרְטִישׁוֹק (ז)

47. Frutos. Nozes

fruta (f)	pri	פְּרִי (ז)
maçã (f)	ta'puaχ	תַּפּוּחַ (ז)
pera (f)	agas	אַגָּס (ז)
limão (m)	limon	לִימוֹן (ז)
laranja (f)	tapuz	תַּפּוּז (ז)
morango (m)	tut sade	תּוּת שָׂדֶה (ז)

tangerina (f)	klemen'tina	קְלֶמֶנְטִינָה (נ)
ameixa (f)	ʃezif	שְׁזִיף (ז)
pêssego (m)	afarsek	אֲפַרְסֵק (ז)
damasco (m)	'miʃmeʃ	מִשְׁמֵשׁ (ז)
framboesa (f)	'petel	פֶּטֶל (ז)
abacaxi (m)	'ananas	אֲנָנָס (ז)

banana (f)	ba'nana	בַּנָנָה (נ)
melancia (f)	ava'tiaχ	אֲבַטִּיחַ (ז)
uva (f)	anavim	עֲנָבִים (ז"ר)
ginja (f)	duvdevan	דֻּבְדְּבָן (ז)
cereja (f)	gudgedan	גּוּדְגְּדָן (ז)
melão (m)	melon	מֶלוֹן (ז)

toranja (f)	eʃkolit	אֶשְׁכּוֹלִית (נ)
abacate (m)	avo'kado	אֲבוֹקָדוֹ (ז)
mamão (m)	pa'paya	פָּפָּאיָה (נ)

manga (f)	'mango	מַנְגוֹ (ז)
romã (f)	rimon	רִימוֹן (ז)

groselha (f) vermelha	dumdemanit aduma	דּוּמְדְּמָנִית אֲדוּמָה (נ)
groselha (f) negra	dumdemanit ʃχora	דּוּמְדְּמָנִית שְׁחוֹרָה (נ)
groselha (f) espinhosa	χazarzar	חֲזַרְזַר (ז)
mirtilo (m)	uχmanit	אוּכְמָנִית (נ)
amora (f) silvestre	'petel ʃaχor	פֶּטֶל שָׁחוֹר (ז)

passa (f)	tsimukim	צִימוּקִים (ז"ר)
figo (m)	te'ena	תְּאֵנָה (נ)
tâmara (f)	tamar	תָּמָר (ז)

amendoim (m)	botnim	בּוֹטְנִים (ז"ר)
amêndoa (f)	ʃaked	שָׁקֵד (ז)
noz (f)	egoz 'meleχ	אֱגוֹז מֶלֶךְ (ז)
avelã (f)	egoz ilsar	אֱגוֹז אִלְסָר (ז)
coco (m)	'kokus	קוֹקוּס (ז)
pistaches (m pl)	'fistuk	פִּיסְטוּק (ז)

48. Pão. Bolaria

pastelaria (f)	mutsrei kondi'torya	מוּצְרֵי קוֹנְדִּיטוֹרִיָּה (ז"ר)
pão (m)	'leχem	לֶחֶם (ז)
biscoito (m), bolacha (f)	ugiya	עוּגִיָּה (נ)

chocolate (m)	'ʃokolad	שׁוֹקוֹלָד (ז)
de chocolate	mi'ʃokolad	מְשׁוֹקוֹלָד
bala (f)	sukariya	סוּכָּרִיָּה (נ)
doce (bolo pequeno)	uga	עוּגָה (נ)
bolo (m) de aniversário	uga	עוּגָה (נ)

torta (f)	pai	פָּאִי (ז)
recheio (m)	milui	מִילוּי (ז)

geleia (m)	riba	רִיבָּה (נ)
marmelada (f)	marme'lada	מַרְמֶלָדָה (נ)
wafers (m pl)	'vaflim	וָפְלִים (ז"ר)
sorvete (m)	'glida	גְלִידָה (נ)
pudim (m)	'puding	פּוּדִינְג (ז)

49. Pratos cozinhados

prato (m)	mana	מָנָה (נ)
cozinha (~ portuguesa)	mitbaχ	מִטְבָּח (ז)
receita (f)	matkon	מַתְכּוֹן (ז)
porção (f)	mana	מָנָה (נ)

salada (f)	salat	סָלָט (ז)
sopa (f)	marak	מָרָק (ז)
caldo (m)	marak tsaχ, tsir	מָרָק צַח, צִיר (ז)
sanduíche (m)	kariχ	כָּרִיךְ (ז)

ovos (m pl) fritos	beitsat ain	בֵּיצַת עַיִן (נ)
hambúrguer (m)	'hamburger	הַמְבּוּרְגֶר (ז)
bife (m)	umtsa, steik	אוּמְצָה (נ), סְטֵייק (ז)

acompanhamento (m)	to'sefet	תּוֹסֶפֶת (נ)
espaguete (m)	spa'geti	סְפָּגֶטִי (ז)
purê (m) de batata	mexit tapuxei adama	מְחִית תַּפּוּחֵי אֲדָמָה (נ)
pizza (f)	'pitsa	פִּיצָה (נ)
mingau (m)	daysa	דַיְיסָה (נ)
omelete (f)	xavita	חֲבִיתָה (נ)

fervido (adj)	mevuʃal	מְבוּשָׁל
defumado (adj)	me'uʃan	מְעוּשָׁן
frito (adj)	metugan	מְטוּגָן
seco (adj)	meyubaʃ	מְיוּבָּשׁ
congelado (adj)	kafu	קָפוּא
em conserva (adj)	kavuʃ	כָּבוּשׁ

doce (adj)	matok	מָתוֹק
salgado (adj)	ma'luax	מָלוּחַ
frio (adj)	kar	קַר
quente (adj)	xam	חַם
amargo (adj)	marir	מָרִיר
gostoso (adj)	ta'im	טָעִים

cozinhar em água fervente	levaʃel be'mayim rotxim	לְבַשֵּׁל בְּמַיִם רוֹתְחִים
preparar (vt)	levaʃel	לְבַשֵּׁל
fritar (vt)	letagen	לְטַגֵּן
aquecer (vt)	lexamem	לְחַמֵּם

salgar (vt)	leham'liax	לְהַמְלִיחַ
apimentar (vt)	lefalpel	לְפַלְפֵּל
ralar (vt)	lerasek	לְכַסֵּק
casca (f)	klipa	קְלִיפָּה (נ)
descascar (vt)	lekalef	לְקַלֵּף

50. Especiarias

sal (m)	'melax	מֶלַח (ז)
salgado (adj)	ma'luax	מָלוּחַ
salgar (vt)	leham'liax	לְהַמְלִיחַ

pimenta-do-reino (f)	'pilpel ʃaxor	פִּלְפֵּל שָׁחוֹר (ז)
pimenta (f) vermelha	'pilpel adom	פִּלְפֵּל אָדוֹם (ז)
mostarda (f)	xardal	חַרְדָּל (ז)
raiz-forte (f)	xa'zeret	חֲזֶרֶת (נ)

condimento (m)	'rotev	רוֹטֶב (ז)
especiaria (f)	tavlin	תַּבְלִין (ז)
molho (~ inglês)	'rotev	רוֹטֶב (ז)
vinagre (m)	'xomets	חוֹמֶץ (ז)

anis estrelado (m)	kamnon	כַּמְנוֹן (ז)
manjericão (m)	rexan	רֵיחָן (ז)

cravo (m)	tsi'poren	צִיפּוֹרֶן (ז)
gengibre (m)	'dʒindʒer	גִ'ינגֶ'ר (ז)
coentro (m)	'kusbara	כּוּסבָּרָה (נ)
canela (f)	kinamon	קִינָמוֹן (ז)

gergelim (m)	'ʃumʃum	שׁוּמשׁוּם (ז)
folha (f) de louro	ale dafna	עֲלֵה דַפנָה (ז)
páprica (f)	'paprika	פַּפּרִיקָה (נ)
cominho (m)	'kimel	קִימֶל (ז)
açafrão (m)	ze'afran	זַעֲפרָן (ז)

51. Refeições

comida (f)	'oχel	אוֹכֶל (ז)
comer (vt)	le'eχol	לֶאֱכוֹל

café (m) da manhã	aruχat 'boker	אֲרוּחַת בּוֹקֶר (נ)
tomar café da manhã	le'eχol aruχat 'boker	לֶאֱכוֹל אֲרוּחַת בּוֹקֶר
almoço (m)	aruχat tsaha'rayim	אֲרוּחַת צָהֳרַיִים (נ)
almoçar (vi)	le'eχol aruχat tsaha'rayim	לֶאֱכוֹל אֲרוּחַת צָהֳרַיִים
jantar (m)	aruχat 'erev	אֲרוּחַת עֶרֶב (נ)
jantar (vi)	le'eχol aruχat 'erev	לֶאֱכוֹל אֲרוּחַת עֶרֶב

apetite (m)	te'avon	תֵיאָבוֹן (ז)
Bom apetite!	betei'avon!	בְּתֵיאָבוֹן!

abrir (~ uma lata, etc.)	lif'toaχ	לִפתוֹחַ
derramar (~ líquido)	liʃpoχ	לִשׁפּוֹך
derramar-se (vr)	lehiʃapeχ	לְהִישָׁפֵך

ferver (vi)	lir'toaχ	לִרתוֹחַ
ferver (vt)	lehar'tiaχ	לְהַרתִיחַ
fervido (adj)	ra'tuaχ	רָתוּחַ

esfriar (vt)	lekarer	לְקָרֵר
esfriar-se (vr)	lehitkarer	לְהִתקָרֵר

sabor, gosto (m)	'ta'am	טַעַם (ז)
fim (m) de boca	'ta'am levai	טַעַם לְוַואי (ז)

emagrecer (vi)	lirzot	לִרזוֹת
dieta (f)	di''eta	דִיאָטָה (נ)
vitamina (f)	vitamin	וִיטָמִין (ז)
caloria (f)	ka'lorya	קָלוֹריָה (נ)

vegetariano (m)	tsimχoni	צִמחוֹנִי (ז)
vegetariano (adj)	tsimχoni	צִמחוֹנִי

gorduras (f pl)	ʃumanim	שׁוּמָנִים (ז"ר)
proteínas (f pl)	χelbonim	חֶלבּוֹנִים (ז"ר)
carboidratos (m pl)	paχmema	פַּחמֵימָה (נ)
fatia (~ de limão, etc.)	prusa	פּרוּסָה (נ)
pedaço (~ de bolo)	χatiχa	חֲתִיכָה (נ)
migalha (f), farelo (m)	perur	פֵּירוּר (ז)

52. Por a mesa

colher (f)	kaf	כַּף (ז)
faca (f)	sakin	סַכִּין (ז, נ)
garfo (m)	mazleg	מַזְלֵג (ז)
xícara (f)	'sefel	סֵפֶל (ז)
prato (m)	tsa'laxat	צַלַּחַת (נ)
pires (m)	taxtit	תַּחְתִּית (נ)
guardanapo (m)	mapit	מַפִּית (נ)
palito (m)	keisam ʃi'nayim	קֵיסָם שִׁנַּיִם (ז)

53. Restaurante

restaurante (m)	mis'ada	מִסְעָדָה (נ)
cafeteria (f)	beit kafe	בֵּית קָפֶה (ז)
bar (m), cervejaria (f)	bar, pab	בָּר, פָּאב (ז)
salão (m) de chá	beit te	בֵּית תֵּה (ז)
garçom (m)	meltsar	מֶלְצָר (ז)
garçonete (f)	meltsarit	מֶלְצָרִית (נ)
barman (m)	'barmen	בַּרְמֶן (ז)
cardápio (m)	tafrit	תַּפְרִיט (ז)
lista (f) de vinhos	reʃimat yeynot	רְשִׁימַת יֵינוֹת (נ)
reservar uma mesa	lehazmin ʃulxan	לְהַזְמִין שׁוּלְחָן
prato (m)	mana	מָנָה (נ)
pedir (vt)	lehazmin	לְהַזְמִין
fazer o pedido	lehazmin	לְהַזְמִין
aperitivo (m)	maʃke meta'aven	מַשְׁקֶה מְתַאֲבֵן (ז)
entrada (f)	meta'aven	מְתַאֲבֵן (ז)
sobremesa (f)	ki'nuax	קִינּוּחַ (ז)
conta (f)	xeʃbon	חֶשְׁבּוֹן (ז)
pagar a conta	leʃalem	לְשַׁלֵּם
dar o troco	latet 'odef	לָתֵת עוֹדֶף
gorjeta (f)	tip	טִיפּ (ז)

Família, parentes e amigos

54. Informação pessoal. Formulários

nome (m)	ʃem	שֵׁם (ז)
sobrenome (m)	ʃem miʃpaχa	שֵׁם מִשְׁפָּחָה (ז)
data (f) de nascimento	ta'ariχ leda	תַּאֲרִיךְ לֵידָה (ז)
local (m) de nascimento	mekom leda	מְקוֹם לֵידָה (ז)
nacionalidade (f)	le'om	לְאוֹם (ז)
lugar (m) de residência	mekom megurim	מְקוֹם מְגוּרִים (ז)
país (m)	medina	מְדִינָה (נ)
profissão (f)	mik'tso'a	מִקְצוֹעַ (ז)
sexo (m)	min	מִין (ז)
estatura (f)	'gova	גּוֹבַהּ (ז)
peso (m)	miʃkal	מִשְׁקָל (ז)

55. Membros da família. Parentes

mãe (f)	em	אֵם (נ)
pai (m)	av	אָב (ז)
filho (m)	ben	בֵּן (ז)
filha (f)	bat	בַּת (נ)
caçula (f)	habat haktana	הַבַּת הַקְּטַנָּה (נ)
caçula (m)	haben hakatan	הַבֵּן הַקָּטָן (ז)
filha (f) mais velha	habat habχora	הַבַּת הַבְּכוֹרָה (נ)
filho (m) mais velho	haben habχor	הַבֵּן הַבְּכוֹר (ז)
irmão (m)	aχ	אָח (ז)
irmão (m) mais velho	aχ gadol	אָח גָּדוֹל (ז)
irmão (m) mais novo	aχ katan	אָח קָטָן (ז)
irmã (f)	aχot	אָחוֹת (נ)
irmã (f) mais velha	aχot gdola	אָחוֹת גְדוֹלָה (נ)
irmã (f) mais nova	aχot ktana	אָחוֹת קְטַנָּה (נ)
primo (m)	ben dod	בֵּן דּוֹד (ז)
prima (f)	bat 'doda	בַּת דּוֹדָה (נ)
mamãe (f)	'ima	אִמָּא (נ)
papai (m)	'aba	אַבָּא (ז)
pais (pl)	horim	הוֹרִים (ז"ר)
criança (f)	'yeled	יֶלֶד (ז)
crianças (f pl)	yeladim	יְלָדִים (ז"ר)
avó (f)	'savta	סָבְתָא (נ)
avô (m)	'saba	סָבָּא (ז)
neto (m)	'neχed	נֶכֶד (ז)

| neta (f) | neχda | נֶכְדָּה (נ) |
| netos (pl) | neχadim | נְכָדִים (ז״ר) |

tio (m)	dod	דּוֹד (ז)
tia (f)	'doda	דּוֹדָה (נ)
sobrinho (m)	aχyan	אָחְיָן (ז)
sobrinha (f)	aχyanit	אָחְיָנִית (נ)

sogra (f)	χamot	חָמוֹת (נ)
sogro (m)	χam	חָם (ז)
genro (m)	χatan	חָתָן (ז)
madrasta (f)	em χoreget	אֵם חוֹרֶגֶת (נ)
padrasto (m)	av χoreg	אָב חוֹרֵג (ז)

criança (f) de colo	tinok	תִּינוֹק (ז)
bebê (m)	tinok	תִּינוֹק (ז)
menino (m)	pa'ot	פָּעוֹט (ז)

mulher (f)	iʃa	אִשָּׁה (נ)
marido (m)	'ba'al	בַּעַל (ז)
esposo (m)	ben zug	בֶּן זוּג (ז)
esposa (f)	bat zug	בַּת זוּג (נ)

casado (adj)	nasui	נָשׂוּי
casada (adj)	nesu'a	נְשׂוּאָה
solteiro (adj)	ravak	רַוָּק
solteirão (m)	ravak	רַוָּק (ז)
divorciado (adj)	garuʃ	גָּרוּשׁ
viúva (f)	almana	אַלְמָנָה (נ)
viúvo (m)	alman	אַלְמָן (ז)

parente (m)	karov miʃpaχa	קָרוֹב מִשְׁפָּחָה (ז)
parente (m) próximo	karov miʃpaχa	קָרוֹב מִשְׁפָּחָה (ז)
parente (m) distante	karov raχok	קָרוֹב רָחוֹק (ז)
parentes (m pl)	krovei miʃpaχa	קְרוֹבֵי מִשְׁפָּחָה (ז״ר)

órfão (m), órfã (f)	yatom	יָתוֹם (ז)
órfão (m)	yatom	יָתוֹם (ז)
órfã (f)	yetoma	יְתוֹמָה (נ)
tutor (m)	apo'tropos	אַפּוֹטְרוֹפּוֹס (ז)
adotar (um filho)	le'amets	לְאַמֵּץ
adotar (uma filha)	le'amets	לְאַמֵּץ

56. Amigos. Colegas de trabalho

amigo (m)	χaver	חָבֵר (ז)
amiga (f)	χavera	חֲבֵרָה (נ)
amizade (f)	yedidut	יְדִידוּת (נ)
ser amigos	lihyot yadidim	לִהְיוֹת יָדִידִים
parceiro (m)	ʃutaf	שׁוּתָף (ז)

chefe (m)	menahel, roʃ	מְנַהֵל (ז), רֹאשׁ (ז)
superior (m)	memune	מְמוּנֶה (ז)
proprietário (m)	be'alim	בְּעָלִים (ז)

subordinado (m)	kafuf le	כָּפוּף ל (ז)
colega (m, f)	amit	עָמִית (ז)
conhecido (m)	makar	מַכָּר (ז)
companheiro (m) de viagem	ben levaya	בֶּן לְוָויָה (ז)
colega (m) de classe	xaver lekita	חָבֵר לְכִּיתָה (ז)
vizinho (m)	ʃaχen	שָׁכֵן (ז)
vizinha (f)	ʃχena	שׁכֵנָה (נ)
vizinhos (pl)	ʃχenim	שׁכֵנִים (ז"ר)

57. Homem. Mulher

mulher (f)	iʃa	אִשָׁה (נ)
menina (f)	baχura	בַּחוּרָה (נ)
noiva (f)	kala	כַּלָה (נ)
bonita, bela (adj)	yafa	יָפָה
alta (adj)	gvoha	גבוֹהָה
esbelta (adj)	tmira	תְמִירָה
baixa (adj)	namuχ	נָמוּך
loira (f)	blon'dinit	בלוֹנדִינִית (נ)
morena (f)	bru'netit	ברוּנֶטִית (נ)
de senhora	ʃel naʃim	שֶׁל נָשִׁים
virgem (f)	betula	בְּתוּלָה (נ)
grávida (adj)	hara	הָרָה
homem (m)	'gever	גֶבֶר (ז)
loiro (m)	blon'dini	בלוֹנדִינִי (ז)
moreno (m)	ʃχarχar	שׁחַרחַר
alto (adj)	ga'voha	גָבוֹהַ
baixo (adj)	namuχ	נָמוּך
rude (adj)	gas	גַס
atarracado (adj)	guts	גוּץ
robusto (adj)	χason	חָסוֹן
forte (adj)	χazak	חָזָק
força (f)	'koaχ	כּוֹח (ז)
gordo (adj)	ʃamen	שָׁמֵן
moreno (adj)	ʃaχum	שָׁחוּם
esbelto (adj)	tamir	תָמִיר
elegante (adj)	ele'ganti	אֶלֶגַנטִי

58. Idade

idade (f)	gil	גִיל (ז)
juventude (f)	ne'urim	נְעוּרִים (ז"ר)
jovem (adj)	tsa'ir	צָעִיר
mais novo (adj)	tsa'ir yoter	צָעִיר יוֹתֵר

mais velho (adj)	mevugar yoter	מְבוּגָּר יוֹתֵר
jovem (m)	baχur	בָּחוּר (ז)
adolescente (m)	'na'ar	נַעַר (ז)
rapaz (m)	baχur	בָּחוּר (ז)

| velho (m) | zaken | זָקֵן (ז) |
| velha (f) | zkena | זְקֵנָה (נ) |

adulto	mevugar	מְבוּגָּר (ז)
de meia-idade	bagil ha'amida	בְּגִיל הָעֲמִידָה
idoso, de idade (adj)	zaken	זָקֵן
velho (adj)	zaken	זָקֵן

aposentadoria (f)	'pensya	פֶּנְסִיָה (נ)
aposentar-se (vr)	latset legimla'ot	לָצֵאת לְגִימְלָאוֹת
aposentado (m)	pensyoner	פֶּנְסִיוֹנֶר (ז)

59. Crianças

criança (f)	'yeled	יֶלֶד (ז)
crianças (f pl)	yeladim	יְלָדִים (ז"ר)
gêmeos (m pl), gêmeas (f pl)	te'omim	תְּאוֹמִים (ז"ר)

berço (m)	arisa	עֲרִיסָה (נ)
chocalho (m)	ra'aʃan	רַעֲשָׁן (ז)
fralda (f)	χitul	חִיתוּל (ז)

chupeta (f), bico (m)	motsets	מוֹצֵץ (ז)
carrinho (m) de bebê	agala	עֲגָלָה (נ)
jardim (m) de infância	gan yeladim	גַּן יְלָדִים (ז)
babysitter, babá (f)	beibi'siter	בֵּיבִּיסִיטֶר (ז, נ)

| infância (f) | yaldut | יַלְדוּת (נ) |
| boneca (f) | buba | בּוּבָּה (נ) |

| brinquedo (m) | tsa'a'tsu'a | צַעֲצוּעַ (ז) |
| jogo (m) de montar | misχak harkava | מִשְׂחַק הַרְכָּבָה (ז) |

bem-educado (adj)	meχunaχ	מְחוּנָּךְ
malcriado (adj)	lo meχunaχ	לֹא מְחוּנָּךְ
mimado (adj)	mefunak	מְפוּנָק

| ser travesso | lehiʃtovev | לְהִשְׁתּוֹבֵב |
| travesso, traquinas (adj) | ʃovav | שׁוֹבָב |

| travessura (f) | ma'ase 'kundes | מַעֲשֵׂה קוּנְדֵס (ז) |
| criança (f) travessa | 'yeled ʃovav | יֶלֶד שׁוֹבָב (ז) |

| obediente (adj) | tsaytan | צַיְּתָן |
| desobediente (adj) | lo memuʃma | לֹא מְמוּשְׁמָע |

dócil (adj)	ka'nu'a	כָּנוּעַ
inteligente (adj)	χaχam	חָכָם
prodígio (m)	'yeled 'pele	יֶלֶד פֶּלֶא (ז)

60. Casais. Vida de família

beijar (vt)	lenaʃek	לְנַשֵׁק
beijar-se (vr)	lehitnaʃek	לְהִתְנַשֵׁק
família (f)	miʃpaχa	מִשְׁפָּחָה (נ)
familiar (vida ~)	miʃpaχti	מִשְׁפַּחְתִּי
casal (m)	zug	זוּג (ז)
matrimônio (m)	nisu'im	נִישׂוּאִים (ז"ר)
lar (m)	aχ, ken	אָח (נ), קֵן (ז)
dinastia (f)	ʃo'ʃelet	שׁוֹשֶׁלֶת (נ)
encontro (m)	deit	דֵייט (ז)
beijo (m)	neʃika	נְשִׁיקָה (נ)
amor (m)	ahava	אַהֲבָה (נ)
amar (pessoa)	le'ehov	לָאֱהוֹב
amado, querido (adj)	ahuv	אָהוּב
ternura (f)	roχ	רוֹךְ (ז)
afetuoso (adj)	adin, raχ	עָדִין, רַךְ
fidelidade (f)	ne'emanut	נֶאֱמָנוּת (נ)
fiel (adj)	masur	מָסוּר
cuidado (m)	de'aga	דְאָגָה (נ)
carinhoso (adj)	do'eg	דוֹאֵג
recém-casados (pl)	zug tsa'ir	זוּג צָעִיר (ז)
lua (f) de mel	ya'reaχ dvaʃ	יָרֵחַ דְבַשׁ (ז)
casar-se (com um homem)	lehitχaten	לְהִתְחַתֵּן
casar-se (com uma mulher)	lehitχaten	לְהִתְחַתֵּן
casamento (m)	χatuna	חֲתוּנָה (נ)
bodas (f pl) de ouro	χatunat hazahav	חֲתוּנַת הַזָהָב (נ)
aniversário (m)	yom nisu'in	יוֹם נִישׂוּאָין (ז)
amante (m)	me'ahev	מְאַהֵב (ז)
amante (f)	mea'hevet	מְאַהֶבֶת (נ)
adultério (m), traição (f)	bgida	בְּגִידָה (נ)
cometer adultério	livgod be...	לִבְגוֹד בְּ...
ciumento (adj)	kanai	קַנַאי
ser ciumento, -a	lekane	לְקַנֵא
divórcio (m)	geruʃin	גֵרוּשִׁין (ז"ר)
divorciar-se (vr)	lehitgareʃ mi...	לְהִתְגָרֵשׁ מֵ...
brigar (discutir)	lariv	לָרִיב
fazer as pazes	lehitpayes	לְהִתְפַּיֵיס
juntos (ir ~)	be'yaχad	בְּיַחַד
sexo (m)	min	מִין (ז)
felicidade (f)	'oʃer	אוֹשֶׁר (ז)
feliz (adj)	me'uʃar	מְאוּשָׁר
infelicidade (f)	ason	אָסוֹן (ז)
infeliz (adj)	umlal	אוּמְלָל

Caráter. Sentimentos. Emoções

61. Sentimentos. Emoções

sentimento (m)	'regeʃ	רֶגֶשׁ (ז)
sentimentos (m pl)	regaʃot	רְגָשׁוֹת (ז"ר)
sentir (vt)	lehargiʃ	לְהַרְגִּישׁ

fome (f)	'ra'av	רָעָב (ז)
ter fome	lihyot ra'ev	לִהְיוֹת רָעֵב
sede (f)	tsima'on	צָמָאוֹן (ז)
ter sede	lihyot tsame	לִהְיוֹת צָמֵא
sonolência (f)	yaʃnuniyut	יַשְׁנוּנִיוּת (נ)
estar sonolento	lirtsot liʃon	לִרְצוֹת לִישׁוֹן

cansaço (m)	ayefut	עֲיֵפוּת (נ)
cansado (adj)	ayef	עָיֵף
ficar cansado	lehit'ayef	לְהִתְעַיֵּף

humor (m)	matsav 'ruax	מַצָּב רוּחַ (ז)
tédio (m)	ʃi'amum	שִׁעֲמוּם (ז)
entediar-se (vr)	lehiʃta'amem	לְהִשְׁתַּעֲמֵם
reclusão (isolamento)	hitbodedut	הִתְבּוֹדְדוּת (נ)
isolar-se (vr)	lehitboded	לְהִתְבּוֹדֵד

preocupar (vt)	lehad'ig	לְהַדְאִיג
estar preocupado	lid'og	לִדְאוֹג
preocupação (f)	de'aga	דְּאָגָה (נ)
ansiedade (f)	xarada	חֲרָדָה (נ)
preocupado (adj)	mutrad	מוּטְרָד
estar nervoso	lihyot atsbani	לִהְיוֹת עַצְבָּנִי
entrar em pânico	lehibahel	לְהִיבָּהֵל

| esperança (f) | tikva | תִּקְוָה (נ) |
| esperar (vt) | lekavot | לְקַוּוֹת |

certeza (f)	vada'ut	וַדָּאוּת (נ)
certo, seguro de ...	vada'i	וַדָּאִי
indecisão (f)	i vada'ut	אִי וַדָּאוּת (נ)
indeciso (adj)	lo ba'tuax	לֹא בָּטוּחַ

bêbado (adj)	ʃikor	שִׁיכּוֹר
sóbrio (adj)	pi'keax	פִּיכֵּחַ
fraco (adj)	xalaʃ	חַלָּשׁ
feliz (adj)	me'uʃar	מְאוּשָׁר
assustar (vt)	lehafxid	לְהַפְחִיד
fúria (f)	teruf	טֵירוּף
ira, raiva (f)	'za'am	זַעַם (ז)
depressão (f)	dika'on	דִּיכָּאוֹן (ז)
desconforto (m)	i noxut	אִי נוֹחוּת (נ)

conforto (m)	noχut	נוֹחוּת (נ)
arrepender-se (vr)	lehitsta'er	לְהִצְטַעֵר
arrependimento (m)	χarata	חֲרָטָה (נ)
azar (m), má sorte (f)	'χoser mazal	חוֹסֶר מַזָל (ז)
tristeza (f)	'etsev	עֶצֶב (ז)
vergonha (f)	buʃa	בּוּשָׁה (נ)
alegria (f)	simχa	שִׂמְחָה (נ)
entusiasmo (m)	hitlahavut	הִתְלַהֲבוּת (נ)
entusiasta (m)	mitlahev	מִתְלַהֵב
mostrar entusiasmo	lehitlahev	לְהִתְלַהֵב

62. Caráter. Personalidade

caráter (m)	'ofi	אוֹפִי (ז)
falha (f) de caráter	pgam be''ofi	פְּגַם בָּאוֹפִי (ז)
mente (f)	'seχel	שֵׂכֶל (ז)
razão (f)	bina	בִּינָה (נ)
consciência (f)	matspun	מַצְפּוּן (ז)
hábito, costume (m)	hergel	הֶרְגֵּל (ז)
habilidade (f)	ye'χolet	יְכוֹלֶת (נ)
saber (~ nadar, etc.)	la'da'at	לָדַעַת
paciente (adj)	savlan	סַבְלָן
impaciente (adj)	χasar savlanut	חֲסַר סַבְלָנוּת
curioso (adj)	sakran	סַקְרָן
curiosidade (f)	sakranut	סַקְרָנוּת (נ)
modéstia (f)	tsni'ut	צְנִיעוּת (נ)
modesto (adj)	tsa'nu'a	צָנוּעַ
imodesto (adj)	lo tsa'nu'a	לֹא צָנוּעַ
preguiça (f)	atslut	עַצְלוּת (נ)
preguiçoso (adj)	atsel	עָצֵל
preguiçoso (m)	atslan	עַצְלָן (ז)
astúcia (f)	armumiyut	עַרְמוּמִיוּת (נ)
astuto (adj)	armumi	עַרְמוּמִי
desconfiança (f)	'χoser emun	חוֹסֶר אֵמוּן (ז)
desconfiado (adj)	χadʃani	חַדְשָׁנִי
generosidade (f)	nedivut	נְדִיבוּת (נ)
generoso (adj)	nadiv	נָדִיב
talentoso (adj)	muχʃar	מוּכְשָׁר
talento (m)	kiʃaron	כִּישָׁרוֹן (ז)
corajoso (adj)	amits	אַמִיץ
coragem (f)	'omets	אוֹמֶץ (ז)
honesto (adj)	yaʃar	יָשָׁר
honestidade (f)	'yoʃer	יוֹשֶׁר (ז)
prudente, cuidadoso (adj)	zahir	זָהִיר
valoroso (adj)	amits	אַמִיץ

sério (adj)	retsini	רְצִינִי
severo (adj)	χamur	חָמוּר
decidido (adj)	neχrats	נֶחֱרָץ
indeciso (adj)	hasesan	הַסְּסָן
tímido (adj)	baiʃan	בַּיְּשָׁן
timidez (f)	baiʃanut	בַּיְּשָׁנוּת (נ)
confiança (f)	emun	אֵמוּן (ז)
confiar (vt)	leha'amin	לְהַאֲמִין
crédulo (adj)	tam	תָּם
sinceramente	beχenut	בְּכֵנוּת
sincero (adj)	ken	כֵּן
sinceridade (f)	kenut	כֵּנוּת (נ)
aberto (adj)	pa'tuaχ	פָּתוּחַ
calmo (adj)	ʃalev	שָׁלֵו
franco (adj)	glui lev	גְּלוּי לֵב
ingênuo (adj)	na''ivi	נָאִיבִי
distraído (adj)	mefuzar	מְפֻזָּר
engraçado (adj)	matsχik	מַצְחִיק
ganância (f)	ta'avat 'betsa	תַּאֲוַת בֶּצַע (נ)
ganancioso (adj)	rodef 'betsa	רוֹדֵף בֶּצַע
avarento, sovina (adj)	kamtsan	קַמְצָן
mal (adj)	raʃa	רָשָׁע
teimoso (adj)	akʃan	עַקְשָׁן
desagradável (adj)	lo na'im	לֹא נָעִים
egoísta (m)	ego'ist	אֶגוֹאִיסְט (ז)
egoísta (adj)	anoχi	אֲנוֹכִי
covarde (m)	paχdan	פַּחְדָן (ז)
covarde (adj)	paχdani	פַּחְדָנִי

63. O sono. Sonhos

dormir (vi)	liʃon	לִישׁוֹן
sono (m)	ʃena	שֵׁנָה (נ)
sonho (m)	χalom	חֲלוֹם (ז)
sonhar (ver sonhos)	laχalom	לַחֲלוֹם
sonolento (adj)	radum	רָדוּם
cama (f)	mita	מִיטָה (נ)
colchão (m)	mizran	מִזְרָן (ז)
cobertor (m)	smiχa	שְׂמִיכָה (נ)
travesseiro (m)	karit	כָּרִית (נ)
lençol (m)	sadin	סָדִין (ז)
insônia (f)	nedudei ʃena	נְדוּדֵי שֵׁנָה (ז"ר)
sem sono (adj)	χasar ʃena	חֲסַר שֵׁנָה
sonífero (m)	kadur ʃena	כַּדּוּר שֵׁנָה (ז)
tomar um sonífero	la'kaχat kadur ʃena	לָקַחַת כַּדּוּר שֵׁנָה
estar sonolento	lirtsot liʃon	לִרְצוֹת לִישׁוֹן

bocejar (vi)	lefahek	לְפַהֵק
ir para a cama	la'leχet liʃon	לָלֶכֶת לִישׁוֹן
fazer a cama	leha'tsi'a mita	לְהַצִּיעַ מִיטָה
adormecer (vi)	leheradem	לְהֵירָדֵם

pesadelo (m)	siyut	סִיוּט (ז)
ronco (m)	neχira	נְחִירָה (נ)
roncar (vi)	linχor	לִנְחוֹר

despertador (m)	ʃa'on me'orer	שְׁעוֹן מְעוֹרֵר (ז)
acordar, despertar (vt)	leha'ir	לְהָעִיר
acordar (vi)	lehit'orer	לְהִתְעוֹרֵר
levantar-se (vr)	lakum	לָקוּם
lavar-se (vr)	lehitraχets	לְהִתְרַחֵץ

64. Humor. Riso. Alegria

humor (m)	humor	הוּמוֹר (ז)
senso (m) de humor	χuʃ humor	חוּשׁ הוּמוֹר (ז)
divertir-se (vr)	lehanot	לֵיהָנוֹת
alegre (adj)	sa'meaχ	שָׂמֵחַ
diversão (f)	alitsut	עֲלִיצוּת (נ)

sorriso (m)	χiyuχ	חִיוּךְ (ז)
sorrir (vi)	leχayeχ	לְחַיֵּךְ
começar a rir	lifrots bitsχok	לִפְרוֹץ בְּצָחוֹק
rir (vi)	litsχok	לִצְחוֹק
riso (m)	tsχok	צָחוֹק (ז)

anedota (f)	anek'dota	אָנֶקְדוֹטָה (נ)
engraçado (adj)	matsχik	מַצְחִיק
ridículo, cômico (adj)	meʃa'a'ʃe'a	מְשַׁעֲשֵׁעַ

brincar (vi)	lehitba'deaχ	לְהִתְבַּדֵּחַ
piada (f)	bdiχa	בְּדִיחָה (נ)
alegria (f)	simχa	שִׂמְחָה (נ)
regozijar-se (vr)	lis'moaχ	לִשְׂמוֹחַ
alegre (adj)	sa'meaχ	שָׂמֵחַ

65. Discussão, conversação. Parte 1

comunicação (f)	'keʃer	קֶשֶׁר (ז)
comunicar-se (vr)	letakʃer	לְתַקְשֵׁר

conversa (f)	siχa	שִׂיחָה (נ)
diálogo (m)	du 'siaχ	דוּ־שִׂיחַ (ז)
discussão (f)	diyun	דִּיוּן (ז)
debate (m)	vi'kuaχ	וִיכּוּחַ (ז)
debater (vt)	lehitva'keaχ	לְהִתְוַוכֵּחַ

interlocutor (m)	ben 'siaχ	בֶּן שִׂיחַ (ז)
tema (m)	nose	נוֹשֵׂא (ז)

ponto (m) de vista	nekudat mabat	נְקוּדַת מַבָּט (נ)
opinião (f)	de'a	דֵעָה (נ)
discurso (m)	ne'um	נְאוּם (ז)
discussão (f)	diyun	דִיוּן (ז)
discutir (vt)	ladun	לָדוּן
conversa (f)	siχa	שִׂיחָה (נ)
conversar (vi)	leso'χeaχ	לְשׂוֹחֵחַ
reunião (f)	pgiʃa	פְּגִישָׁה (נ)
encontrar-se (vr)	lehipageʃ	לְהִיפָּגֵשׁ
provérbio (m)	pitgam	פִּתְגָם (ז)
ditado, provérbio (m)	pitgam	פִּתְגָם (ז)
adivinha (f)	χida	חִידָה (נ)
dizer uma adivinha	laχud χida	לָחוּד חִידָה
senha (f)	sisma	סִיסְמָה (נ)
segredo (m)	sod	סוֹד (ז)
juramento (m)	ʃvu'a	שְׁבוּעָה (נ)
jurar (vi)	lehiʃava	לְהִישָׁבַע
promessa (f)	havtaχa	הַבְטָחָה (נ)
prometer (vt)	lehav'tiaχ	לְהַבְטִיחַ
conselho (m)	etsa	עֵצָה (נ)
aconselhar (vt)	leya'ets	לְייַעֵץ
seguir o conselho	lif'ol lefi ha'etsa	לִפְעוֹל לְפִי הָעֵצָה
escutar (~ os conselhos)	lehiʃama	לְהִישָׁמַע
novidade, notícia (f)	χadaʃot	חֲדָשׁוֹת (נ"ר)
sensação (f)	sen'satsya	סֶנְסַצְיָה (נ)
informação (f)	meida	מֵידָע (ז)
conclusão (f)	maskana	מַסְקָנָה (נ)
voz (f)	kol	קוֹל (ז)
elogio (m)	maχma'a	מַחְמָאָה (נ)
amável, querido (adj)	adiv	אָדִיב
palavra (f)	mila	מִילָה (נ)
frase (f)	miʃpat	מִשְׁפָּט (ז)
resposta (f)	tʃuva	תְשׁוּבָה (נ)
verdade (f)	emet	אֱמֶת (נ)
mentira (f)	'ʃeker	שֶׁקֶר (ז)
pensamento (m)	maχʃava	מַחְשָׁבָה (נ)
ideia (f)	ra'ayon	רַעֲיוֹן (ז)
fantasia (f)	fan'tazya	פַנְטַזְיָה (נ)

66. Discussão, conversação. Parte 2

estimado, respeitado (adj)	meχubad	מְכוּבָּד
respeitar (vt)	leχabed	לְכַבֵּד
respeito (m)	kavod	כָּבוֹד (ז)
Estimado ..., Caro ...	hayakar ...	הַיָקָר ...
apresentar (alguém a alguém)	la'asot hekerut	לַעֲשׂוֹת הֶיכֵּרוּת

conhecer (vt)	lehakir	לְהַכִּיר
intenção (f)	kavana	כַּוָּנָה (נ)
tencionar (~ fazer algo)	lehitkaven	לְהִתְכַּוֵּון
desejo (de boa sorte)	iχul	אִיחוּל (ז)
desejar (ex. ~ boa sorte)	le'aχel	לְאַחֵל
surpresa (f)	hafta'a	הַפְתָּעָה (נ)
surpreender (vt)	lehaf'ti'a	לְהַפְתִּיעַ
surpreender-se (vr)	lehitpale	לְהִתְפַּלֵּא
dar (vt)	latet	לָתֵת
pegar (tomar)	la'kaχat	לָקַחַת
devolver (vt)	lehaχzir	לְהַחֲזִיר
retornar (vt)	lehaʃiv	לְהָשִׁיב
desculpar-se (vr)	lehitnatsel	לְהִתְנַצֵּל
desculpa (f)	hitnatslut	הִתְנַצְּלוּת (נ)
perdoar (vt)	lis'loaχ	לִסְלוֹחַ
falar (vi)	ledaber	לְדַבֵּר
escutar (vt)	lehakʃiv	לְהַקְשִׁיב
ouvir até o fim	liʃ'mo'a	לִשְׁמוֹעַ
entender (compreender)	lehavin	לְהָבִין
mostrar (vt)	lehar'ot	לְהַרְאוֹת
olhar para ...	lehistakel	לְהִסְתַּכֵּל
chamar (alguém para ...)	likro le...	...לִקְרוֹא לְ
perturbar, distrair (vt)	lehaf'ri'a	לְהַפְרִיעַ
perturbar (vt)	lehaf'ri'a	לְהַפְרִיעַ
entregar (~ em mãos)	limsor	לִמְסוֹר
pedido (m)	bakaʃa	בַּקָּשָׁה (נ)
pedir (ex. ~ ajuda)	levakeʃ	לְבַקֵּשׁ
exigência (f)	driʃa	דְרִישָׁה (נ)
exigir (vt)	lidroʃ	לִדְרוֹשׁ
insultar (chamar nomes)	lehitgarot	לְהִתְגָּרוֹת
zombar (vt)	lil'og	לִלְעוֹג
zombaria (f)	'la'ag	לַעַג (ז)
alcunha (f), apelido (m)	kinui	כִּינוּי (ז)
insinuação (f)	'remez	רֶמֶז (ז)
insinuar (vt)	lirmoz	לִרְמוֹז
querer dizer	lehitkaven le...	...לְהִתְכַּוֵּון לְ
descrição (f)	te'ur	תֵּיאוּר (ז)
descrever (vt)	leta'er	לְתָאֵר
elogio (m)	'ʃevaχ	שֶׁבַח (ז)
elogiar (vt)	leʃa'beaχ	לְשַׁבֵּחַ
desapontamento (m)	aχzava	אַכְזָבָה (נ)
desapontar (vt)	le'aχzev	לְאַכְזֵב
desapontar-se (vr)	lehit'aχzev	לְהִתְאַכְזֵב
suposição (f)	hanaχa	הֲנָחָה (נ)
supor (vt)	leʃa'er	לְשַׁעֵר

| advertência (f) | azhara | אַזהָרָה (נ) |
| advertir (vt) | lehazhir | לְהַזהִיר |

67. Discussão, conversação. Parte 3

| convencer (vt) | leʃaχ'ne'a | לְשַכנֵעַ |
| acalmar (vt) | lehar'gi'a | לְהַרגִיעַ |

silêncio (o ~ é de ouro)	ʃtika	שתִיקָה (נ)
ficar em silêncio	liʃtok	לִשתוֹק
sussurrar (vt)	lilχoʃ	לִלחוֹש
sussurro (m)	leχiʃa	לְחִישָה (נ)

| francamente | beχenut | בְּכֵנוּת |
| na minha opinião ... | leda'ati ... | לְדַעֲתִי ... |

detalhe (~ da história)	prat	פְּרָט (ז)
detalhado (adj)	meforat	מְפוֹרָט
detalhadamente	bimfurat	בִּמפוֹרָט

| dica (f) | 'remez | רֶמֶז (ז) |
| dar uma dica | lirmoz | לִרמוֹז |

olhar (m)	mabat	מַבָּט (ז)
dar uma olhada	lehabit	לְהַבִּיט
fixo (olhada ~a)	kafu	קָפוּא
piscar (vi)	lematsmets	לְמַצמֵץ
piscar (vt)	likrots	לִקרוֹץ
acenar com a cabeça	lehanhen	לְהַנהֵן

suspiro (m)	anaχa	אֲנָחָה (נ)
suspirar (vi)	lehe'anaχ	לְהֵיאָנַח
estremecer (vi)	lir'od	לִרעוֹד
gesto (m)	meχva	מֶחווָה (נ)
tocar (com as mãos)	la'ga'at be...	לָגַעַת בְּ...
agarrar (~ pelo braço)	litfos	לִתפּוֹס
bater de leve	lit'poaχ	לִטפּוֹחַ

Cuidado!	zehirut!	זְהִירוּת!
Sério?	be'emet?	בֶּאֱמֶת?
Tem certeza?	ata ba'tuaχ?	אַתָה בָּטוּחַ?
Boa sorte!	behatslaχa!	בְּהַצלָחָה!
Entendi!	muvan!	מוּבָן!
Que pena!	χaval!	חֲבָל!

68. Acordo. Recusa

consentimento (~ mútuo)	haskama	הַסכָּמָה (נ)
consentir (vi)	lehaskim	לְהַסכִּים
aprovação (f)	iʃur	אִישוּר (ז)
aprovar (vt)	le'aʃer	לְאַשֵר
recusa (f)	siruv	סֵירוּב (ז)

negar-se a ...	lesarev	לְסָרֵב
Ótimo!	metsuyan!	מְצוּיָן!
Tudo bem!	tov!	טוֹב!
Está bem! De acordo!	be'seder!	בְּסֵדֶר!

proibido (adj)	asur	אָסוּר
é proibido	asur	אָסוּר
é impossível	'bilti efʃari	בִּלְתִּי אֶפְשָׁרִי
incorreto (adj)	ʃagui	שָׁגוּי

rejeitar (~ um pedido)	lidχot	לִדְחוֹת
apoiar (vt)	litmoχ be...	לִתְמוֹךְ בְּ...
aceitar (desculpas, etc.)	lekabel	לְקַבֵּל

confirmar (vt)	le'aʃer	לְאַשֵׁר
confirmação (f)	iʃur	אִישׁוּר (ז)
permissão (f)	reʃut	רְשׁוּת (נ)
permitir (vt)	leharʃot	לְהַרְשׁוֹת
decisão (f)	haχlata	הַחְלָטָה (נ)
não dizer nada	liʃtok	לִשְׁתּוֹק

condição (com uma ~)	tnai	תְּנַאי (ז)
pretexto (m)	terufs	תֵּירוּץ (ז)
elogio (m)	'ʃevaχ	שֶׁבַח (ז)
elogiar (vt)	leʃa'beaχ	לְשַׁבֵּחַ

69. Sucesso. Boa sorte. Insucesso

êxito, sucesso (m)	hatsala	הַצְלָחָה (נ)
com êxito	behatslaχa	בְּהַצְלָחָה
bem sucedido (adj)	mutslaχ	מוּצְלָח

sorte (fortuna)	mazal	מַזָּל (ז)
Boa sorte!	behatslaχa!	בְּהַצְלָחָה!
de sorte	mutslaχ	מוּצְלָח
sortudo, felizardo (adj)	bar mazal	בַּר מַזָּל

fracasso (m)	kiʃalon	כִּישָׁלוֹן (ז)
pouca sorte (f)	'χoser mazal	חוֹסֶר מַזָּל (ז)
azar (m), má sorte (f)	'χoser mazal	חוֹסֶר מַזָּל (ז)

| mal sucedido (adj) | lo mutslaχ | לֹא מוּצְלָח |
| catástrofe (f) | ason | אָסוֹן (ז) |

orgulho (m)	ga'ava	גַּאֲוָה (נ)
orgulhoso (adj)	ge'e	גֵּאֶה
estar orgulhoso, -a	lehitga'ot	לְהִתְגָּאוֹת

vencedor (m)	zoχe	זוֹכֶה (ז)
vencer (vi, vt)	lena'tseaχ	לְנַצֵּחַ
perder (vt)	lehafsid	לְהַפְסִיד
tentativa (f)	nisayon	נִיסָּיוֹן (ז)
tentar (vt)	lenasot	לְנַסּוֹת
chance (m)	hizdamnut	הִזְדַּמְּנוּת (נ)

70. Conflitos. Emoções negativas

grito (m)	tse'aka	צְעָקָה (נ)
gritar (vi)	lits'ok	לִצְעוֹק
começar a gritar	lehatχil lits'ok	לְהַתְחִיל לִצְעוֹק
discussão (f)	riv	רִיב (ז)
brigar (discutir)	lariv	לָרִיב
escândalo (m)	riv	רִיב (ז)
criar escândalo	lariv	לָרִיב
conflito (m)	siχsuχ	סִכְסוּךְ (ז)
mal-entendido (m)	i havana	אִי הֲבָנָה (נ)
insulto (m)	elbon	עֶלְבּוֹן (ז)
insultar (vt)	leha'aliv	לְהַעֲלִיב
insultado (adj)	ne'elav	נֶעֱלָב
ofensa (f)	tina	טִינָה (נ)
ofender (vt)	lif'go'a	לִפְגּוֹעַ
ofender-se (vr)	lehipaga	לְהִיפָּגַע
indignação (f)	hitmarmerut	הִתְמַרְמְרוּת (נ)
indignar-se (vr)	lehitra'em	לְהִתְרַעֵם
queixa (f)	tluna	תְּלוּנָה (נ)
queixar-se (vr)	lehitlonen	לְהִתְלוֹנֵן
desculpa (f)	hitnatslut	הִתְנַצְּלוּת (נ)
desculpar-se (vr)	lehitnatsel	לְהִתְנַצֵּל
pedir perdão	levakeʃ sliχa	לְבַקֵּשׁ סְלִיחָה
crítica (f)	bi'koret	בִּיקוֹרֶת (נ)
criticar (vt)	levaker	לְבַקֵּר
acusação (f)	ha'aʃama	הַאֲשָׁמָה (נ)
acusar (vt)	leha'aʃim	לְהַאֲשִׁים
vingança (f)	nekama	נְקָמָה (נ)
vingar (vt)	linkom	לִנקוֹם
vingar-se de	lehaχzir	לְהַחְזִיר
desprezo (m)	zilzul	זִלְזוּל (ז)
desprezar (vt)	lezalzel be...	לְזַלְזֵל בְּ...
ódio (m)	sin'a	שִׂנְאָה (נ)
odiar (vt)	lisno	לִשְׂנוֹא
nervoso (adj)	atsbani	עַצְבָּנִי
estar nervoso	lihyot atsbani	לִהְיוֹת עַצְבָּנִי
zangado (adj)	ka'us	כָּעוּס
zangar (vt)	lehargiz	לְהַרְגִּיז
humilhação (f)	haʃpala	הַשְׁפָּלָה (נ)
humilhar (vt)	lehaʃpil	לְהַשְׁפִּיל
humilhar-se (vr)	lehaʃpil et atsmo	לְהַשְׁפִּיל אֶת עַצְמוֹ
choque (m)	'helem	הֶלֶם (ז)
chocar (vt)	leza'a'ze'a	לְזַעֲזֵעַ
aborrecimento (m)	tsara	צָרָה (נ)

desagradável (adj)	lo naʿim	לֹא נָעִים
medo (m)	'paχad	פַּחַד (ז)
terrível (tempestade, etc.)	nora	נוֹרָא
assustador (ex. história ~a)	mafχid	מַפְחִיד
horror (m)	zvaʿa	זְוָעָה (נ)
horrível (crime, etc.)	ayom	אָיוֹם
começar a tremer	lehera'ed	לְהֵירָעֵד
chorar (vi)	livkot	לִבְכּוֹת
começar a chorar	lehatχil livkot	לְהַתְחִיל לִבְכּוֹת
lágrima (f)	dim'a	דִמְעָה (נ)
falta (f)	aʃma	אַשְׁמָה (נ)
culpa (f)	rigʃei aʃam	רִגְשֵׁי אֶשֶׁם (ז"ר)
desonra (f)	χerpa	חֶרְפָּה (נ)
protesto (m)	meχaʾa	מְחָאָה (נ)
estresse (m)	'laχats	לַחַץ (ז)
perturbar (vt)	lehaf'ri'a	לְהַפְרִיעַ
zangar-se com …	liχ'os	לִכְעוֹס
zangado (irritado)	zo'em	זוֹעֵם
terminar (vt)	lesayem	לְסַיֵים
praguejar	lekalel	לְקַלֵל
assustar-se	lehibahel	לְהִיבָּהֵל
golpear (vt)	lehakot	לְהַכּוֹת
brigar (na rua, etc.)	lehitkotet	לְהִתְקוֹטֵט
resolver (o conflito)	lehasdir	לְהַסְדִיר
descontente (adj)	lo merutse	לֹא מְרוּצֶה
furioso (adj)	metoraf	מְטוֹרָף
Não está bem!	ze lo tov!	זֶה לֹא טוֹב!
É ruim!	ze ra!	זֶה רַע!

Medicina

71. Doenças

doença (f)	maxala	מַחֲלָה (נ)
estar doente	lihyot xole	לִהְיוֹת חוֹלֶה
saúde (f)	bri'ut	בְּרִיאוּת (נ)
nariz (m) escorrendo	na'zelet	נַזֶלֶת (נ)
amigdalite (f)	da'leket ʃkedim	דַלֶקֶת שְקֵדִים (נ)
resfriado (m)	hitstanenut	הִצְטַנְנוּת (נ)
ficar resfriado	lehitstanen	לְהִצְטַנֵן
bronquite (f)	bron'xitis	בְּרוֹנְכִיטִיס (ז)
pneumonia (f)	da'leket re'ot	דַלֶקֶת רֵיאוֹת (נ)
gripe (f)	ʃa'pa'at	שַפַּעַת (נ)
míope (adj)	ktsar re'iya	קְצַר רְאִיָה
presbita (adj)	rexok-re'iya	רְחוֹק-רְאִיָה
estrabismo (m)	pzila	פְּזִילָה (נ)
estrábico, vesgo (adj)	pozel	פּוֹזֵל
catarata (f)	katarakt	קָטָרַקְט (ז)
glaucoma (m)	gla'u'koma	גְלָאוּקוֹמָה (נ)
AVC (m), apoplexia (f)	ʃavats moxi	שָבָץ מוֹחִי (ז)
ataque (m) cardíaco	hetkef lev	הֶתְקֵף לֵב (ז)
enfarte (m) do miocárdio	'otem ʃrir halev	אוֹטֶם שְרִיר הַלֵב (ז)
paralisia (f)	ʃituk	שִיתוּק (ז)
paralisar (vt)	leʃatek	לְשַתֵק
alergia (f)	a'lergya	אַלֶרְגִיָה (נ)
asma (f)	'astma, ka'tseret	אַסְתְמָה, קַצֶרֶת (נ)
diabetes (f)	su'keret	סוּכֶּרֶת (נ)
dor (f) de dente	ke'ev ʃi'nayim	כְּאֵב שִינַיִים (ז)
cárie (f)	a'ʃeʃet	עַשֶשֶת (נ)
diarreia (f)	ʃilʃul	שִלְשוּל (ז)
prisão (f) de ventre	atsirut	עֲצִירוּת (נ)
desarranjo (m) intestinal	kilkul keiva	קִלְקוּל קֵיבָה (ז)
intoxicação (f) alimentar	har'alat mazon	הַרְעָלַת מָזוֹן (נ)
intoxicar-se	laxatof har'alat mazon	לַחֲטוֹף הַרְעָלַת מָזוֹן
artrite (f)	da'leket mifrakim	דַלֶקֶת מִפְרָקִים (נ)
raquitismo (m)	ra'kexet	רַכֶּבֶת (נ)
reumatismo (m)	ʃigaron	שִיגָרוֹן (ז)
arteriosclerose (f)	ar'teryo skle'rosis	אַרְטֶרְיוֹ-סְקְלֶרוֹסִיס (ז)
gastrite (f)	da'leket keiva	דַלֶקֶת קֵיבָה (נ)
apendicite (f)	da'leket toseftan	דַלֶקֶת תוֹסֶפְתָן (נ)

colecistite (f)	da'leket kis hamara	דַּלֶקֶת כִּיס הַמָּרָה (נ)
úlcera (f)	'ulkus, kiv	אוּלקוּס, כִּיב (ז)
sarampo (m)	χa'tsevet	חַצֶּבֶת (נ)
rubéola (f)	a'demet	אַדֶּמֶת (נ)
icterícia (f)	tsa'hevet	צַהֶבֶת (נ)
hepatite (f)	da'leket kaved	דַּלֶקֶת כָּבֵד (נ)
esquizofrenia (f)	sχizo'frenya	סְכִיזוֹפרֶנְיָה (נ)
raiva (f)	ka'levet	כַּלֶּבֶת (נ)
neurose (f)	noi'roza	נוֹירוֹזָה (נ)
contusão (f) cerebral	za'a'zu'a 'moaχ	זַעְזוּעַ מוֹחַ (ז)
câncer (m)	sartan	סַרטָן (ז)
esclerose (f)	ta'refet	טָרֶשֶׁת (נ)
esclerose (f) múltipla	ta'refet nefotsa	טָרֶשֶׁת נְפוֹצָה (נ)
alcoolismo (m)	alkoholizm	אַלכּוֹהוֹלִיזם (ז)
alcoólico (m)	alkoholist	אַלכּוֹהוֹלִיסט (ז)
sífilis (f)	a'gevet	עַגֶּבֶת (נ)
AIDS (f)	eids	אֵיידס (ז)
tumor (m)	gidul	גִּידוּל (ז)
maligno (adj)	mam'ir	מַמאִיר
benigno (adj)	fapir	שָׁפִיר
febre (f)	ka'daχat	קַדַּחַת (נ)
malária (f)	ma'larya	מָלַריָה (נ)
gangrena (f)	gan'grena	גַנגרֶנָה (נ)
enjoo (m)	maχalat yam	מַחֲלַת יָם (נ)
epilepsia (f)	maχalat hanefila	מַחֲלַת הַנְּפִילָה (נ)
epidemia (f)	magefa	מַגֵּיפָה (נ)
tifo (m)	'tifus	טִיפוּס (ז)
tuberculose (f)	fa'χefet	שַׁחֶפֶת (נ)
cólera (f)	ko'lera	כּוֹלֵרָה (נ)
peste (f) bubônica	davar	דֶּבֶר (ז)

72. Sintomas. Tratamentos. Parte 1

sintoma (m)	simptom	סִימפטוֹם (ז)
temperatura (f)	χom	חוֹם (ז)
febre (f)	χom ga'voha	חוֹם גָּבוֹהַ (ז)
pulso (m)	'dofek	דּוֹפֶק (ז)
vertigem (f)	sχar'χoret	סְחַרחוֹרֶת (נ)
quente (testa, etc.)	χam	חַם
calafrio (m)	tsmar'moret	צְמַרמוֹרֶת (נ)
pálido (adj)	χiver	חִיוֵר
tosse (f)	fi'ul	שִׁיעוּל (ז)
tossir (vi)	lehifta'el	לְהִשׁתַּעֵל
espirrar (vi)	lehit'atef	לְהִתעַטֵּשׁ
desmaio (m)	ilafon	עִילָפוֹן (ז)

desmaiar (vi)	lehit'alef	לְהִתְעַלֵף
mancha (f) preta	χabura	חַבּוּרָה (נ)
galo (m)	blita	בְּלִיטָה (נ)
machucar-se (vr)	lekabel maka	לְקַבֵּל מַכָּה
contusão (f)	maka	מַכָּה (נ)
machucar-se (vr)	lekabel maka	לְקַבֵּל מַכָּה
mancar (vi)	lits'lo'a	לְצְלוֹעַ
deslocamento (f)	'neka	נֶקַע (ז)
deslocar (vt)	lin'ko'a	לִנְקוֹעַ
fratura (f)	'ʃever	שֶׁבֶר (ז)
fraturar (vt)	liʃbor	לִשְׁבּוֹר
corte (m)	χataχ	חָתָךְ (ז)
cortar-se (vr)	lehiχateχ	לְהִיחָתֵךְ
hemorragia (f)	dimum	דִימוּם (ז)
queimadura (f)	kviya	כְּוִוייָה (נ)
queimar-se (vr)	laχatof kviya	לַחֲטוֹף כְּוִוייָה
picar (vt)	lidkor	לִדְקוֹר
picar-se (vr)	lehidaker	לְהִידָקֵר
lesionar (vt)	lif'tso'a	לִפְצוֹעַ
lesão (m)	ptsi'a	פְּצִיעָה (נ)
ferida (f), ferimento (m)	'petsa	פֶּצַע (ז)
trauma (m)	'tra'uma	טְרָאוּמָה (נ)
delirar (vi)	lahazot	לַהֲזוֹת
gaguejar (vi)	legamgem	לְגַמְגֵם
insolação (f)	makat 'ʃemeʃ	מַכַּת שֶׁמֶשׁ (נ)

73. Sintomas. Tratamentos. Parte 2

dor (f)	ke'ev	כְּאֵב (ז)
farpa (no dedo, etc.)	kots	קוֹץ (ז)
suor (m)	ze'a	זֵיעָה (נ)
suar (vi)	leha'zi'a	לְהַזִיעַ
vômito (m)	haka'a	הֲקָאָה (נ)
convulsões (f pl)	pirkusim	פִּירְכּוּסִים (ז"ר)
grávida (adj)	hara	הָרָה
nascer (vi)	lehivaled	לְהִיוָולֵד
parto (m)	leda	לֵידָה (נ)
dar à luz	la'ledet	לָלֶדֶת
aborto (m)	hapala	הַפָּלָה (נ)
respiração (f)	neʃima	נְשִׁימָה (נ)
inspiração (f)	ʃe'ifa	שְׁאִיפָה (נ)
expiração (f)	neʃifa	נְשִׁיפָה (נ)
expirar (vi)	linʃof	לִנְשׁוֹף
inspirar (vi)	liʃ'of	לִשְׁאוֹף
inválido (m)	naχe	נָכֶה (ז)
aleijado (m)	naχe	נָכֶה (ז)

drogado (m)	narkoman	נַרְקוֹמָן (ז)
surdo (adj)	ҳereʃ	חֵירֵשׁ
mudo (adj)	ilem	אִילֵם
surdo-mudo (adj)	ҳereʃ-ilem	חֵירֵשׁ־אִילֵם

louco, insano (adj)	meʃuga	מְשׁוּגָע
louco (m)	meʃuga	מְשׁוּגָע (ז)
louca (f)	meʃu'ga'at	מְשׁוּגַעַת (נ)
ficar louco	lehiʃta'ge'a	לְהִשְׁתַגֵעַ

gene (m)	gen	גֵן (ז)
imunidade (f)	ҳasinut	חֲסִינוּת (נ)
hereditário (adj)	toraʃti	תוֹרַשְׁתִי
congênito (adj)	mulad	מוּלָד

vírus (m)	'virus	וִירוּס (ז)
micróbio (m)	ҳaidak	חַיְדָק (ז)
bactéria (f)	bak'terya	בַּקְטֶרְיָה (נ)
infecção (f)	zihum	זִיהוּם (ז)

74. Sintomas. Tratamentos. Parte 3

| hospital (m) | beit ҳolim | בֵּית חוֹלִים (ז) |
| paciente (m) | metupal | מְטוּפָּל (ז) |

diagnóstico (m)	avҳana	אַבְחָנָה (נ)
cura (f)	ripui	רִיפּוּי (ז)
tratamento (m) médico	tipul refu'i	טִיפּוּל רְפוּאִי (ז)
curar-se (vr)	lekabel tipul	לְקַבֵּל טִיפּוּל
tratar (vt)	letapel be...	לְטַפֵּל בְּ...
cuidar (pessoa)	letapel be...	לְטַפֵּל בְּ...
cuidado (m)	tipul	טִיפּוּל (ז)

operação (f)	ni'tuaҳ	נִיתוּחַ (ז)
enfaixar (vt)	laҳboʃ	לַחבּוֹשׁ
enfaixamento (m)	ҳaviʃa	חֲבִישָׁה (נ)

vacinação (f)	ҳisun	חִיסוּן (ז)
vacinar (vt)	leҳasen	לְחַסֵן
injeção (f)	zrika	זְרִיקָה (נ)
dar uma injeção	lehazrik	לְהַזְרִיק

ataque (~ de asma, etc.)	hetkef	הֶתְקֵף (ז)
amputação (f)	kti'a	קְטִיעָה (נ)
amputar (vt)	lik'to'a	לִקְטוֹעַ
coma (f)	tar'demet	תַרְדֶמֶת (נ)
estar em coma	lihyot betar'demet	לִהְיוֹת בְּתַרְדֶמֶת
reanimação (f)	tipul nimrats	טִיפּוּל נִמְרָץ (ז)

recuperar-se (vr)	lehaҳlim	לְהַחְלִים
estado (~ de saúde)	matsav	מַצָב (ז)
consciência (perder a ~)	hakara	הַכָּרָה (נ)
memória (f)	zikaron	זִיכָּרוֹן (ז)
tirar (vt)	la'akor	לַעֲקוֹר

obturação (f)	stima	סְתִימָה (נ)
obturar (vt)	la'asot stima	לַעֲשׂוֹת סְתִימָה
hipnose (f)	hip'noza	הִיפְּנוֹזָה (נ)
hipnotizar (vt)	lehapnet	לְהַפְנֵט

75. Médicos

médico (m)	rofe	רוֹפֵא (ז)
enfermeira (f)	aχot	אָחוֹת (נ)
médico (m) pessoal	rofe iʃi	רוֹפֵא אִישִׁי (ז)
dentista (m)	rofe ʃi'nayim	רוֹפֵא שִׁינַיִים (ז)
oculista (m)	rofe ei'nayim	רוֹפֵא עֵינַיִים (ז)
terapeuta (m)	rofe pnimi	רוֹפֵא פְּנִימִי (ז)
cirurgião (m)	kirurg	כִּירוּרג (ז)
psiquiatra (m)	psiχi''ater	פְּסִיכִיאָטֶר (ז)
pediatra (m)	rofe yeladim	רוֹפֵא יְלָדִים (ז)
psicólogo (m)	psiχolog	פְּסִיכוֹלוֹג (ז)
ginecologista (m)	rofe naʃim	רוֹפֵא נָשִׁים (ז)
cardiologista (m)	kardyolog	קַרְדִיוֹלוֹג (ז)

76. Medicina. Drogas. Acessórios

medicamento (m)	trufa	תְרוּפָה (נ)
remédio (m)	trufa	תְרוּפָה (נ)
receitar (vt)	lirʃom	לִרְשׁוֹם
receita (f)	mirʃam	מִרְשָׁם (ז)
comprimido (m)	kadur	כַּדוּר (ז)
unguento (m)	miʃχa	מִשְׁחָה (נ)
ampola (f)	'ampula	אַמְפּוּלָה (נ)
solução, preparado (m)	ta'a'rovet	תַעֲרוֹבֶת (נ)
xarope (m)	sirop	סִירוֹפּ (ז)
cápsula (f)	gluya	גְלוּיָה (נ)
pó (m)	avka	אַבְקָה (נ)
atadura (f)	taχ'boʃet 'gaza	תַחְבּוֹשֶׁת גָאזָה (נ)
algodão (m)	'tsemer 'gefen	צֶמֶר גֶפֶן (ז)
iodo (m)	yod	יוֹד (ז)
curativo (m) adesivo	'plaster	פְּלַסְטֶר (ז)
conta-gotas (m)	taf'tefet	טַפְטֶפֶת (נ)
termômetro (m)	madχom	מַדְחוֹם (ז)
seringa (f)	mazrek	מַזְרֵק (ז)
cadeira (f) de rodas	kise galgalim	כִּיסֵא גַלְגַלִים (ז)
muletas (f pl)	ka'bayim	קַבַּיִים (ז"ר)
analgésico (m)	meʃakeχ ke'evim	מְשַׁכֵּך כְּאֵבִים (ז)
laxante (m)	trufa meʃal'ʃelet	תְרוּפָה מְשַׁלְשֶׁלֶת (נ)

álcool (m)	'kohal	כֹּהַל (ז)
ervas (f pl) medicinais	isvei marpe	עִשְׂבֵי מַרְפֵּא (ז"ר)
de ervas (chá ~)	ʃel asavim	שֶׁל עֲשָׂבִים

77. Fumar. Produtos tabágicos

tabaco (m)	'tabak	טַבָּק (ז)
cigarro (m)	si'garya	סִיגַרְיָה (נ)
charuto (m)	sigar	סִיגָר (ז)
cachimbo (m)	mik'teret	מִקְטֶרֶת (נ)
maço (~ de cigarros)	χafisa	חֲפִיסָה (נ)
fósforos (m pl)	gafrurim	גַּפְרוּרִים (ז"ר)
caixa (f) de fósforos	kufsat gafrurim	קוּפְסַת גַּפְרוּרִים (נ)
isqueiro (m)	matsit	מַצִּית (ז)
cinzeiro (m)	ma'afera	מַאֲפֵרָה (נ)
cigarreira (f)	nartik lesi'garyot	נַרְתִּיק לְסִיגַרְיוֹת (ז)
piteira (f)	piya	פִּיָּה (נ)
filtro (m)	'filter	פִילְטֶר (ז)
fumar (vi, vt)	le'aʃen	לְעַשֵּׁן
acender um cigarro	lehadlik si'garya	לְהַדְלִיק סִיגַרְיָה
tabagismo (m)	iʃun	עִישׁוּן (ז)
fumante (m)	me'aʃen	מְעַשֵּׁן (ז)
bituca (f)	bdal si'garya	בְּדַל סִיגַרְיָה (ז)
fumaça (f)	aʃan	עָשָׁן (ז)
cinza (f)	'efer	אֵפֶר (ז)

HABITAT HUMANO

Cidade

78. Cidade. Vida na cidade

cidade (f)	ir	עִיר (נ)
capital (f)	ir bira	עִיר בִּירָה (נ)
aldeia (f)	kfar	כְּפָר (ז)
mapa (m) da cidade	mapat ha'ir	מַפַּת הָעִיר (נ)
centro (m) da cidade	merkaz ha'ir	מֶרכַּז הָעִיר (ז)
subúrbio (m)	parvar	פַּרוָר (ז)
suburbano (adj)	parvari	פַּרוָרִי
periferia (f)	parvar	פַּרוָר (ז)
arredores (m pl)	svivot	סבִיבוֹת (נ"ר)
quarteirão (m)	ʃχuna	שכוּנָה (נ)
quarteirão (m) residencial	ʃχunat megurim	שכוּנַת מְגוּרִים (נ)
tráfego (m)	tnu'a	תנוּעָה (נ)
semáforo (m)	ramzor	רַמזוֹר (ז)
transporte (m) público	taχbura tsiburit	תַחבּוּרָה צִיבּוּרִית (נ)
cruzamento (m)	'tsomet	צוֹמֶת (ז)
faixa (f)	ma'avar χatsaya	מַעֲבָר חֲצָיָה (ז)
túnel (m) subterrâneo	ma'avar tat karka'i	מַעֲבָר תַת־קַרקָעִי (ז)
cruzar, atravessar (vt)	laχatsot	לַחֲצוֹת
pedestre (m)	holeχ 'regel	הוֹלֵך רֶגֶל (ז)
calçada (f)	midraχa	מִדרָכָה (נ)
ponte (f)	'geʃer	גֶשֶר (ז)
margem (f) do rio	ta'yelet	טַיֶילֶת (נ)
fonte (f)	mizraka	מִזרָקָה (נ)
alameda (f)	sdera	שֹׂדֵרָה (נ)
parque (m)	park	פַּארק (ז)
bulevar (m)	sdera	שֹׂדֵרָה (נ)
praça (f)	kikar	כִּיכָּר (נ)
avenida (f)	reχov raʃi	רְחוֹב רָאשִי (ז)
rua (f)	reχov	רְחוֹב (ז)
travessa (f)	simta	סִמטָה (נ)
beco (m) sem saída	mavoi satum	מָבוֹי סָתוּם (ז)
casa (f)	'bayit	בַּיִת (ז)
edifício, prédio (m)	binyan	בִּניָן (ז)
arranha-céu (m)	gored ʃχakim	גוֹרֵד שחָקִים (ז)
fachada (f)	χazit	חָזִית (נ)
telhado (m)	gag	גַג (ז)

janela (f)	χalon	חַלּוֹן (ז)
arco (m)	'keʃet	קֶשֶׁת (נ)
coluna (f)	amud	עַמּוּד (ז)
esquina (f)	pina	פִּינָה (נ)
vitrine (f)	χalon ra'ava	חַלּוֹן רַאֲוָה (ז)
letreiro (m)	'ʃelet	שֶׁלֶט (ז)
cartaz (do filme, etc.)	kraza	כְּרָזָה (נ)
cartaz (m) publicitário	'poster	פּוֹסְטֶר (ז)
painel (m) publicitário	'luaχ pirsum	לוּחַ פִּרְסוּם (ז)
lixo (m)	'zevel	זֶבֶל (ז)
lata (f) de lixo	paχ aʃpa	פַּח אַשְׁפָּה (ז)
jogar lixo na rua	lelaχleχ	לְלַכְלֵךְ
aterro (m) sanitário	mizbala	מִזְבָּלָה (נ)
orelhão (m)	ta 'telefon	תָּא טֶלֶפוֹן (ז)
poste (m) de luz	amud panas	עַמּוּד פָּנָס (ז)
banco (m)	safsal	סַפְסָל (ז)
polícia (m)	ʃoter	שׁוֹטֵר (ז)
polícia (instituição)	miʃtara	מִשְׁטָרָה (נ)
mendigo, pedinte (m)	kabtsan	קַבְּצָן (ז)
desabrigado (m)	χasar 'bayit	חֲסַר בַּיִת (ז)

79. Instituições urbanas

loja (f)	χanut	חֲנוּת (נ)
drogaria (f)	beit mir'kaχat	בֵּית מִרְקַחַת (ז)
ótica (f)	χanut miʃka'fayim	חֲנוּת מִשְׁקָפַיִים (נ)
centro (m) comercial	kanyon	קַנְיוֹן (ז)
supermercado (m)	super'market	סוּפֶּרְמַרְקֶט (ז)
padaria (f)	ma'afiya	מַאֲפִיָּה (נ)
padeiro (m)	ofe	אוֹפֶה (ז)
pastelaria (f)	χanut mamtakim	חֲנוּת מַמְתַּקִּים (נ)
mercearia (f)	ma'kolet	מַכּוֹלֶת (נ)
açougue (m)	itliz	אִטְלִיז (ז)
fruteira (f)	χanut perot viyerakot	חֲנוּת פֵּירוֹת וִירָקוֹת (נ)
mercado (m)	ʃuk	שׁוּק (ז)
cafeteria (f)	beit kafe	בֵּית קָפֶה (ז)
restaurante (m)	mis'ada	מִסְעָדָה (נ)
bar (m)	pab	פָּאב (ז)
pizzaria (f)	pi'tseriya	פִּיצֶרְיָה (נ)
salão (m) de cabeleireiro	mispara	מִסְפָּרָה (נ)
agência (f) dos correios	'do'ar	דּוֹאַר (ז)
lavanderia (f)	nikui yaveʃ	נִיקוּי יָבֵשׁ (ז)
estúdio (m) fotográfico	'studyo letsilum	סְטוּדִיוֹ לְצִילוּם (ז)
sapataria (f)	χanut na'a'layim	חֲנוּת נַעֲלַיִים (נ)
livraria (f)	χanut sfarim	חֲנוּת סְפָרִים (נ)

loja (f) de artigos esportivos	χanut sport	חֲנוּת ספּוֹרט (נ)
costureira (m)	χanut tikun bgadim	חֲנוּת תִּיקוּן בְּגָדִים (נ)
aluguel (m) de roupa	χanut haskarat bgadim	חֲנוּת הַשֹׂכָּרַת בְּגָדִים (נ)
videolocadora (f)	χanut haʃalat sratim	חֲנוּת הַשֹׁאֲלַת סְרָטִים (נ)

circo (m)	kirkas	קִרְקָס (ז)
jardim (m) zoológico	gan hayot	גַּן חַיּוֹת (ז)
cinema (m)	kol'no'a	קוֹלְנוֹעַ (ז)
museu (m)	muze'on	מוּזֵיאוֹן (ז)
biblioteca (f)	sifriya	סִפְרִיָּה (נ)

teatro (m)	te'atron	תֵּיאַטְרוֹן (ז)
ópera (f)	beit 'opera	בֵּית אוֹפֵּרָה (ז)
boate (casa noturna)	mo'adon 'laila	מוֹעֲדוֹן לַיְלָה (ז)
cassino (m)	ka'zino	קָזִינוֹ (ז)

mesquita (f)	misgad	מִסְגָּד (ז)
sinagoga (f)	beit 'kneset	בֵּית כְּנֶסֶת (ז)
catedral (f)	kated'rala	קָתֶדְרָלָה (נ)
templo (m)	mikdaʃ	מִקְדָּשׁ (ז)
igreja (f)	knesiya	כְּנֵסִיָּה (נ)

faculdade (f)	miχlala	מִכְלָלָה (נ)
universidade (f)	uni'versita	אוּנִיבֶרְסִיטָה (נ)
escola (f)	beit 'sefer	בֵּית סֵפֶר (ז)

prefeitura (f)	maχoz	מָחוֹז (ז)
câmara (f) municipal	iriya	עִירִיָּה (נ)
hotel (m)	beit malon	בֵּית מָלוֹן (ז)
banco (m)	bank	בַּנק (ז)

embaixada (f)	ʃagrirut	שַׁגְרִירוּת (נ)
agência (f) de viagens	soχnut nesi'ot	סוֹכְנוּת נְסִיעוֹת (נ)
agência (f) de informações	modi'in	מוֹדִיעִין (ז)
casa (f) de câmbio	misrad hamarat mat'be'a	מִשְׂרַד הֲמָרַת מַטְבֵּעַ (ז)

metrô (m)	ra'kevet taχtit	רַכֶּבֶת תַּחְתִּית (נ)
hospital (m)	beit χolim	בֵּית חוֹלִים (ז)

posto (m) de gasolina	taχanat 'delek	תַּחֲנַת דֶּלֶק (נ)
parque (m) de estacionamento	migraʃ χanaya	מִגְרַשׁ חֲנָיָה (ז)

80. Sinais

letreiro (m)	'ʃelet	שֶׁלֶט (ז)
aviso (m)	moda'a	מוֹדָעָה (נ)
cartaz, pôster (m)	'poster	פּוֹסְטֶר (ז)
placa (f) de direção	tamrur	תַּמְרוּר (ז)
seta (f)	χeʦ	חֵץ (ז)

aviso (advertência)	azhara	אַזְהָרָה (נ)
sinal (m) de aviso	'ʃelet azhara	שֶׁלֶט אַזְהָרָה (ז)
avisar, advertir (vt)	lehazhir	לְהַזְהִיר
dia (m) de folga	yom 'χofeʃ	יוֹם חוֹפֶשׁ (ז)

horário (~ dos trens, etc.)	'luaχ zmanim	לוּחַ זְמַנִּים (ז)
horário (m)	ʃa'ot avoda	שְׁעוֹת עֲבוֹדָה (נ"ר)
BEM-VINDOS!	bruχim haba'im!	בְּרוּכִים הַבָּאִים!
ENTRADA	knisa	כְּנִיסָה
SAÍDA	yetsi'a	יְצִיאָה
EMPURRE	dχof	דְחוֹף
PUXE	mʃoχ	מְשׁוֹך
ABERTO	pa'tuaχ	פָּתוּחַ
FECHADO	sagur	סָגוּר
MULHER	lenaʃim	לְנָשִׁים
HOMEM	legvarim	לְגְבָרִים
DESCONTOS	hanaχot	הֲנָחוֹת
SALDOS, PROMOÇÃO	mivtsa	מִבְצָע
NOVIDADE!	χadaʃ!	חָדָשׁ!
GRÁTIS	χinam	חִינָם
ATENÇÃO!	sim lev!	שִׂים לֵב!
NÃO HÁ VAGAS	ein makom panui	אֵין מָקוֹם פָּנוּי
RESERVADO	ʃamur	שָׁמוּר
ADMINISTRAÇÃO	hanhala	הַנְהָלָה
SOMENTE PESSOAL AUTORIZADO	le'ovdim bilvad	לְעוֹבְדִים בִּלְבָד
CUIDADO CÃO FEROZ	zehirut 'kelev noʃeχ!	זְהִירוּת, כֶּלֶב נוֹשֵׁך!
PROIBIDO FUMAR!	asur le'aʃen!	אָסוּר לְעַשֵׁן!
NÃO TOCAR	lo lagaat!	לֹא לָגַעַת!
PERIGOSO	mesukan	מְסוּכָּן
PERIGO	sakana	סַכָּנָה
ALTA TENSÃO	'metaχ ga'voha	מֶתַח גָבוֹהַ
PROIBIDO NADAR	haraχatsa asura!	הָרַחָצָה אָסוּרָה!
COM DEFEITO	lo oved	לֹא עוֹבֵד
INFLAMÁVEL	dalik	דָלִיק
PROIBIDO	asur	אָסוּר
ENTRADA PROIBIDA	asur la'avor	אָסוּר לַעֲבוֹר
CUIDADO TINTA FRESCA	'tseva laχ	צֶבַע לַח

81. Transportes urbanos

ônibus (m)	'otobus	אוֹטוֹבּוּס (ז)
bonde (m) elétrico	ra'kevet kala	רַכֶּבֶת קַלָה (נ)
trólebus (m)	tro'leibus	טְרוֹלֵיבּוּס (ז)
rota (f), itinerário (m)	maslul	מַסְלוּל (ז)
número (m)	mispar	מִסְפָּר (ז)
ir de ... (carro, etc.)	lin'so'a be...	לִנְסוֹעַ בְּ...
entrar no ...	la'alot	לַעֲלוֹת
descer do ...	la'redet mi...	לָרֶדֶת מְ...

parada (f)	taxana	תַּחֲנָה (נ)
próxima parada (f)	hataxana haba'a	הַתַּחֲנָה הַבָּאָה (נ)
terminal (m)	hataxana ha'axrona	הַתַּחֲנָה הָאַחֲרוֹנָה (נ)
horário (m)	'luax zmanim	לוּחַ זְמַנִּים (ז)
esperar (vt)	lehamtin	לְהַמְתִּין

| passagem (f) | kartis | כַּרְטִיס (ז) |
| tarifa (f) | mexir hanesiya | מְחִיר הַנְּסִיעָה (ז) |

bilheteiro (m)	kupai	קוּפַּאי (ז)
controle (m) de passagens	bi'koret kartisim	בִּיקּוֹרֶת כַּרְטִיסִים (נ)
revisor (m)	mevaker	מְבַקֵּר (ז)

atrasar-se (vr)	le'axer	לְאַחֵר
perder (o autocarro, etc.)	lefasfes	לְפַסְפֵס
estar com pressa	lemaher	לְמַהֵר

táxi (m)	monit	מוֹנִית (נ)
taxista (m)	nahag monit	נַהַג מוֹנִית (ז)
de táxi (ir ~)	bemonit	בְּמוֹנִית
ponto (m) de táxis	taxanat moniyot	תַּחֲנַת מוֹנִיּוֹת (נ)
chamar um táxi	lehazmin monit	לְהַזְמִין מוֹנִית
pegar um táxi	la'kaxat monit	לָקַחַת מוֹנִית

tráfego (m)	tnu'a	תְּנוּעָה (נ)
engarrafamento (m)	pkak	פְּקָק (ז)
horas (f pl) de pico	ʃa'ot 'omes	שְׁעוֹת עוֹמֶס (נ"ר)
estacionar (vi)	laxanot	לַחֲנוֹת
estacionar (vt)	lehaxnot	לְהַחְנוֹת
parque (m) de estacionamento	xanaya	חֲנָיָה (נ)

metrô (m)	ra'kevet taxtit	רַכֶּבֶת תַּחְתִּית (נ)
estação (f)	taxana	תַּחֲנָה (נ)
ir de metrô	lin'so'a betaxtit	לִנְסוֹעַ בְּתַחְתִּית
trem (m)	ra'kevet	רַכֶּבֶת (נ)
estação (f) de trem	taxanat ra'kevet	תַּחֲנַת רַכֶּבֶת (נ)

82. Turismo

monumento (m)	an'darta	אַנְדַּרְטָה (נ)
fortaleza (f)	mivtsar	מִבְצָר (ז)
palácio (m)	armon	אַרְמוֹן (ז)
castelo (m)	tira	טִירָה (נ)
torre (f)	migdal	מִגְדָּל (ז)
mausoléu (m)	ma'uzo'le'um	מָאוּזוֹלֵיאוּם (ז)

arquitetura (f)	adrixalut	אַדְרִיכָלוּת (נ)
medieval (adj)	benaimi	בֵּינַיימִי
antigo (adj)	atik	עַתִּיק
nacional (adj)	le'umi	לְאוּמִי
famoso, conhecido (adj)	mefursam	מְפוּרְסָם

| turista (m) | tayar | תַּייָר (ז) |
| guia (pessoa) | madrix tiyulim | מַדְרִיךְ טִיּוּלִים (ז) |

excursão (f)	tiyul	טִיּוּל (ז)
mostrar (vt)	lehar'ot	לְהַרְאוֹת
contar (vt)	lesaper	לְסַפֵּר
encontrar (vt)	limtso	לִמְצוֹא
perder-se (vr)	la'leχet le'ibud	לָלֶכֶת לְאִיבּוּד
mapa (~ do metrô)	mapa	מַפָּה (נ)
mapa (~ da cidade)	tarʃim	תַּרְשִׁים (ז)
lembrança (f), presente (m)	maz'keret	מַזְכֶּרֶת (נ)
loja (f) de presentes	χanut matanot	חֲנוּת מַתָּנוֹת (נ)
tirar fotos, fotografar	letsalem	לְצַלֵם
fotografar-se (vr)	lehitstalem	לְהִצְטַלֵם

83. Compras

comprar (vt)	liknot	לִקְנוֹת
compra (f)	kniya	קְנִיָּה (נ)
fazer compras	la'leχet lekniyot	לָלֶכֶת לִקְנִיוֹת
compras (f pl)	ariχat kniyot	עֲרִיכַת קְנִיוֹת (נ)
estar aberta (loja)	pa'tuaχ	פָּתוּחַ
estar fechada	sagur	סָגוּר
calçado (m)	na'a'layim	נַעֲלַיִים (נ"ר)
roupa (f)	bgadim	בְּגָדִים (ז"ר)
cosméticos (m pl)	tamrukim	תַּמְרוּקִים (ז"ר)
alimentos (m pl)	mutsrei mazon	מוּצְרֵי מָזוֹן (ז"ר)
presente (m)	matana	מַתָּנָה (נ)
vendedor (m)	moχer	מוֹכֵר (ז)
vendedora (f)	mo'χeret	מוֹכֶרֶת (נ)
caixa (f)	kupa	קוּפָּה (נ)
espelho (m)	mar'a	מַרְאָה (נ)
balcão (m)	duχan	דּוּכָן (ז)
provador (m)	'χeder halbaʃa	חֶדֶר הַלְבָּשָׁה (ז)
provar (vt)	limdod	לִמְדוֹד
servir (roupa, caber)	lehat'im	לְהַתְאִים
gostar (apreciar)	limtso χen be'ei'nayim	לִמְצוֹא חֵן בְּעֵינַיִים
preço (m)	meχir	מְחִיר (ז)
etiqueta (f) de preço	tag meχir	תַּג מְחִיר (ז)
custar (vt)	la'alot	לַעֲלוֹת
Quanto?	'kama?	כַּמָּה?
desconto (m)	hanaχa	הֲנָחָה (נ)
não caro (adj)	lo yakar	לֹא יָקָר
barato (adj)	zol	זוֹל
caro (adj)	yakar	יָקָר
É caro	ze yakar	זֶה יָקָר
aluguel (m)	haskara	הַשְׂכָּרָה (נ)
alugar (roupas, etc.)	liskor	לִשְׂכּוֹר

| crédito (m) | aʃrai | אַשְׁרַאי (ז) |
| a crédito | be'aʃrai | בְּאַשְׁרַאי |

84. Dinheiro

dinheiro (m)	'kesef	כֶּסֶף (ז)
câmbio (m)	hamara	הֲמָרָה (נ)
taxa (f) de câmbio	ʃa'ar χalifin	שַׁעַר חֲלִיפִין (ז)
caixa (m) eletrônico	kaspomat	כַּסְפּוֹמָט (ז)
moeda (f)	mat'be'a	מַטְבֵּעַ (ז)

| dólar (m) | 'dolar | דּוֹלָר (ז) |
| euro (m) | 'eiro | אֵירוֹ (ז) |

lira (f)	'lira	לִירָה (נ)
marco (m)	mark germani	מַרְק גֶּרְמָנִי (ז)
franco (m)	frank	פְרַנְק (ז)
libra (f) esterlina	'lira 'sterling	לִירָה שְׁטֶרְלִינג (נ)
iene (m)	yen	יֶן (ז)

dívida (f)	χov	חוֹב (ז)
devedor (m)	'ba'al χov	בַּעַל חוֹב (ז)
emprestar (vt)	lehalvot	לְהַלְווֹת
pedir emprestado	lilvot	לִלְווֹת

banco (m)	bank	בַּנְק (ז)
conta (f)	χeʃbon	חֶשְׁבּוֹן (ז)
depositar (vt)	lehafkid	לְהַפְקִיד
depositar na conta	lehafkid leχeʃbon	לְהַפְקִיד לְחֶשְׁבּוֹן
sacar (vt)	limʃoχ meχeʃbon	לִמְשׁוֹך מֵחֶשְׁבּוֹן

cartão (m) de crédito	kartis aʃrai	כַּרְטִיס אַשְׁרַאי (ז)
dinheiro (m) vivo	mezuman	מְזוּמָן
cheque (m)	tʃek	צ'ק (ז)
passar um cheque	liχtov tʃek	לִכְתּוֹב צ'ק
talão (m) de cheques	pinkas 'tʃekim	פִּנְקַס צ'קִים (ז)

carteira (f)	arnak	אַרְנָק (ז)
niqueleira (f)	arnak lematbe''ot	אַרְנָק לְמַטְבְּעוֹת (ז)
cofre (m)	ka'sefet	כַּסֶּפֶת (נ)

herdeiro (m)	yoreʃ	יוֹרֵשׁ (ז)
herança (f)	yeruʃa	יְרוּשָׁה (נ)
fortuna (riqueza)	'oʃer	עוֹשֶׁר (ז)

arrendamento (m)	χoze sχirut	חוֹזֶה שְׂכִירוּת (ז)
aluguel (pagar o ~)	sχar dira	שְׂכַר דִּירָה (ז)
alugar (vt)	liskor	לִשְׂכּוֹר

preço (m)	meχir	מְחִיר (ז)
custo (m)	alut	עֲלוּת (נ)
soma (f)	sχum	סְכוּם (ז)
gastar (vt)	lehotsi	לְהוֹצִיא
gastos (m pl)	hotsa'ot	הוֹצָאוֹת (נ"ר)

| economizar (vi) | laxasox | לַחְסוֹךְ |
| econômico (adj) | xesxoni | חֶסְכוֹנִי |

pagar (vt)	leʃalem	לְשַׁלֵּם
pagamento (m)	taʃlum	תַּשְׁלוּם (ז)
troco (m)	'odef	עוֹדֶף (ז)

imposto (m)	mas	מַס (ז)
multa (f)	knas	קְנָס (ז)
multar (vt)	liknos	לִקְנוֹס

85. Correios. Serviço postal

agência (f) dos correios	'do'ar	דּוֹאַר (ז)
correio (m)	'do'ar	דּוֹאַר (ז)
carteiro (m)	davar	דַּוָּר (ז)
horário (m)	ʃa'ot avoda	שְׁעוֹת עֲבוֹדָה (נ"ר)

carta (f)	mixtav	מִכְתָּב (ז)
carta (f) registada	mixtav raʃum	מִכְתָּב רָשׁוּם (ז)
cartão (m) postal	gluya	גְּלוּיָה (נ)
telegrama (m)	mivrak	מִבְרָק (ז)
encomenda (f)	xavila	חֲבִילָה (נ)
transferência (f) de dinheiro	ha'avarat ksafim	הַעֲבָרַת כְּסָפִים (נ)

receber (vt)	lekabel	לְקַבֵּל
enviar (vt)	liʃloax	לִשְׁלוֹחַ
envio (m)	ʃlixa	שְׁלִיחָה (ז)

endereço (m)	'ktovet	כְּתוֹבֶת (נ)
código (m) postal	mikud	מִיקּוּד (ז)
remetente (m)	ʃo'leax	שׁוֹלֵחַ (ז)
destinatário (m)	nim'an	נִמְעָן (ז)

| nome (m) | ʃem prati | שֵׁם פְּרָטִי (ז) |
| sobrenome (m) | ʃem miʃpaxa | שֵׁם מִשְׁפָּחָה (ז) |

tarifa (f)	ta'arif	תַּעֲרִיף (ז)
ordinário (adj)	ragil	רָגִיל
econômico (adj)	xesxoni	חֶסְכוֹנִי

peso (m)	miʃkal	מִשְׁקָל (ז)
pesar (estabelecer o peso)	liʃkol	לִשְׁקוֹל
envelope (m)	ma'atafa	מַעֲטָפָה (נ)
selo (m) postal	bul 'do'ar	בּוּל דּוֹאַר (ז)
colar o selo	lehadbik bul	לְהַדְבִּיק בּוּל

Moradia. Casa. Lar

86. Casa. Habitação

casa (f)	'bayit	בַּיִת (ז)
em casa	ba'bayit	בַּבַּיִת
pátio (m), quintal (f)	χatser	חָצֵר (נ)
cerca, grade (f)	gader	גָּדֵר (נ)
tijolo (m)	levena	לְבֵנָה (נ)
de tijolos	milevenim	מִלְּבֵנִים
pedra (f)	'even	אָבֶן (נ)
de pedra	me''even	מֵאָבֶן
concreto (m)	beton	בֶּטוֹן (ז)
concreto (adj)	mibeton	מִבֶּטוֹן
novo (adj)	χadaʃ	חָדָשׁ
velho (adj)	yaʃan	יָשָׁן
decrépito (adj)	balui	בָּלוּי
moderno (adj)	mo'derni	מוֹדֶרְנִי
de vários andares	rav komot	רַב־קוֹמוֹת
alto (adj)	ga'voha	גָּבוֹהַּ
andar (m)	'koma	קוֹמָה (נ)
de um andar	χad komati	חַד־קוֹמָתִי
térreo (m)	komat 'karka	קוֹמַת קַרְקַע (נ)
andar (m) de cima	hakoma ha'elyona	הַקּוֹמָה הָעֶלְיוֹנָה (נ)
telhado (m)	gag	גַּג (ז)
chaminé (f)	aruba	אֲרוּבָּה (נ)
telha (f)	'ra'af	רַעַף (ז)
de telha	mere'afim	מֵרְעָפִים
sótão (m)	aliyat gag	עֲלִיַּת גַּג (נ)
janela (f)	χalon	חַלּוֹן (ז)
vidro (m)	zχuχit	זְכוּכִית (נ)
parapeito (m)	'eden χalon	אֶדֶן חַלּוֹן (ז)
persianas (f pl)	trisim	תְּרִיסִים (ז"ר)
parede (f)	kir	קִיר (ז)
varanda (f)	mir'peset	מִרְפֶּסֶת (נ)
calha (f)	marzev	מַרְזֵב (ז)
em cima	le'mala	לְמַעֲלָה
subir (vi)	la'alot bemadregot	לַעֲלוֹת בְּמַדְרֵגוֹת
descer (vi)	la'redet bemadregot	לָרֶדֶת בְּמַדְרֵגוֹת
mudar-se (vr)	la'avor	לַעֲבוֹר

87. Casa. Entrada. Elevador

entrada (f)	knisa	כְּנִיסָה (נ)
escada (f)	madregot	מַדְרֵגוֹת (נ"ר)
degraus (m pl)	madregot	מַדְרֵגוֹת (נ"ר)
corrimão (m)	ma‘ake	מַעֲקֶה (ז)
hall (m) de entrada	'lobi	לוֹבִּי (ז)

caixa (f) de correio	teivat 'do’ar	תֵּיבַת דּוֹאַר (נ)
lata (f) do lixo	paχ 'zevel	פַּח זֶבֶל (ז)
calha (f) de lixo	merik aʃpa	מְרִיק אַשְׁפָּה (ז)

elevador (m)	ma‘alit	מַעֲלִית (נ)
elevador (m) de carga	ma‘alit masa	מַעֲלִית מַשָּׂא (נ)
cabine (f)	ta ma‘alit	תָּא מַעֲלִית (ז)
pegar o elevador	lin’so‘a bema‘alit	לִנְסוֹעַ בְּמַעֲלִית

apartamento (m)	dira	דִּירָה (נ)
residentes (pl)	dayarim	דַּיָּרִים (ז"ר)
vizinho (m)	ʃaχen	שָׁכֵן (ז)
vizinha (f)	ʃχena	שְׁכֵנָה (נ)
vizinhos (pl)	ʃχenim	שְׁכֵנִים (ז"ר)

88. Casa. Eletricidade

eletricidade (f)	χaʃmal	חַשְׁמַל (ז)
lâmpada (f)	nura	נוּרָה (נ)
interruptor (m)	'meteg	מֶתֶג (ז)
fusível, disjuntor (m)	natiχ	נָתִיךְ (ז)

fio, cabo (m)	χut	חוּט (ז)
instalação (f) elétrica	χivut	חִיווּט (ז)
medidor (m) de eletricidade	mone χaʃmal	מוֹנֶה חַשְׁמַל (ז)
indicação (f), registro (m)	kri’a	קְרִיאָה (נ)

89. Casa. Portas. Fechaduras

porta (f)	'delet	דֶּלֶת (נ)
portão (m)	'ʃa‘ar	שַׁעַר (ז)
maçaneta (f)	yadit	יָדִית (נ)
destrancar (vt)	lif'toaχ	לִפְתּוֹחַ
abrir (vt)	lif'toaχ	לִפְתּוֹחַ
fechar (vt)	lisgor	לִסְגּוֹר

chave (f)	maf'teaχ	מַפְתֵּחַ (ז)
molho (m)	tsror mafteχot	צְרוֹר מַפְתְּחוֹת (ז)
ranger (vi)	laχarok	לַחֲרוֹק
rangido (m)	χarika	חֲרִיקָה (נ)
dobradiça (f)	tsir	צִיר (ז)
capacho (m)	ʃtiχon	שְׁטִיחוֹן (ז)
fechadura (f)	man‘ul	מַנְעוּל (ז)

buraco (m) da fechadura	χor haman'ul	(ז) חוֹר הַמַּנְעוּל
barra (f)	'briaχ	(ז) בְּרִיחַ
fecho (ferrolho pequeno)	'briaχ	(ז) בְּרִיחַ
cadeado (m)	man'ul	(ז) מַנְעוּל

tocar (vt)	letsaltsel	לְצַלְצֵל
toque (m)	tsiltsul	(ז) צִלְצוּל
campainha (f)	pa'amon	(ז) פַּעֲמוֹן
botão (m)	kaftor	(ז) כַּפְתּוֹר
batida (f)	hakaʃa	(נ) הַקָּשָׁה
bater (vi)	lehakiʃ	לְהַקִּישׁ

código (m)	kod	(ז) קוֹד
fechadura (f) de código	man'ul kod	(ז) מַנְעוּל קוֹד
interfone (m)	'interkom	(ז) אִינְטֶרְקוֹם
número (m)	mispar	(ז) מִסְפָּר
placa (f) de porta	luχit	(נ) לוּחִית
olho (m) mágico	einit	(נ) עֵינִית

90. Casa de campo

aldeia (f)	kfar	(ז) כְּפָר
horta (f)	gan yarak	(ז) גַּן יָרָק
cerca (f)	gader	(נ) גָּדֵר
cerca (f) de piquete	gader yetedot	(נ) גָּדֵר יְתֵדוֹת
portão (f) do jardim	piʃpaʃ	(ז) פִּשְׁפָּשׁ

celeiro (m)	asam	(ז) אָסָם
adega (f)	martef	(ז) מַרְתֵּף
galpão, barracão (m)	maχsan	(ז) מַחְסָן
poço (m)	be'er	(נ) בְּאֵר

fogão (m)	aχ	(נ) אָח
atiçar o fogo	lehasik et ha'aχ	לְהַסִּיק אֶת הָאָח
lenha (carvão ou ~)	atsei hasaka	(ז"ר) עֲצֵי הַסָּקָה
acha, lenha (f)	bul ets	(ז) בּוּל עֵץ

varanda (f)	mir'peset mekora	(נ) מִרְפֶּסֶת מְקוֹרָה
alpendre (m)	mir'peset	(נ) מִרְפֶּסֶת
degraus (m pl) de entrada	madregot ba'petaχ 'bayit	(נ"ר) מַדְרֵגוֹת בַּפֶּתַח בַּיִת
balanço (m)	nadneda	(נ) נַדְנֵדָה

91. Moradia. Mansão

casa (f) de campo	'bayit bakfar	(ז) בַּיִת בַּכְּפָר
vila (f)	'vila	(נ) וִילָה
ala (~ do edifício)	agaf	(ז) אֲגַף

jardim (m)	gan	(ז) גַּן
parque (m)	park	(ז) פַּארְק
estufa (f)	χamama	(נ) חֲמָמָה
cuidar de ...	legadel	לְגַדֵּל

piscina (f)	breχat sχiya	בְּרֵיכַת שְׂחִיָּה (נ)
academia (f) de ginástica	'χeder 'koʃer	חֶדֶר כּוֹשֶׁר (ז)
quadra (f) de tênis	migraʃ 'tenis	מִגְרַשׁ טֶנִיס (ז)
cinema (m)	'χeder hakrana beiti	חֶדֶר הַקְרָנָה בֵּיתִי (ז)
garagem (f)	musaχ	מוּסָךְ (ז)
propriedade (f) privada	reχuʃ prati	רְכוּשׁ פְּרָטִי (ז)
terreno (m) privado	'ʃetaχ prati	שֶׁטַח פְּרָטִי (ז)
advertência (f)	azhara	אַזְהָרָה (נ)
sinal (m) de aviso	'ʃelet azhara	שֶׁלֶט אַזְהָרָה (ז)
guarda (f)	avtaχa	אַבְטָחָה (נ)
guarda (m)	ʃomer	שׁוֹמֵר (ז)
alarme (m)	ma'a'reχet az'aka	מַעֲרֶכֶת אַזְעָקָה (נ)

92. Castelo. Palácio

castelo (m)	tira	טִירָה (נ)
palácio (m)	armon	אַרְמוֹן (ז)
fortaleza (f)	mivtsar	מִבְצָר (ז)
muralha (f)	χoma	חוֹמָה (נ)
torre (f)	migdal	מִגְדָּל (ז)
calabouço (m)	migdal merkazi	מִגְדָּל מֶרְכָּזִי (ז)
grade (f) levadiça	'ʃa'ar anaχi	שַׁעַר אֲנָכִי (ז)
passagem (f) subterrânea	ma'avar tat karka'i	מַעֲבָר תַּת־קַרְקָעִי (ז)
fosso (m)	χafir	חָפִיר (ז)
corrente, cadeia (f)	ʃal'ʃelet	שַׁלְשֶׁלֶת (נ)
seteira (f)	eʃnav 'yeri	אֶשְׁנָב יְרִי (ז)
magnífico (adj)	mefo'ar	מְפוֹאָר
majestoso (adj)	malχuti	מַלְכוּתִי
inexpugnável (adj)	'bilti χadir	בִּלְתִי חָדִיר
medieval (adj)	benaimi	בֵּינַיְימִי

93. Apartamento

apartamento (m)	dira	דִּירָה (נ)
quarto, cômodo (m)	'χeder	חֶדֶר (ז)
quarto (m) de dormir	χadar ʃena	חֲדַר שֵׁינָה (ז)
sala (f) de jantar	pinat 'oχel	פִּינַת אוֹכֶל (נ)
sala (f) de estar	salon	סָלוֹן (ז)
escritório (m)	χadar avoda	חֲדַר עֲבוֹדָה (ז)
sala (f) de entrada	prozdor	פְּרוֹזְדוֹר (ז)
banheiro (m)	χadar am'batya	חֲדַר אַמְבַּטְיָה (ז)
lavabo (m)	ʃerutim	שֵׁירוּתִים (ז"ר)
teto (m)	tikra	תִּקְרָה (נ)
chão, piso (m)	ritspa	רִצְפָּה (נ)
canto (m)	pina	פִּינָה (נ)

94. Apartamento. Limpeza

arrumar, limpar (vt)	lenakot	לְנַקּוֹת
guardar (no armário, etc.)	lefanot	לְפַנּוֹת
pó (m)	avak	אָבָק (ז)
empoeirado (adj)	me'ubak	מְאוּבָּק
tirar o pó	lenakot avak	לְנַקּוֹת אָבָק
aspirador (m)	ʃo'ev avak	שׁוֹאֵב אָבָק (ז)
aspirar (vt)	liʃov avak	לִשְׁאוֹב אָבָק
varrer (vt)	letate	לְטַאטֵא
sujeira (f)	'psolet ti'tu	פְּסוֹלֶת טִאטוּא (נ)
arrumação, ordem (f)	'seder	סֵדֶר (ז)
desordem (f)	i 'seder	אִי סֵדֶר (ז)
esfregão (m)	magev im smartut	מַגֵב עִם סְמַרְטוּט (ז)
pano (m), trapo (m)	smartut avak	סְמַרְטוּט אָבָק (ז)
vassoura (f)	mat'ate katan	מַטְאֲטֵא קָטָן (ז)
pá (f) de lixo	ya'e	יָעֶה (ז)

95. Mobiliário. Interior

mobiliário (m)	rehitim	רָהִיטִים (ז"ר)
mesa (f)	ʃulχan	שׁוּלְחָן (ז)
cadeira (f)	kise	כִּסֵא (ז)
cama (f)	mita	מִיטָה (נ)
sofá, divã (m)	sapa	סַפָּה (נ)
poltrona (f)	kursa	כּוּרְסָה (נ)
estante (f)	aron sfarim	אֲרוֹן סְפָרִים (ז)
prateleira (f)	madaf	מַדָף (ז)
guarda-roupas (m)	aron bgadim	אֲרוֹן בְּגָדִים (ז)
cabide (m) de parede	mitle	מִתְלֶה (ז)
cabideiro (m) de pé	mitle	מִתְלֶה (ז)
cômoda (f)	ʃida	שִׁידָה (נ)
mesinha (f) de centro	ʃulχan itonim	שׁוּלְחָן עִיתוֹנִים (ז)
espelho (m)	mar'a	מַרְאָה (נ)
tapete (m)	ʃa'tiaχ	שָׁטִיחַ (ז)
tapete (m) pequeno	ʃa'tiaχ	שָׁטִיחַ (ז)
lareira (f)	aχ	אָח (נ)
vela (f)	ner	נֵר (ז)
castiçal (m)	pamot	פָּמוֹט (ז)
cortinas (f pl)	vilonot	וִילוֹנוֹת (ז"ר)
papel (m) de parede	tapet	טַפֶּט (ז)
persianas (f pl)	trisim	תְּרִיסִים (ז"ר)
luminária (f) de mesa	menorat ʃulχan	מְנוֹרַת שׁוּלְחָן (נ)
luminária (f) de parede	menorat kir	מְנוֹרַת קִיר (נ)

abajur (m) de pé	menora o'medet	מְנוֹרָה עוֹמֶדֶת (נ)
lustre (m)	niv'reʃet	נִבְרֶשֶׁת (נ)

pé (de mesa, etc.)	'regel	רֶגֶל (נ)
braço, descanso (m)	miʃ"enet yad	מִשְׁעֶנֶת יָד (נ)
costas (f pl)	miʃ"enet	מִשְׁעֶנֶת (נ)
gaveta (f)	megera	מְגֵירָה (נ)

96. Quarto de dormir

roupa (f) de cama	matsa'im	מַצָעִים (ז"ר)
travesseiro (m)	karit	כָּרִית (נ)
fronha (f)	tsipit	צִיפִית (נ)
cobertor (m)	smixa	שְׂמִיכָה (נ)
lençol (m)	sadin	סָדִין (ז)
colcha (f)	kisui mita	כִּיסוּי מִיטָה (ז)

97. Cozinha

cozinha (f)	mitbax	מִטבָּח (ז)
gás (m)	gaz	גָז (ז)
fogão (m) a gás	tanur gaz	תַנוּר גָז (ז)
fogão (m) elétrico	tanur xaʃmali	תַנוּר חַשְמַלִי (ז)
forno (m)	tanur afiya	תַנוּר אָפִייָה (ז)
forno (m) de micro-ondas	mikrogal	מִיקרוֹגַל (ז)

geladeira (f)	mekarer	מְקָרֵר (ז)
congelador (m)	makpi	מַקפִּיא (ז)
máquina (f) de lavar louça	me'diax kelim	מֵדִיח כֵּלִים (ז)

moedor (m) de carne	matxenat basar	מַטחֵנַת בָּשָׂר (נ)
espremedor (m)	masxeta	מַסחֵטָה (נ)
torradeira (f)	'toster	טוֹסטֶר (ז)
batedeira (f)	'mikser	מִיקסֶר (ז)

máquina (f) de café	mexonat kafe	מְכוֹנַת קָפֶה (נ)
cafeteira (f)	findʒan	פִינג'אָן (ז)
moedor (m) de café	matxenat kafe	מַטחֵנַת קָפֶה (נ)

chaleira (f)	kumkum	קוּמקוּם (ז)
bule (m)	kumkum	קוּמקוּם (ז)
tampa (f)	mixse	מִכסֶה (ז)
coador (m) de chá	mis'nenet te	מְסַנֶנֶת תֵה (נ)

colher (f)	kaf	כַּף (נ)
colher (f) de chá	kapit	כַּפִּית (נ)
colher (f) de sopa	kaf	כַּף (נ)
garfo (m)	mazleg	מַזלֵג (ז)
faca (f)	sakin	סַכִּין (ז, נ)

louça (f)	kelim	כֵּלִים (ז"ר)
prato (m)	tsa'laxat	צַלַחַת (נ)

pires (m)	taχtit	תַּחְתִּית (נ)
cálice (m)	kosit	כּוֹסִית (נ)
copo (m)	kos	כּוֹס (נ)
xícara (f)	'sefel	סֵפֶל (ז)
açucareiro (m)	mis'keret	מִסְכֶּרֶת (נ)
saleiro (m)	milχiya	מְלָחִיָה (נ)
pimenteiro (m)	pilpeliya	פִּלְפְּלִיָה (נ)
manteigueira (f)	maχame'a	מַחְמָאָה (נ)
panela (f)	sir	סִיר (ז)
frigideira (f)	maχvat	מַחְבַת (נ)
concha (f)	tarvad	תַּרְוַד (ז)
coador (m)	mis'nenet	מְסַנֶּנֶת (נ)
bandeja (f)	magaʃ	מַגָּשׁ (ז)
garrafa (f)	bakbuk	בַּקְבּוּק (ז)
pote (m) de vidro	tsin'tsenet	צִנְצֶנֶת (נ)
lata (~ de cerveja)	paχit	פַּחִית (נ)
abridor (m) de garrafa	potχan bakbukim	פּוֹתְחָן בַּקְבּוּקִים (ז)
abridor (m) de latas	potχan kufsa'ot	פּוֹתְחָן קוּפְסָאוֹת (ז)
saca-rolhas (m)	maχlets	מַחְלֵץ (ז)
filtro (m)	'filter	פִּילְטֶר (ז)
filtrar (vt)	lesanen	לְסַנֵּן
lixo (m)	'zevel	זֶבֶל (ז)
lixeira (f)	paχ 'zevel	פַּח זֶבֶל (ז)

98. Casa de banho

banheiro (m)	χadar am'batya	חֲדַר אַמְבַּטְיָה (ז)
água (f)	'mayim	מַיִם (ז"ר)
torneira (f)	'berez	בֶּרֶז (ז)
água (f) quente	'mayim χamim	מַיִם חַמִּים (ז"ר)
água (f) fria	'mayim karim	מַיִם קָרִים (ז"ר)
pasta (f) de dente	miʃχat ʃi'nayim	מִשְׁחַת שִׁנַּיִם (נ)
escovar os dentes	letsaχ'tseaχ ʃi'nayim	לְצַחְצֵחַ שִׁנַּיִם
escova (f) de dente	miv'reʃet ʃi'nayim	מִבְרֶשֶׁת שִׁנַּיִם (נ)
barbear-se (vr)	lehitga'leaχ	לְהִתְגַּלֵּחַ
espuma (f) de barbear	'ketsef gi'luaχ	קֶצֶף גִּלּוּחַ (ז)
gilete (f)	'ta'ar	תַּעַר (ז)
lavar (vt)	liʃtof	לִשְׁטוֹף
tomar banho	lehitraχets	לְהִתְרַחֵץ
chuveiro (m), ducha (f)	mik'laχat	מִקְלַחַת (נ)
tomar uma ducha	lehitka'leaχ	לְהִתְקַלֵּחַ
banheira (f)	am'batya	אַמְבַּטְיָה (נ)
vaso (m) sanitário	asla	אַסְלָה (נ)
pia (f)	kiyor	כִּיּוֹר (ז)
sabonete (m)	sabon	סַבּוֹן (ז)

saboneteira (f)	saboniya	סַבּוֹנִיָּה (נ)
esponja (f)	sfog 'lifa	סְפוֹג לִיפָה (ז)
xampu (m)	ʃampu	שַׁמְפּוּ (ז)
toalha (f)	ma'gevet	מַגֶּבֶת (נ)
roupão (m) de banho	χaluk raχatsa	חָלוּק רַחְצָה (ז)

lavagem (f)	kvisa	כְּבִיסָה (נ)
lavadora (f) de roupas	meχonat kvisa	מְכוֹנַת כְּבִיסָה (נ)
lavar a roupa	leχabes	לְכַבֵּס
detergente (m)	avkat kvisa	אַבְקַת כְּבִיסָה (נ)

99. Eletrodomésticos

televisor (m)	tele'vizya	טֶלֶוִוזְיָה (נ)
gravador (m)	teip	טֵייפּ (ז)
videogravador (m)	maχʃir 'vide'o	מַכְשִׁיר וִידֵאוֹ (ז)
rádio (m)	'radyo	רַדְיוֹ (ז)
leitor (m)	nagan	נַגָּן (ז)

projetor (m)	makren	מַקְרֵן (ז)
cinema (m) em casa	kol'no'a beiti	קוֹלְנוֹעַ בֵּיתִי (ז)
DVD Player (m)	nagan dividi	נַגָּן DVD (ז)
amplificador (m)	magber	מַגְבֵּר (ז)
console (f) de jogos	maχʃir plei'steiʃen	מַכְשִׁיר פְּלֵייסְטֵיישֶׁן (ז)

câmera (f) de vídeo	matslemat 'vide'o	מַצְלֵמַת וִידֵאוֹ (נ)
máquina (f) fotográfica	matslema	מַצְלֵמָה (נ)
câmera (f) digital	matslema digi'talit	מַצְלֵמָה דִּיגִיטָלִית (נ)

aspirador (m)	ʃo'ev avak	שׁוֹאֵב אָבָק (ז)
ferro (m) de passar	maghets	מַגְהֵץ (ז)
tábua (f) de passar	'kereʃ gihuts	קֶרֶשׁ גִּיהוּץ (ז)

telefone (m)	'telefon	טֶלֶפוֹן (ז)
celular (m)	'telefon nayad	טֶלֶפוֹן נַיָּיד (ז)
máquina (f) de escrever	meχonat ktiva	מְכוֹנַת כְּתִיבָה (נ)
máquina (f) de costura	meχonat tfira	מְכוֹנַת תְּפִירָה (נ)

microfone (m)	mikrofon	מִיקְרוֹפוֹן (ז)
fone (m) de ouvido	ozniyot	אוֹזְנִיּוֹת (נ"ר)
controle remoto (m)	'ʃelet	שֶׁלֶט (ז)

CD (m)	taklitor	תַּקְלִיטוֹר (ז)
fita (f) cassete	ka'letet	קַלֶּטֶת (נ)
disco (m) de vinil	taklit	תַּקְלִיט (ז)

100. Reparações. Renovação

renovação (f)	ʃiputs	שִׁיפּוּץ (ז)
renovar (vt), fazer obras	leʃapets	לְשַׁפֵּץ
reparar (vt)	letaken	לְתַקֵּן
consertar (vt)	lesader	לְסַדֵּר

refazer (vt)	la'asot meχadaʃ	לַעֲשׂוֹת מֵחָדָשׁ
tinta (f)	'tseva	צֶבַע (ז)
pintar (vt)	lits'bo'a	לִצְבּוֹעַ
pintor (m)	tsaba'i	צַבָּעִי (ז)
pincel (m)	mikχol	מִכְחוֹל (ז)
cal (f)	sid	סִיד (ז)
caiar (vt)	lesayed	לְסַיֵּד
papel (m) de parede	tapet	טַפֶּט (ז)
colocar papel de parede	lehadbik ta'petim	לְהַדְבִּיק טַפֶּטִים
verniz (m)	'laka	לַכָּה (נ)
envernizar (vt)	lim'roaχ 'laka	לִמְרוֹחַ לַכָּה

101. Canalizações

água (f)	'mayim	מַיִם (ז"ר)
água (f) quente	'mayim χamim	מַיִם חַמִּים (ז"ר)
água (f) fria	'mayim karim	מַיִם קָרִים (ז"ר)
torneira (f)	'berez	בֶּרֶז (ז)
gota (f)	tipa	טִיפָּה (נ)
gotejar (vi)	letaftef	לְטַפְטֵף
vazar (vt)	lidlof	לִדְלוֹף
vazamento (m)	dlifa	דְּלִיפָה (נ)
poça (f)	ʃlulit	שְׁלוּלִית (נ)
tubo (m)	tsinor	צִינוֹר (ז)
válvula (f)	'berez	בֶּרֶז (ז)
entupir-se (vr)	lehisatem	לְהִיסָתֵם
ferramentas (f pl)	klei avoda	כְּלֵי עֲבוֹדָה (ז"ר)
chave (f) inglesa	maf'teaχ mitkavnen	מַפְתֵּחַ מִתְכַּוֵּנֵן (ז)
desenroscar (vt)	lif'toaχ	לִפְתּוֹחַ
enroscar (vt)	lehavrig	לְהַבְרִיג
desentupir (vt)	lif'toaχ et hastima	לִפְתּוֹחַ אֶת הַסְּתִימָה
encanador (m)	ʃravrav	שְׁרַבְרָב (ז)
porão (m)	martef	מַרְתֵּף (ז)
rede (f) de esgotos	biyuv	בִּיּוּב (ז)

102. Fogo. Deflagração

incêndio (m)	srefa	שְׂרֵיפָה (נ)
chama (f)	lehava	לֶהָבָה (נ)
faísca (f)	nitsots	נִיצוֹץ (ז)
fumaça (f)	aʃan	עָשָׁן (ז)
tocha (f)	lapid	לַפִּיד (ז)
fogueira (f)	medura	מְדוּרָה (נ)
gasolina (f)	'delek	דֶּלֶק (ז)
querosene (m)	kerosin	קֵרוֹסִין (ז)

inflamável (adj)	dalik	דָּלִיק
explosivo (adj)	nafits	נָפִיץ
PROIBIDO FUMAR!	asur le'aʃen!	!אָסוּר לְעַשֵּׁן

segurança (f)	betiχut	בְּטִיחוּת (נ)
perigo (m)	sakana	סַכָּנָה (נ)
perigoso (adj)	mesukan	מְסוּכָּן

incendiar-se (vr)	lehidalek	לְהִידָלֵק
explosão (f)	pitsuts	פִּיצוּץ (ז)
incendiar (vt)	lehatsit	לְהַצִּית
incendiário (m)	matsit	מַצִּית (ז)
incêndio (m) criminoso	hatsata	הַצָּתָה (נ)

flamejar (vi)	liv'or	לִבְעוֹר
queimar (vi)	la'alot be'eʃ	לַעֲלוֹת בָּאֵשׁ
queimar tudo (vi)	lehisaref	לְהִישָׂרֵף

chamar os bombeiros	lehazmin meχabei eʃ	לְהַזְמִין מְכַבֵּי אֵשׁ
bombeiro (m)	kabai	כַּבַּאי (ז)
caminhão (m) de bombeiros	'reχev kibui	רֶכֶב כִּיבּוּי (ז)
corpo (m) de bombeiros	meχabei eʃ	מְכַבֵּי אֵשׁ (ז"ר)
escada (f) extensível	sulam kaba'im	סוּלָם כַּבָּאִים (ז)

mangueira (f)	zarnuk	זַרְנוּק (ז)
extintor (m)	mataf	מַטָּף (ז)
capacete (m)	kasda	קַסְדָּה (נ)
sirene (f)	tsofar	צוֹפָר (ז)

gritar (vi)	lits'ok	לִצְעוֹק
chamar por socorro	likro le'ezra	לִקְרוֹא לְעֶזְרָה
socorrista (m)	matsil	מַצִּיל (ז)
salvar, resgatar (vt)	lehatsil	לְהַצִּיל

chegar (vi)	leha'gi'a	לְהַגִּיעַ
apagar (vt)	leχabot	לְכַבּוֹת
água (f)	'mayim	מַיִם (ז"ר)
areia (f)	χol	חוֹל (ז)

ruínas (f pl)	χoravot	חוֹרָבוֹת (נ"ר)
ruir (vi)	likros	לִקְרוֹס
desmoronar (vi)	likros	לִקְרוֹס
desabar (vi)	lehitmotet	לְהִתְמוֹטֵט

fragmento (m)	pisat χoravot	פִּיסַת חוֹרָבוֹת (נ)
cinza (f)	'efer	אֵפֶר (ז)

sufocar (vi)	lehiχanek	לְהֵיחָנֵק
perecer (vi)	lehihareg	לְהֵיהָרֵג

ATIVIDADES HUMANAS

Emprego. Negócios. Parte 1

103. Escritório. O trabalho no escritório

escritório (~ de advogados)	misrad	מִשְׂרָד (ז)
escritório (do diretor, etc.)	misrad	מִשְׂרָד (ז)
recepção (f)	kabala	קַבָּלָה (נ)
secretário (m)	mazkir	מַזְכִּיר (ז)
secretária (f)	mazkira	מַזְכִּירָה (נ)
diretor (m)	menahel	מְנַהֵל (ז)
gerente (m)	menahel	מְנַהֵל (ז)
contador (m)	menahel xeʃbonot	מְנַהֵל חֶשְׁבּוֹנוֹת (ז)
empregado (m)	oved	עוֹבֵד (ז)
mobiliário (m)	rehitim	רָהִיטִים (ז"ר)
mesa (f)	ʃulxan	שׁוּלְחָן (ז)
cadeira (f)	kursa	כּוּרְסָה (נ)
gaveteiro (m)	ʃidat megerot	שִׁידַת מְגֵירוֹת (נ)
cabideiro (m) de pé	mitle	מִתְלֶה (ז)
computador (m)	maxʃev	מַחְשֵׁב (ז)
impressora (f)	mad'peset	מַדְפֶּסֶת (נ)
fax (m)	faks	פַקְס (ז)
fotocopiadora (f)	mexonat tsilum	מְכוֹנַת צִילוּם (נ)
papel (m)	neyar	נְיָיר (ז)
artigos (m pl) de escritório	tsiyud misradi	צִיוּד מִשְׂרָדִי (ז)
tapete (m) para mouse	ʃa'tiax le'axbar	שְׁטִיחַ לְעַכְבָּר (ז)
folha (f)	daf	דַף (ז)
pasta (f)	klaser	קְלָסֵר (ז)
catálogo (m)	katalog	קָטָלוֹג (ז)
lista (f) telefônica	madrix 'telefon	מַדְרִיךְ טֶלֶפוֹן (ז)
documentação (f)	ti'ud	תִּיעוּד (ז)
brochura (f)	xo'veret	חוֹבֶרֶת (נ)
panfleto (m)	alon	עָלוֹן (ז)
amostra (f)	dugma	דוּגְמָה (נ)
formação (f)	yeʃivat hadraxa	יְשִׁיבַת הַדְרָכָה (נ)
reunião (f)	yeʃiva	יְשִׁיבָה (נ)
hora (f) de almoço	hafsakat tsaha'rayim	הַפְסָקַת צָהֳרַיִים (נ)
fazer uma cópia	letsalem mismax	לְצַלֵם מִסְמָךְ
tirar cópias	lehaxin mispar otakim	לְהָכִין מִסְפָּר עוֹתָקִים
receber um fax	lekabel faks	לְקַבֵּל פַקְס
enviar um fax	liʃ'loax faks	לִשְׁלוֹחַ פַקְס

fazer uma chamada	lehitkaʃer	לְהִתקַשֵר
responder (vt)	la'anot	לַעֲנוֹת
passar (vt)	lekaʃer	לְקַשֵר

marcar (vt)	lik'bo'a pgiʃa	לִקבּוֹעַ פּגִישָה
demonstrar (vt)	lehadgim	לְהַדגִים
estar ausente	lehe'ader	לְהֵיעָדֵר
ausência (f)	he'adrut	הֵיעָדרוּת (נ)

104. Processos negociais. Parte 1

negócio (m)	'esek	עֵסֶק (ז)
ocupação (f)	isuk	עִיסוּק (ז)
firma, empresa (f)	χevra	חֶברָה (נ)
companhia (f)	χevra	חֶברָה (נ)
corporação (f)	ta'agid	תַאֲגִיד (ז)
empresa (f)	'esek	עֵסֶק (ז)
agência (f)	soχnut	סוֹכנוּת (נ)

acordo (documento)	heskem	הֶסכֵּם (ז)
contrato (m)	χoze	חוֹזֶה (ז)
acordo (transação)	iska	עִסקָה (נ)
pedido (m)	hazmana	הַזמָנָה (נ)
termos (m pl)	tnai	תנַאי (ז)

por atacado	besitonut	בְּסִיטוֹנוּת
por atacado (adj)	sitona'i	סִיטוֹנָאִי
venda (f) por atacado	sitonut	סִיטוֹנוּת (נ)
a varejo	kim'oni	קִמעוֹנִי
venda (f) a varejo	kim'onut	קִמעוֹנוּת (נ)

concorrente (m)	mitχare	מִתחָרֶה (ז)
concorrência (f)	taχarut	תַחָרוּת (נ)
competir (vi)	lehitχarot	לְהִתחָרוֹת

sócio (m)	ʃutaf	שוּתָף (ז)
parceria (f)	ʃutafa	שוּתָפוּת (נ)

crise (f)	maʃber	מַשבֵּר (ז)
falência (f)	pʃitat 'regel	פּשִיטַת רֶגֶל (נ)
entrar em falência	liʃʃot 'regel	לִפשוֹט רֶגֶל
dificuldade (f)	'koʃi	קוֹשִי (ז)
problema (m)	be'aya	בְּעָיָה (נ)
catástrofe (f)	ason	אָסוֹן (ז)

economia (f)	kalkala	כַּלכָּלָה (נ)
econômico (adj)	kalkali	כַּלכָּלִי
recessão (f) econômica	mitun kalkali	מִיתוּן כַּלכָּלִי (ז)

objetivo (m)	matara	מַטָרָה (נ)
tarefa (f)	mesima	מְשִימָה (נ)

comerciar (vi, vt)	lisχor	לִסחוֹר
rede (de distribuição)	'reʃet	רֶשֶת (נ)

estoque (m)	maxsan	מַחְסָן (ז)
sortimento (m)	mivxar	מִבְחָר (ז)
líder (m)	manhig	מַנְהִיג (ז)
grande (~ empresa)	gadol	גָּדוֹל
monopólio (m)	'monopol	מוֹנוֹפּוֹל (ז)
teoria (f)	te''orya	תֵּיאוֹרְיָה (נ)
prática (f)	'praktika	פְּרַקְטִיקָה (נ)
experiência (f)	nisayon	נִיסָיוֹן (ז)
tendência (f)	megama	מְגַמָּה (נ)
desenvolvimento (m)	pi'tuax	פִּיתוּחַ (ז)

105. Processos negociais. Parte 2

rentabilidade (f)	'revax	רֶווַח (ז)
rentável (adj)	rivxi	רִווְחִי
delegação (f)	mif'laxat	מִשְׁלַחַת (נ)
salário, ordenado (m)	mas'koret	מַשְׂכּוֹרֶת (נ)
corrigir (~ um erro)	letaken	לְתַקֵּן
viagem (f) de negócios	nesi'a batafkid	נְסִיעָה בַּתַפְקִיד (נ)
comissão (f)	amla	עַמְלָה (נ)
controlar (vt)	liſlot	לִשְׁלוֹט
conferência (f)	kinus	כִּינוּס (ז)
licença (f)	riſayon	רִישָׁיוֹן (ז)
confiável (adj)	amin	אָמִין
empreendimento (m)	yozma	יוֹזְמָה (נ)
norma (f)	'norma	נוֹרְמָה (נ)
circunstância (f)	nesibot	נְסִיבּוֹת (נ"ר)
dever (do empregado)	xova	חוֹבָה (נ)
empresa (f)	irgun	אִרְגוּן (ז)
organização (f)	hit'argenut	הִתְאַרְגְנוּת (נ)
organizado (adj)	me'urgan	מְאוּרְגָן
anulação (f)	bitul	בִּיטוּל (ז)
anular, cancelar (vt)	levatel	לְבַטֵּל
relatório (m)	dox	דוֹחַ (ז)
patente (f)	patent	פָּטֶנְט (ז)
patentear (vt)	lirſom patent	לִרְשׁוֹם פָּטֶנְט
planejar (vt)	letaxnen	לְתַכְנֵן
bônus (m)	'bonus	בּוֹנוּס (ז)
profissional (adj)	miktso'i	מִקְצוֹעִי
procedimento (m)	'nohal	נוֹהַל (ז)
examinar (~ a questão)	livxon	לִבְחוֹן
cálculo (m)	xiſuv	חִישׁוּב (ז)
reputação (f)	monitin	מוֹנִיטִין (ז"ר)
risco (m)	sikun	סִיכּוּן (ז)
dirigir (~ uma empresa)	lenahel	לְנַהֵל

informação (f)	meida	מֵידָע (ז)
propriedade (f)	ba'alut	בַּעֲלוּת (נ)
união (f)	igud	אִיגוּד (ז)

seguro (m) de vida	bi'tuax xayim	בִּיטוּחַ חַיִים (ז)
fazer um seguro	leva'teax	לְבַטֵחַ
seguro (m)	bi'tuax	בִּיטוּחַ (ז)

leilão (m)	mexira 'pombit	מְכִירָה פּוּמבִּית (נ)
notificar (vt)	leho'dia	לְהוֹדִיעַ
gestão (f)	nihul	נִיהוּל (ז)
serviço (indústria de ~s)	ʃirut	שֵירוּת (ז)

fórum (m)	'forum	פוֹרוּם (ז)
funcionar (vi)	letafked	לְתַפֵקֵד
estágio (m)	ʃalav	שָלָב (ז)
jurídico, legal (adj)	miʃpati	מִשפָּטִי
advogado (m)	orex din	עוֹרֵך דִין (ז)

106. Produção. Trabalhos

usina (f)	mif'al	מִפעָל (ז)
fábrica (f)	beit xa'roʃet	בֵּית חָרוֹשֶת (ז)
oficina (f)	agaf	אֲגַף (ז)
local (m) de produção	mif'al	מִפעָל (ז)

indústria (f)	ta'asiya	תַעֲשִׂייָה (נ)
industrial (adj)	ta'asiyati	תַעֲשִׂייָתִי
indústria (f) pesada	ta'asiya kveda	תַעֲשִׂייָה כּבֵדָה (נ)
indústria (f) ligeira	ta'asiya kala	תַעֲשִׂייָה קַלָה (נ)

produção (f)	to'tseret	תוֹצֶרֶת (נ)
produzir (vt)	leyatser	לְייַצֵר
matérias-primas (f pl)	'xomer 'gelem	חוֹמֶר גֶלֶם (ז)

chefe (m) de obras	menahel avoda	מְנַהֵל עֲבוֹדָה (ז)
equipe (f)	'tsevet ovdim	צֶוֶת עוֹבדִים (ז)
operário (m)	po'el	פּוֹעֵל (ז)

dia (m) de trabalho	yom avoda	יוֹם עֲבוֹדָה (ז)
intervalo (m)	hafsaka	הַפסָקָה (נ)
reunião (f)	yeʃiva	יְשִיבָה (נ)
discutir (vt)	ladun	לָדוּן

plano (m)	toxnit	תוֹכנִית (נ)
cumprir o plano	leva'tse'a et hatoxnit	לְבַצֵעַ אֶת הַתוֹכנִית
taxa (f) de produção	'ketsev tfuka	קֶצֶב תפוּקָה (ז)
qualidade (f)	eixut	אֵיכוּת (נ)
controle (m)	bakara	בַּקָרָה (נ)
controle (m) da qualidade	bakarat eixut	בַּקָרַת אֵיכוּת (נ)

segurança (f) no trabalho	betixut beavoda	בְּטִיחוּת בָּעֲבוֹדָה (נ)
disciplina (f)	miʃ'ma'at	מִשמַעַת (נ)
infração (f)	hafara	הַפָרָה (נ)

violar (as regras)	lehafer	לְהָפֵר
greve (f)	ʃvita	שְׁבִיתָה (נ)
grevista (m)	ʃovet	שׁוֹבֵת (ז)
estar em greve	liʃbot	לִשְׁבּוֹת
sindicato (m)	igud ovdim	אִיגוּד עוֹבְדִים (ז)

inventar (vt)	lehamtsi	לְהַמְצִיא
invenção (f)	hamtsa'a	הַמְצָאָה (נ)
pesquisa (f)	meχkar	מֶחְקָר (ז)
melhorar (vt)	leʃaper	לְשַׁפֵּר
tecnologia (f)	teχno'logya	טֶכְנוֹלוֹגְיָה (נ)
desenho (m) técnico	sirtut	שִׂרְטוּט (ז)

carga (f)	mit'an	מִטְעָן (ז)
carregador (m)	sabal	סַבָּל (ז)
carregar (o caminhão, etc.)	leha'amis	לְהַעֲמִיס
carregamento (m)	ha'amasa	הַעֲמָסָה (נ)
descarregar (vt)	lifrok mit'an	לִפְרוֹק מִטְעָן
descarga (f)	prika	פְּרִיקָה (נ)

transporte (m)	hovala	הוֹבָלָה (נ)
companhia (f) de transporte	χevrat hovala	חֶבְרַת הוֹבָלָה (נ)
transportar (vt)	lehovil	לְהוֹבִיל

vagão (m) de carga	karon	קָרוֹן (ז)
tanque (m)	meχalit	מֵיכָלִית (נ)
caminhão (m)	masa'it	מַשָׂאִית (נ)

máquina (f) operatriz	meχonat ibud	מְכוֹנַת עִיבּוּד (נ)
mecanismo (m)	manganon	מַנְגָנוֹן (ז)

resíduos (m pl) industriais	'psolet ta'asiyatit	פְּסוֹלֶת תַעֲשִׂייָתִית (נ)
embalagem (f)	ariza	אֲרִיזָה (נ)
embalar (vt)	le'eroz	לֶאֱרוֹז

107. Contrato. Acordo

contrato (m)	χoze	חוֹזֶה (ז)
acordo (m)	heskem	הֶסְכֵּם (ז)
adendo, anexo (m)	'sefaχ	סְפָח (ז)

assinar o contrato	la'aroχ heskem	לַעֲרוֹךְ הֶסְכֵּם
assinatura (f)	χatima	חֲתִימָה (נ)
assinar (vt)	laχtom	לַחְתוֹם
carimbo (m)	χo'temet	חוֹתֶמֶת (נ)

objeto (m) do contrato	nose haχoze	נוֹשֵׂא הַחוֹזֶה (ז)
cláusula (f)	se'if	סָעִיף (ז)
partes (f pl)	tsdadim	צְדָדִים (ז"ר)
domicílio (m) legal	'ktovet miʃpatit	כְּתוֹבֶת מִשְׁפָּטִית (נ)

violar o contrato	lehafer χoze	לְהָפֵר חוֹזֶה
obrigação (f)	hitχaivut	הִתְחַייְבוּת (נ)
responsabilidade (f)	aχrayut	אַחְרָיוּת (נ)

força (f) maior	'koax elyon	כּוֹחַ עֶלְיוֹן (ז)
litígio (m), disputa (f)	vi'kuax	וִיכּוּחַ (ז)
multas (f pl)	itsumim	עִיצוּמִים (ז"ר)

108. Importação & Exportação

importação (f)	ye'vu'a	יְבוּא (ז)
importador (m)	yevu'an	יְבוּאָן (ז)
importar (vt)	leyabe	לְיַבֵּא
de importação	meyuba	מְיוּבָּא

exportação (f)	yitsu	יִיצוּא (ז)
exportador (m)	yetsu'an	יְצוּאָן (ז)
exportar (vt)	leyatse	לְיַצֵּא
de exportação	ʃel yitsu	שֶׁל יִיצוּא

| mercadoria (f) | sxora | סְחוֹרָה (נ) |
| lote (de mercadorias) | miʃ'loax | מִשְׁלוֹחַ (ז) |

peso (m)	miʃkal	מִשְׁקָל (ז)
volume (m)	'nefax	נֶפַח (ז)
metro (m) cúbico	'meter me'ukav	מֶטֶר מְעוּקָב (ז)

produtor (m)	yatsran	יַצְרָן (ז)
companhia (f) de transporte	xevrat hovala	חֶבְרַת הוֹבָלָה (נ)
contêiner (m)	mexula	מְכוּלָה (נ)

fronteira (f)	gvul	גְבוּל (ז)
alfândega (f)	'mexes	מֶכֶס (ז)
taxa (f) alfandegária	mas 'mexes	מַס מֶכֶס (ז)
funcionário (m) da alfândega	pakid 'mexes	פָּקִיד מֶכֶס (ז)
contrabando (atividade)	havraxa	הַבְרָחָה (נ)
contrabando (produtos)	sxora muv'rexet	סְחוֹרָה מוּבְרַחַת (נ)

109. Finanças

ação (f)	menaya	מְנָיָה (נ)
obrigação (f)	i'geret xov	אִיגֶּרֶת חוֹב (נ)
nota (f) promissória	ʃtar xalifin	שְׁטַר חֲלִיפִין (ז)

| bolsa (f) de valores | 'bursa | בּוּרְסָה (נ) |
| cotação (m) das ações | mexir hamenaya | מְחִיר הַמְנָיָה (ז) |

| tornar-se mais barato | la'redet bemexir | לָרֶדֶת בְּמְחִיר |
| tornar-se mais caro | lehityaker | לְהִתְיַיקֵר |

| parte (f) | menaya | מְנָיָה (נ) |
| participação (f) majoritária | ʃlita | שְׁלִיטָה (נ) |

investimento (m)	haʃka'ot	הַשְׁקָעוֹת (נ"ר)
investir (vt)	lehaʃ'ki'a	לְהַשְׁקִיעַ
porcentagem (f)	axuz	אָחוּז (ז)

juros (m pl)	ribit	רִיבִּית (נ)
lucro (m)	'revax	רֶוַוח (ז)
lucrativo (adj)	rivxi	רֶוְוחִי
imposto (m)	mas	מַס (ז)
divisa (f)	mat'be‘a	מַטְבֵּעַ (ז)
nacional (adj)	le’umi	לְאוּמִי
câmbio (m)	hamara	הַמָרָה (נ)
contador (m)	ro’e xeʃbon	רוֹאֶה חֶשְׁבּוֹן (ז)
contabilidade (f)	hanhalat xeʃbonot	הַנְהָלַת חֶשְׁבּוֹנוֹת (נ)
falência (f)	pʃitat 'regel	פְּשִׁיטַת רֶגֶל (נ)
falência, quebra (f)	krisa	קְרִיסָה (נ)
ruína (f)	pʃitat 'regel	פְּשִׁיטַת רֶגֶל (נ)
estar quebrado	liʃʃot 'regel	לִפְשׁוֹט רֶגֶל
inflação (f)	inf'latsya	אִינְפְלַצְיָה (נ)
desvalorização (f)	pixut	פִיחוּת (ז)
capital (m)	hon	הוֹן (ז)
rendimento (m)	haxnasa	הַכְנָסָה (נ)
volume (m) de negócios	maxzor	מַחְזוֹר (ז)
recursos (m pl)	maʃabim	מַשְׁאַבִּים (ז"ר)
recursos (m pl) financeiros	emtsa‘im kaspiyim	אֶמְצָעִים כַּסְפִּיִים (ז"ר)
despesas (f pl) gerais	hotsa’ot	הוֹצָאוֹת (נ"ר)
reduzir (vt)	letsamtsem	לְצַמְצֵם

110. Marketing

marketing (m)	ʃivuk	שִׁיווּק (ז)
mercado (m)	ʃuk	שׁוּק (ז)
segmento (m) do mercado	'pelax ʃuk	פֶּלַח שׁוּק (ז)
produto (m)	mutsar	מוּצָר (ז)
mercadoria (f)	sxora	סְחוֹרָה (נ)
marca (f)	mutag	מוּתָג (ז)
marca (f) registrada	'semel misxari	סֶמֶל מִסְחָרִי (ז)
logotipo (m)	'semel haxevra	סֶמֶל הַחֶבְרָה (ז)
logo (m)	'logo	לוֹגוֹ (ז)
demanda (f)	bikuʃ	בִּיקוּשׁ (ז)
oferta (f)	he'tse‘a	הֵיצֵעַ (ז)
necessidade (f)	'tsorex	צוֹרֶךְ (ז)
consumidor (m)	tsarxan	צַרְכָן (ז)
análise (f)	ni'tuax	נִיתוּחַ (ז)
analisar (vt)	lena'teax	לְנַתֵחַ
posicionamento (m)	mitsuv	מִיצוּב (ז)
posicionar (vt)	lematsev	לְמַצֵב
preço (m)	mexir	מְחִיר (ז)
política (f) de preços	mediniyut timxur	מְדִינִיוּת תַמְחוּר (נ)
formação (f) de preços	hamxara	הַמְחָרָה (נ)

111. Publicidade

publicidade (f)	pirsum	פּרְסוּם (ז)
fazer publicidade	lefarsem	לְפַרְסֵם
orçamento (m)	taktsiv	תַּקְצִיב (ז)
anúncio (m)	pir'somet	פִּרְסוֹמֶת (נ)
publicidade (f) na TV	pir'somet tele'vizya	פִּרְסוֹמֶת טֶלֶוִויזְיָה (נ)
publicidade (f) na rádio	pir'somet 'radyo	פִּרְסוֹמֶת רַדְיוֹ (נ)
publicidade (f) exterior	pirsum xutsot	פִּרְסוּם חוּצוֹת (ז)
comunicação (f) de massa	emtsa'ei tik'ʃoret hamonim	אֶמְצָעֵי תִקְשׁוֹרֶת הָמוֹנִים (ז"ר)
periódico (m)	ktav et	כְּתַב עֵת (ז)
imagem (f)	tadmit	תַּדְמִית (נ)
slogan (m)	sisma	סִיסְמָה (נ)
mote (m), lema (f)	'moto	מוֹטוֹ (ז)
campanha (f)	masa	מַסָּע (ז)
campanha (f) publicitária	masa pirsum	מַסָּע פִּרְסוּם (ז)
grupo (m) alvo	oxlusiyat 'ya'ad	אוֹכְלוּסִיַית יַעַד (נ)
cartão (m) de visita	kartis bikur	כַּרְטִיס בִּיקוּר (ז)
panfleto (m)	alon	עָלוֹן (ז)
brochura (f)	xo'veret	חוֹבֶרֶת (נ)
folheto (m)	alon	עָלוֹן (ז)
boletim (~ informativo)	alon meida	עָלוֹן מֵידָע (ז)
letreiro (m)	'ʃelet	שֶׁלֶט (ז)
cartaz, pôster (m)	'poster	פּוֹסְטֶר (ז)
painel (m) publicitário	'luax pirsum	לוּחַ פִּרְסוּם (ז)

112. Banca

banco (m)	bank	בַּנְק (ז)
balcão (f)	snif	סְנִיף (ז)
consultor (m) bancário	yo'ets	יוֹעֵץ (ז)
gerente (m)	menahel	מְנַהֵל (ז)
conta (f)	xeʃbon	חֶשְׁבּוֹן (ז)
número (m) da conta	mispar xeʃbon	מִסְפַּר חֶשְׁבּוֹן (ז)
conta (f) corrente	xeʃbon over vaʃav	חֶשְׁבּוֹן עוֹבֵר וָשָׁב (ז)
conta (f) poupança	xeʃbon xisaxon	חֶשְׁבּוֹן חִסָּכוֹן (ז)
abrir uma conta	lif'toax xeʃbon	לִפְתוֹחַ חֶשְׁבּוֹן
fechar uma conta	lisgor xeʃbon	לִסְגּוֹר חֶשְׁבּוֹן
depositar na conta	lehafkid lexeʃbon	לְהַפְקִיד לְחֶשְׁבּוֹן
sacar (vt)	limʃox mexeʃbon	לִמְשׁוֹךְ מֵחֶשְׁבּוֹן
depósito (m)	pikadon	פִּיקָדוֹן (ז)
fazer um depósito	lehafkid	לְהַפְקִיד
transferência (f) bancária	ha'avara banka'it	הַעֲבָרָה בַּנְקָאִית (נ)

transferir (vt)	leha'avir 'kesef	לְהַעֲבִיר כֶּסֶף
soma (f)	sχum	סְכוּם (ז)
Quanto?	'kama?	כַּמָּה?

| assinatura (f) | χatima | חֲתִימָה (נ) |
| assinar (vt) | laχtom | לַחְתּוֹם |

cartão (m) de crédito	kartis aʃrai	כַּרְטִיס אַשְׁרַאי (ז)
senha (f)	kod	קוֹד (ז)
número (m) do cartão de crédito	mispar kartis aʃrai	מִסְפַּר כַּרְטִיס אַשְׁרַאי (ז)
caixa (m) eletrônico	kaspomat	כַּסְפּוֹמָט (ז)

cheque (m)	tʃek	צֶ'ק (ז)
passar um cheque	liχtov tʃek	לִכְתּוֹב צֶ'ק
talão (m) de cheques	pinkas 'tʃekim	פִּנְקָס צֶ'קִים (ז)

empréstimo (m)	halva'a	הַלְוָאָה (נ)
pedir um empréstimo	levakeʃ halva'a	לְבַקֵּשׁ הַלְוָאָה
obter empréstimo	lekabel halva'a	לְקַבֵּל הַלְוָאָה
dar um empréstimo	lehalvot	לְהַלְווֹת
garantia (f)	arvut	עַרְבוּת (נ)

113. Telefone. Conversação telefônica

telefone (m)	'telefon	טֶלֶפוֹן (ז)
celular (m)	'telefon nayad	טֶלֶפוֹן נַיָּד (ז)
secretária (f) eletrônica	meʃivon	מְשִׁיבוֹן (ז)

| fazer uma chamada | letsaltsel | לְצַלְצֵל |
| chamada (f) | siχat 'telefon | שִׂיחַת טֶלֶפוֹן (נ) |

discar um número	leχayeg mispar	לְחַיֵּג מִסְפָּר
Alô!	'halo!	הָלוֹ!
perguntar (vt)	liʃol	לִשְׁאוֹל
responder (vt)	la'anot	לַעֲנוֹת

ouvir (vt)	liʃ'mo'a	לִשְׁמוֹעַ
bem	tov	טוֹב
mal	lo tov	לֹא טוֹב
ruído (m)	hafra'ot	הַפְרָעוֹת (נ"ר)

fone (m)	ʃfo'feret	שְׁפוֹפֶרֶת (נ)
pegar o telefone	leharim ʃfo'feret	לְהָרִים שְׁפוֹפֶרֶת
desligar (vi)	leha'niaχ ʃfo'feret	לְהָנִיחַ שְׁפוֹפֶרֶת

ocupado (adj)	tafus	תָּפוּס
tocar (vi)	letsaltsel	לְצַלְצֵל
lista (f) telefônica	'sefer tele'fonim	סֵפֶר טֶלֶפוֹנִים (ז)
local (adj)	mekomi	מְקוֹמִי
chamada (f) local	siχa mekomit	שִׂיחָה מְקוֹמִית (נ)
de longa distância	bein ironi	בֵּין עִירוֹנִי
chamada (f) de longa distância	siχa bein ironit	שִׂיחָה בֵּין עִירוֹנִית (נ)

| internacional (adj) | benle'umi | בֵּינְלְאוּמִי |
| chamada (f) internacional | siҳa benle'umit | שִׂיחָה בֵּינְלְאוּמִית (נ) |

114. Telefone móvel

celular (m)	'telefon nayad	טֶלֶפוֹן נַיָּד (ז)
tela (f)	masaҳ	מָסָךְ (ז)
botão (m)	kaftor	כַּפְתּוֹר (ז)
cartão SIM (m)	kartis sim	כַּרְטִיס סִים (ז)

bateria (f)	solela	סוֹלְלָה (נ)
descarregar-se (vr)	lehitroken	לְהִתְרוֹקֵן
carregador (m)	mit'an	מִטְעָן (ז)

| menu (m) | tafrit | תַּפְרִיט (ז) |
| configurações (f pl) | hagdarot | הַגְדָּרוֹת (נ"ר) |

| melodia (f) | mangina | מַנְגִּינָה (נ) |
| escolher (vt) | livҳor | לִבְחוֹר |

calculadora (f)	maxฒevon	מַחְשְׁבוֹן (ז)
correio (m) de voz	ta koli	תָּא קוֹלִי (ז)
despertador (m)	ʃa'on me'orer	שְׁעוֹן מְעוֹרֵר (ז)
contatos (m pl)	anʃei 'keʃer	אַנְשֵׁי קֶשֶׁר (ז"ר)

| mensagem (f) de texto | misron | מִסְרוֹן (ז) |
| assinante (m) | manui | מָנוּי (ז) |

115. Estacionário

| caneta (f) | et kaduri | עֵט כַּדּוּרִי (ז) |
| caneta (f) tinteiro | et no've'a | עֵט נוֹבֵעַ (ז) |

lápis (m)	iparon	עִיפָּרוֹן (ז)
marcador (m) de texto	'marker	מַרְקֵר (ז)
caneta (f) hidrográfica	tuʃ	טוּשׁ (ז)

| bloco (m) de notas | pinkas | פִּנְקָס (ז) |
| agenda (f) | yoman | יוֹמָן (ז) |

régua (f)	sargel	סַרְגֵּל (ז)
calculadora (f)	maxฒevon	מַחְשְׁבוֹן (ז)
borracha (f)	'maҳak	מַחַק (ז)

| alfinete (m) | 'na'ats | נַעַץ (ז) |
| clipe (m) | mehadek | מְהַדֵּק (ז) |

| cola (f) | 'devek | דֶּבֶק (ז) |
| grampeador (m) | ʃadҳan | שַׁדְכָן (ז) |

| furador (m) de papel | menakev | מְנַקֵּב (ז) |
| apontador (m) | maxded | מַחְדֵּד (ז) |

116. Vários tipos de documentos

relatório (m)	doχ	דוֹחַ (ז)
acordo (m)	heskem	הֶסְכֵּם (ז)
ficha (f) de inscrição	'tofes bakaʃa	טוֹפֶס בַּקָּשָׁה (ז)
autêntico (adj)	mekori	מְקוֹרִי
crachá (m)	tag	תָּג (ז)
cartão (m) de visita	kartis bikur	כַּרְטִיס בִּיקוּר (ז)

certificado (m)	te'uda	תְּעוּדָה (נ)
cheque (m)	tʃek	צֶ'ק (ז)
conta (f)	χeʃbon	חֶשְׁבּוֹן (ז)
constituição (f)	χuka	חוּקָה (נ)

contrato (m)	χoze	חוֹזֶה (ז)
cópia (f)	'otek	עוֹתֶק (ז)
exemplar (~ assinado)	'otek	עוֹתֶק (ז)

declaração (f) alfandegária	hatsharat meχes	הַצְהָרַת מֶכֶס (נ)
documento (m)	mismaχ	מִסְמָךְ (ז)
carteira (f) de motorista	riʃyon nehiga	רִשְׁיוֹן נְהִיגָה (ז)
adendo, anexo (m)	to'sefet	תּוֹסֶפֶת (נ)
questionário (m)	'tofes	טוֹפֶס (ז)

carteira (f) de identidade	te'uda mezaha	תְּעוּדָה מְזַהָה (נ)
inquérito (m)	χakira	חֲקִירָה (נ)
convite (m)	kartis hazmana	כַּרְטִיס הַזְמָנָה (ז)
fatura (f)	χeʃbonit	חֶשְׁבּוֹנִית (נ)

lei (f)	χok	חוֹק (ז)
carta (correio)	miχtav	מִכְתָּב (ז)
papel (m) timbrado	neyar 'logo	נְיָיר לוֹגוֹ (ז)
lista (f)	reʃima	רְשִׁימָה (נ)
manuscrito (m)	ktav yad	כְּתַב יָד (ז)
boletim (~ informativo)	alon meida	עָלוֹן מֵידָע (ז)
bilhete (mensagem breve)	'petek	פֶּתֶק (ז)

passe (m)	iʃur knisa	אִישׁוּר כְּנִיסָה (ז)
passaporte (m)	darkon	דַּרְכּוֹן (ז)
permissão (f)	riʃayon	רִישָׁיוֹן (ז)
currículo (m)	korot χayim	קוֹרוֹת חַיִּים (נ"ר)
nota (f) promissória	ʃtar χov	שְׁטַר חוֹב (ז)
recibo (m)	kabala	קַבָּלָה (נ)
talão (f)	tʃek	צֶ'ק (ז)
relatório (m)	doχ	דוֹחַ (ז)

mostrar (vt)	lehatsig	לְהַצִּיג
assinar (vt)	laχtom	לַחְתּוֹם
assinatura (f)	χatima	חֲתִימָה (נ)
carimbo (m)	χo'temet	חוֹתֶמֶת (נ)
texto (m)	tekst	טֶקְסְט (ז)
ingresso (m)	kartis	כַּרְטִיס (ז)

| riscar (vt) | limχok | לִמְחוֹק |
| preencher (vt) | lemale | לְמַלֵּא |

carta (f) de porte	ʃtar mit'an	שְׁטַר מְטְעָן (ז)
testamento (m)	tsava'a	צַוָּאָה (נ)

117. Tipos de negócios

serviços (m pl) de contabilidade	ʃerutei hanhalat xeʃbonot	שֵׁירוּתֵי הַנְהָלַת חָשְׁבּוֹנוֹת (ז"ר)
publicidade (f)	pirsum	פְּרְסוּם (ז)
agência (f) de publicidade	soxnut pirsum	סוֹכְנוּת פְּרְסוּם (נ)
ar (m) condicionado	mazganim	מַזְגָנִים (ז"ר)
companhia (f) aérea	xevrat te'ufa	חֶבְרַת תְעוּפָה (נ)
bebidas (f pl) alcoólicas	maʃka'ot xarifim	מַשְׁקָאוֹת חָרִיפִים (נ"ר)
comércio (m) de antiguidades	atikot	עַתִיקוֹת (נ"ר)
galeria (f) de arte	ga'lerya le'amanut	גָלֶרְיָה לְאָמָנוּת (נ)
serviços (m pl) de auditoria	ʃerutei bi'koret xeʃbonot	שֵׁירוּתֵי בִּיקוֹרֶת חָשְׁבּוֹנוֹת (ז"ר)
negócios (m pl) bancários	banka'ut	בַּנְקָאוּת (נ)
bar (m)	bar	בָּר (ז)
salão (m) de beleza	mexon 'yofi	מְכוֹן יוֹפִי (ז)
livraria (f)	xanut sfarim	חָנוּת סְפָרִים (נ)
cervejaria (f)	miv'ʃelet 'bira	מִבְשֶׁלֶת בִּירָה (נ)
centro (m) de escritórios	merkaz asakim	מֶרְכַּז עֲסָקִים (ז)
escola (f) de negócios	beit 'sefer le'asakim	בֵּית סֵפֶר לְעֲסָקִים (ז)
cassino (m)	ka'zino	קָזִינוֹ (ז)
construção (f)	bniya	בְּנִיָּה (נ)
consultoria (f)	yi'uts	יִיעוּץ (ז)
clínica (f) dentária	mirpa'at ʃi'nayim	מִרְפָּאַת שִׁינַיִים (נ)
design (m)	itsuv	עִיצוּב (ז)
drogaria (f)	beit mir'kaxat	בֵּית מִרְקַחַת (ז)
lavanderia (f)	nikui yaveʃ	נִיקוּי יָבֵשׁ (ז)
agência (f) de emprego	soxnut 'koax adam	סוֹכְנוּת כּוֹחַ אָדָם (נ)
serviços (m pl) financeiros	ʃerutim fi'nansim	שֵׁירוּתִים פִּינַנְסִיים (ז"ר)
alimentos (m pl)	mutsrei mazon	מוּצְרֵי מָזוֹן (ז"ר)
funerária (f)	beit levayot	בֵּית לְוָיוֹת (ז)
mobiliário (m)	rehitim	רָהִיטִים (ז"ר)
roupa (f)	bgadim	בְּגָדִים (ז"ר)
hotel (m)	beit malon	בֵּית מָלוֹן (ז)
sorvete (m)	'glida	גְלִידָה (נ)
indústria (f)	ta'asiya	תַעֲשִׂיָּה (נ)
seguro (~ de vida, etc.)	bi'tuax	בִּיטוּחַ (ז)
internet (f)	'internet	אִינְטֶרְנֶט (ז)
investimento (m)	haʃka'ot	הַשְׁקָעוֹת (נ"ר)
joalheiro (m)	tsoref	צוֹרֵף (ז)
joias (f pl)	taxʃitim	תַכְשִׁיטִים (ז"ר)
lavanderia (f)	mixbasa	מִכְבָּסָה (נ)
assessorias (f pl) jurídicas	yo'ets miʃpati	יוֹעֵץ מִשְׁפָּטִי (ז)
indústria (f) ligeira	ta'asiya kala	תַעֲשִׂיָּה קַלָה (נ)
revista (f)	ʒurnal	ז'וּרְנָל (ז)

vendas (f pl) por catálogo	meχira be'do'ar	מְכִירָה בְּדוֹאַר (נ)
medicina (f)	refu'a	רְפוּאָה (נ)
cinema (m)	kol'no‘a	קוֹלְנוֹע (ז)
museu (m)	muze'on	מוּזֵיאוֹן (ז)

agência (f) de notícias	soχnut yedi'ot	סוֹכְנוּת יְדִיעוֹת (נ)
jornal (m)	iton	עִיתוֹן (ז)
boate (casa noturna)	mo‘adon 'laila	מוֹעֲדוֹן לַיְלָה (ז)

petróleo (m)	neft	נֵפְט (ז)
serviços (m pl) de remessa	ʃirut ʃliχim	שֵׁירוּת שְׁלִיחִים (ז)
indústria (f) farmacêutica	rokχut	רוֹקְחוּת (נ)
tipografia (f)	beit dfus	בֵּית דְפוּס (ז)
editora (f)	hotsa'a la'or	הוֹצָאָה לָאוֹר (נ)

rádio (m)	'radyo	רַדְיוֹ (ז)
imobiliário (m)	nadlan	נַדְלַ"ן (ז)
restaurante (m)	mis‘ada	מִסְעָדָה (נ)

empresa (f) de segurança	χevrat ʃmira	חֶבְרַת שְׁמִירָה (נ)
esporte (m)	sport	סְפּוֹרְט (ז)
bolsa (f) de valores	'bursa	בּוּרְסָה (נ)
loja (f)	χanut	חֲנוּת (נ)
supermercado (m)	super'market	סוּפֶּרְמַרְקֶט (ז)
piscina (f)	breχat sχiya	בְּרֵיכַת שְׂחִיָה (נ)

alfaiataria (f)	mitpara	מִתְפָּרָה (נ)
televisão (f)	tele'vizya	טֶלֶוִויזְיָה (נ)
teatro (m)	te'atron	תֵּיאַטְרוֹן (ז)
comércio (m)	misχar	מִסְחָר (ז)
serviços (m pl) de transporte	hovalot	הוֹבָלוֹת (נ"ר)
viagens (f pl)	tayarut	תַּיָירוּת (נ)

veterinário (m)	veterinar	וֶטֶרִינָר (ז)
armazém (m)	maχsan	מַחְסָן (ז)
recolha (f) do lixo	isuf 'zevel	אִיסוּף זֶבֶל (ז)

Emprego. Negócios. Parte 2

118. Espetáculo. Feira

feira, exposição (f)	ta'aruχa	תַּעֲרוּכָה (נ)
feira (f) comercial	ta'aruχa misχarit	תַּעֲרוּכָה מִסְחָרִית (נ)
participação (f)	hiʃtatfut	הִשְׁתַּתְּפוּת (נ)
participar (vi)	lehiʃtatef	לְהִשְׁתַּתֵּף
participante (m)	miʃtatef	מִשְׁתַּתֵּף (ז)
diretor (m)	menahel	מְנַהֵל (ז)
direção (f)	misrad hame'argenim	מִשְׂרַד הַמְאַרְגְּנִים (ז)
organizador (m)	me'argen	מְאַרְגֵּן (ז)
organizar (vt)	le'argen	לְאַרְגֵּן
ficha (f) de inscrição	'tofes hiʃtatfut	טוֹפֶס הִשְׁתַּתְּפוּת (ז)
preencher (vt)	lemale	לְמַלֵּא
detalhes (m pl)	pratim	פְּרָטִים (ז"ר)
informação (f)	meida	מֵידָע (ז)
preço (m)	meχir	מְחִיר (ז)
incluindo	kolel	כּוֹלֵל
incluir (vt)	liχlol	לִכְלוֹל
pagar (vt)	leʃalem	לְשַׁלֵּם
taxa (f) de inscrição	dmei riʃum	דְּמֵי רִישׁוּם (ז"ר)
entrada (f)	knisa	כְּנִיסָה (נ)
pavilhão (m), salão (f)	bitan	בִּיתָן (ז)
inscrever (vt)	lirʃom	לִרְשׁוֹם
crachá (m)	tag	תָּג (ז)
stand (m)	duχan	דּוּכָן (ז)
reservar (vt)	liʃmor	לִשְׁמוֹר
vitrine (f)	madaf tetsuga	מַדָּף תְּצוּגָה (ז)
lâmpada (f)	menorat spot	מְנוֹרַת סְפּוֹט (נ)
design (m)	itsuv	עִיצוּב (ז)
pôr (posicionar)	la'aroχ	לַעֲרוֹךְ
ser colocado, -a	lehimatse	לְהִימָּצֵא
distribuidor (m)	mefits	מֵפִיץ (ז)
fornecedor (m)	sapak	סַפָּק (ז)
fornecer (vt)	lesapek	לְסַפֵּק
país (m)	medina	מְדִינָה (נ)
estrangeiro (adj)	meχul	מְחוּ"ל
produto (m)	mutsar	מוּצָר (ז)
associação (f)	amuta	עֲמוּתָה (נ)
sala (f) de conferência	ulam knasim	אוּלָם כְּנָסִים (ז)

congresso (m)	kongres	קוֹנגרֶס (ז)
concurso (m)	taχarut	תַחָרוּת (נ)

visitante (m)	mevaker	מְבַקֵר (ז)
visitar (vt)	levaker	לְבַקֵר
cliente (m)	la'koaχ	לָקוֹם (ז)

119. Media

jornal (m)	iton	עִיתוֹן (ז)
revista (f)	ʒurnal	ז'וּרנָל (ז)
imprensa (f)	itonut	עִיתוֹנוּת (נ)
rádio (m)	'radyo	רָדִיוֹ (ז)
estação (f) de rádio	taχanat 'radyo	תַחָנַת רָדִיוֹ (נ)
televisão (f)	tele'vizya	טֶלֶוִויזיָה (נ)

apresentador (m)	manχe	מַנחֶה (ז)
locutor (m)	karyan	קַריָין (ז)
comentarista (m)	parʃan	פַרשָן (ז)

jornalista (m)	itonai	עִיתוֹנַאי (ז)
correspondente (m)	katav	כַּתָב (ז)
repórter (m) fotográfico	tsalam itonut	צֶלֶם עִיתוֹנוּת (ז)
repórter (m)	katav	כַּתָב (ז)

redator (m)	oreχ	עוֹרֵךְ (ז)
redator-chefe (m)	oreχ raʃi	עוֹרֵךְ רָאשִי (ז)

assinar a ...	lehasdir manui	לְהַסדִיר מָנוּי
assinatura (f)	minui	מָנוּי (ז)
assinante (m)	manui	מָנוּי (ז)
ler (vt)	likro	לִקרוֹא
leitor (m)	kore	קוֹרֵא (ז)

tiragem (f)	tfutsa	תפוּצָה (נ)
mensal (adj)	χodʃi	חוֹדשִי
semanal (adj)	ʃvu'i	שבוּעִי
número (jornal, revista)	gilayon	גִילָיוֹן (ז)
recente, novo (adj)	tari	טָרִי

manchete (f)	ko'teret	כּוֹתֶרֶת (נ)
pequeno artigo (m)	katava ktsara	כַּתָבָה קצָרָה (נ)
coluna (~ semanal)	tur	טוּר (ז)
artigo (m)	ma'amar	מַאָמָר (ז)
página (f)	amud	עַמוּד (ז)

reportagem (f)	katava	כַּתָבָה (נ)
evento (festa, etc.)	ei'ru'a	אִירוּעַ (ז)
sensação (f)	sen'satsya	סֶנסַציָה (נ)
escândalo (m)	ʃa'aruriya	שַעָרוּרִיָה (נ)
escandaloso (adj)	meviʃ	מֵבִיש
grande (adj)	gadol	גָדוֹל
programa (m)	toχnit	תוֹכנִית (נ)
entrevista (f)	ra'ayon	רַאָיוֹן (ז)

| transmissão (f) ao vivo | ʃidur χai | שִׁידוּר חַי (ז) |
| canal (m) | aruts | עָרוּץ (ז) |

120. Agricultura

agricultura (f)	χakla'ut	חַקְלָאוּת (נ)
camponês (m)	ikar	אִיכָּר (ז)
camponesa (f)	χakla'ut	חַקְלָאִית (נ)
agricultor, fazendeiro (m)	χavai	חַוַּאי (ז)
trator (m)	'traktor	טְרַקְטוֹר (ז)
colheitadeira (f)	kombain	קוֹמְבַּיִן (ז)
arado (m)	maχreʃa	מַחְרֵשָׁה (נ)
arar (vt)	laχaroʃ	לַחֲרוֹשׁ
campo (m) lavrado	sade χaruʃ	שָׂדֶה חָרוּשׁ (ז)
sulco (m)	'telem	תֶּלֶם (ז)
semear (vt)	liz'ro'a	לִזְרוֹעַ
plantadeira (f)	mazre'a	מַזְרֵעָה (נ)
semeadura (f)	zri'a	זְרִיעָה (נ)
foice (m)	χermeʃ	חֶרְמֵשׁ (ז)
cortar com foice	liktsor	לִקְצוֹר
pá (f)	et	אֵת (ז)
cavar (vt)	leta'teaχ	לְתַתֵּחַ
enxada (f)	ma'ader	מַעְדֵּר (ז)
capinar (vt)	lenakeʃ	לְנַכֵּשׁ
erva (f) daninha	'esev ʃote	עֵשֶׂב שׁוֹטֶה (ז)
regador (m)	maʃpeχ	מַשְׁפֵּךְ (ז)
regar (plantas)	lehaʃkot	לְהַשְׁקוֹת
rega (f)	haʃkaya	הַשְׁקָיָה (נ)
forquilha (f)	kilʃon	קִלְשׁוֹן (ז)
ancinho (m)	magrefa	מַגְרֵפָה (נ)
fertilizante (m)	'deʃen	דֶּשֶׁן (ז)
fertilizar (vt)	ledaʃen	לְדַשֵּׁן
estrume, esterco (m)	'zevel	זֶבֶל (ז)
campo (m)	sade	שָׂדֶה (ז)
prado (m)	aχu	אָחוּ (ז)
horta (f)	gan yarak	גַּן יָרָק (ז)
pomar (m)	bustan	בּוּסְתָּן (ז)
pastar (vt)	lir'ot	לִרְעוֹת
pastor (m)	ro'e tson	רוֹעֶה צֹאן (ז)
pastagem (f)	mir'e	מִרְעֶה (ז)
pecuária (f)	gidul bakar	גִּידוּל בָּקָר (ז)
criação (f) de ovelhas	gidul kvasim	גִּידוּל כְּבָשִׂים (ז)

plantação (f)	mata	מַטָּע (ז)
canteiro (m)	aruga	עֲרוּגָה (נ)
estufa (f)	χamama	חֲמָמָה (נ)

| seca (f) | ba'tsoret | בַּצּוֹרֶת (נ) |
| seco (verão ~) | yaveʃ | יָבֵשׁ |

grão (m)	tvu'a	תְּבוּאָה (נ)
cereais (m pl)	gidulei dagan	גִּידּוּלֵי דָּגָן (ז"ר)
colher (vt)	liktof	לִקְטוֹף

moleiro (m)	toχen	טוֹחֵן (ז)
moinho (m)	taχanat 'kemaχ	טַחֲנַת קֶמַח (נ)
moer (vt)	litχon	לִטְחוֹן
farinha (f)	'kemaχ	קֶמַח (ז)
palha (f)	kaʃ	קַשׁ (ז)

121. Construção. Processo de construção

canteiro (m) de obras	atar bniya	אֲתַר בְּנִייָה (ז)
construir (vt)	livnot	לִבְנוֹת
construtor (m)	banai	בַּנַּאי (ז)

projeto (m)	proyekt	פְּרוֹיֶיקְט (ז)
arquiteto (m)	adriχal	אַדְרִיכָל (ז)
operário (m)	po'el	פּוֹעֵל (ז)

fundação (f)	yesodot	יְסוֹדוֹת (ז"ר)
telhado (m)	gag	גַּג (ז)
estaca (f)	amud yesod	עַמּוּד יְסוֹד (ז)
parede (f)	kir	קִיר (ז)

| colunas (f pl) de sustentação | mot χizuk | מוֹט חִיזוּק (ז) |
| andaime (m) | pigumim | פִּיגּוּמִים (ז"ר) |

concreto (m)	beton	בֶּטוֹן (ז)
granito (m)	granit	גְּרָנִיט (ז)
pedra (f)	'even	אֶבֶן (נ)
tijolo (m)	levena	לְבֵנָה (נ)

areia (f)	χol	חוֹל (ז)
cimento (m)	'melet	מֶלֶט (ז)
emboço, reboco (m)	'tiaχ	טִיח (ז)
emboçar, rebocar (vt)	leta'yeaχ	לְטַיֵּיחַ
tinta (f)	'tseva	צֶבַע (ז)
pintar (vt)	lits'bo'a	לִצְבּוֹעַ
barril (m)	χavit	חָבִית (נ)

grua (f), guindaste (m)	aguran	עֲגוּרָן (ז)
erguer (vt)	lehanif	לְהָנִיף
baixar (vt)	lehorid	לְהוֹרִיד

| buldózer (m) | daχpor | דַּחְפּוֹר (ז) |
| escavadora (f) | maχper | מַחְפֵּר (ז) |

caçamba (f)	ʃa'ov	שָׁאוֹב (ז)
escavar (vt)	laχpor	לַחְפּוֹר
capacete (m) de proteção	kasda	קַסְדָה (נ)

122. Ciência. Investigação. Cientistas

ciência (f)	mada	מַדָע (ז)
científico (adj)	mada'i	מַדָעִי
cientista (m)	mad'an	מַדְעָן (ז)
teoria (f)	te''orya	תֵיאוֹרְיָה (נ)

axioma (m)	aks'yoma	אַקְסִיוֹמָה (נ)
análise (f)	ni'tuaχ	נִיתוּחַ (ז)
analisar (vt)	lena'teaχ	לְנַתֵחַ
argumento (m)	nimuk	נִימוּק (ז)
substância (f)	'χomer	חוֹמֶר (ז)

hipótese (f)	hipo'teza	הִיפּוֹתֶזָה (נ)
dilema (m)	di'lema	דִילֶמָה (נ)
tese (f)	diser'tatsya	דִיסֶרְטַצִיָה (נ)
dogma (m)	'dogma	דוֹגְמָה (נ)

doutrina (f)	dok'trina	דוֹקְטְרִינָה (נ)
pesquisa (f)	meχkar	מֶחְקָר (ז)
pesquisar (vt)	laχkor	לַחְקוֹר
testes (m pl)	nisuyim	נִיסוּיִים (ז"ר)
laboratório (m)	ma'abada	מַעֲבָּדָה (נ)

método (m)	ʃita	שִׁיטָה (נ)
molécula (f)	mo'lekula	מוֹלֶקוּלָה (נ)
monitoramento (m)	nitur	נִיטוּר (ז)
descoberta (f)	gilui	גִילוּי (ז)

postulado (m)	aks'yoma	אַקְסִיוֹמָה (נ)
princípio (m)	ikaron	עִיקָרוֹן (ז)
prognóstico (previsão)	taχazit	תַחֲזִית (נ)
prognosticar (vt)	laχazot	לַחֲזוֹת

síntese (f)	sin'teza	סִינְתֵזָה (נ)
tendência (f)	megama	מְגַמָה (נ)
teorema (m)	miʃpat	מִשְׁפָּט (ז)

| ensinamentos (m pl) | tora | תוֹרָה (נ) |
| fato (m) | uvda | עוּבְדָה (נ) |

| expedição (f) | miʃ'laχat | מִשְׁלַחַת (נ) |
| experiência (f) | nisui | נִיסוּי (ז) |

acadêmico (m)	akademai	אָקָדְמָאי (ז)
bacharel (m)	'to'ar riʃon	תוֹאַר רִאשׁוֹן (ז)
doutor (m)	'doktor	דוֹקְטוֹר (ז)
professor (m) associado	martse baχir	מַרְצֶה בָּכִיר (ז)
mestrado (m)	musmaχ	מוּסְמָךְ (ז)
professor (m)	pro'fesor	פְּרוֹפֶסוֹר (ז)

Profissões e ocupações

123. Procura de emprego. Demissão

trabalho (m)	avoda	עֲבוֹדָה (נ)
equipe (f)	'segel	סֶגֶל (ז)
pessoal (m)	'segel	סֶגֶל (ז)
carreira (f)	kar'yera	קַרְיֶרָה (נ)
perspectivas (f pl)	effaruyot	אֶפְשָׁרוּיוֹת (נ"ר)
habilidades (f pl)	meyumanut	מְיוּמָנוּת (נ)
seleção (f)	sinun	סִינוּן (ז)
agência (f) de emprego	soχnut 'koaχ adam	סוֹכְנוּת כּוֹחַ אָדָם (נ)
currículo (m)	korot χayim	קוֹרוֹת חַיִּים (נ"ר)
entrevista (f) de emprego	ra'ayon avoda	רַאָיוֹן עֲבוֹדָה (ז)
vaga (f)	misra pnuya	מִשְׂרָה פְּנוּיָה (נ)
salário (m)	mas'koret	מַשְׂכּוֹרֶת (נ)
salário (m) fixo	mas'koret kvu'a	מַשְׂכּוֹרֶת קְבוּעָה (נ)
pagamento (m)	taflum	תַּשְׁלוּם (ז)
cargo (m)	tafkid	תַּפְקִיד (ז)
dever (do empregado)	χova	חוֹבָה (נ)
gama (f) de deveres	tχum aχrayut	תְּחוּם אַחְרָיוּת (ז)
ocupado (adj)	asuk	עָסוּק
despedir, demitir (vt)	lefater	לְפַטֵּר
demissão (f)	pitur	פִּיטוּר (ז)
desemprego (m)	avtala	אַבְטָלָה (נ)
desempregado (m)	muvtal	מוּבְטָל (ז)
aposentadoria (f)	'pensya	פֶּנְסְיָה (נ)
aposentar-se (vr)	latset legimla'ot	לָצֵאת לְגִימְלָאוֹת

124. Gente de negócios

diretor (m)	menahel	מְנַהֵל (ז)
gerente (m)	menahel	מְנַהֵל (ז)
patrão, chefe (m)	bos	בּוֹס (ז)
superior (m)	memune	מְמוּנֶה (ז)
superiores (m pl)	memunim	מְמוּנִים (ז"ר)
presidente (m)	nasi	נָשִׂיא (ז)
chairman (m)	yofev rof	יוֹשֵׁב רֹאשׁ (ז)
substituto (m)	sgan	סְגָן (ז)
assistente (m)	ozer	עוֹזֵר (ז)

secretário (m)	mazkir	מַזְכִּיר (ז)
secretário (m) pessoal	mazkir iʃi	מַזְכִּיר אִישִׁי (ז)
homem (m) de negócios	iʃ asakim	אִישׁ עֲסָקִים (ז)
empreendedor (m)	yazam	יָזָם (ז)
fundador (m)	meyased	מְיַיסֵד (ז)
fundar (vt)	leyased	לְיַיסֵד
principiador (m)	meχonen	מְכוֹנֵן (ז)
parceiro, sócio (m)	ʃutaf	שׁוּתָף (ז)
acionista (m)	'ba'al menayot	בַּעַל מְנָיוֹת (ז)
milionário (m)	milyoner	מִילְיוֹנֶר (ז)
bilionário (m)	milyarder	מִילְיַארְדֶר (ז)
proprietário (m)	be'alim	בְּעָלִים (ז)
proprietário (m) de terras	'ba'al adamot	בַּעַל אֲדָמוֹת (ז)
cliente (m)	la'koaχ	לָקוֹחַ (ז)
cliente (m) habitual	la'koaχ ka'vu'a	לָקוֹחַ קָבוּעַ (ז)
comprador (m)	kone	קוֹנֶה (ז)
visitante (m)	mevaker	מְבַקֵר (ז)
profissional (m)	miktso'an	מִקְצוֹעָן (ז)
perito (m)	mumχe	מוּמְחָה (ז)
especialista (m)	mumχe	מוּמְחָה (ז)
banqueiro (m)	bankai	בַּנְקַאי (ז)
corretor (m)	soχen	סוֹכֵן (ז)
caixa (m, f)	kupai	קוּפַּאי (ז)
contador (m)	menahel χeʃbonot	מְנָהֵל חֶשְׁבּוֹנוֹת (ז)
guarda (m)	ʃomer	שׁוֹמֵר (ז)
investidor (m)	maʃ'ki'a	מַשְׁקִיעַ (ז)
devedor (m)	'ba'al χov	בַּעַל חוֹב (ז)
credor (m)	malve	מַלְוֶוה (ז)
mutuário (m)	love	לוֹוֶה (ז)
importador (m)	yevu'an	יְבוּאָן (ז)
exportador (m)	yetsu'an	יְצוּאָן (ז)
produtor (m)	yatsran	יַצְרָן (ז)
distribuidor (m)	mefits	מֵפִיץ (ז)
intermediário (m)	metaveχ	מְתַוֵוך (ז)
consultor (m)	yo'ets	יוֹעֵץ (ז)
representante comercial	natsig meχirot	נָצִיג מְכִירוֹת (ז)
agente (m)	soχen	סוֹכֵן (ז)
agente (m) de seguros	soχen bi'tuaχ	סוֹכֵן בִּיטוּחַ (ז)

125. Profissões de serviços

cozinheiro (m)	tabaχ	טַבָּח (ז)
chefe (m) de cozinha	ʃef	שֶׁף (ז)

padeiro (m)	ofe	אוֹפֶה (ז)
barman (m)	'barmen	בַּרְמָן (ז)
garçom (m)	meltsar	מֶלְצָר (ז)
garçonete (f)	meltsarit	מֶלְצָרִית (נ)

advogado (m)	orex din	עוֹרֵךְ דִּין (ז)
jurista (m)	orex din	עוֹרֵךְ דִּין (ז)
notário (m)	notaryon	נוֹטַרְיוֹן (ז)

eletricista (m)	xaʃmalai	חַשְׁמַלַּאי (ז)
encanador (m)	ʃravrav	שְׁרַבְרַב (ז)
carpinteiro (m)	nagar	נַגָּר (ז)

massagista (m)	ma'ase	מְעַסֶּה (ז)
massagista (f)	masa'ʒistit	מְסַזְ'יסְטִית (נ)
médico (m)	rofe	רוֹפֵא (ז)

taxista (m)	nahag monit	נַהַג מוֹנִית (ז)
condutor (automobilista)	nahag	נַהָג (ז)
entregador (m)	ʃa'liax	שָׁלִיחַ (ז)

camareira (f)	xadranit	חַדְרָנִית (נ)
guarda (m)	ʃomer	שׁוֹמֵר (ז)
aeromoça (f)	da'yelet	דַּייֶלֶת (נ)

professor (m)	more	מוֹרֶה (ז)
bibliotecário (m)	safran	סַפְרָן (ז)
tradutor (m)	metargem	מְתַרְגֵּם (ז)
intérprete (m)	meturgeman	מְתוּרְגְּמָן (ז)
guia (m)	madrix tiyulim	מַדְרִיךְ טִיּוּלִים (ז)

cabeleireiro (m)	sapar	סַפָּר (ז)
carteiro (m)	davar	דַּוָּר (ז)
vendedor (m)	moxer	מוֹכֵר (ז)

jardineiro (m)	ganan	גַּנָּן (ז)
criado (m)	meʃaret	מְשָׁרֵת (ז)
criada (f)	meʃa'retet	מְשָׁרֶתֶת (נ)
empregada (f) de limpeza	menaka	מְנַקָּה (נ)

126. Profissões militares e postos

soldado (m) raso	turai	טוּרַאי (ז)
sargento (m)	samal	סַמָּל (ז)
tenente (m)	'segen	סֶגֶן (ז)
capitão (m)	'seren	סֶרֶן (ז)

major (m)	rav 'seren	רַב-סֶרֶן (ז)
coronel (m)	aluf miʃne	אַלּוּף מִשְׁנֶה (ז)
general (m)	aluf	אַלּוּף (ז)
marechal (m)	'marʃal	מַרְשָׁל (ז)
almirante (m)	admiral	אַדְמִירָל (ז)
militar (m)	iʃ tsava	אִישׁ צָבָא (ז)
soldado (m)	xayal	חַיָּל (ז)

| oficial (m) | katsin | קָצִין (ז) |
| comandante (m) | mefaked | מְפַקֵד (ז) |

guarda (m) de fronteira	ʃomer gvul	שׁוֹמֵר גְבוּל (ז)
operador (m) de rádio	alχutai	אַלְחוּטַאי (ז)
explorador (m)	iʃ modi'in kravi	אִישׁ מוֹדִיעִין קְרָבִי (ז)
sapador-mineiro (m)	χablan	חַבְּלָן (ז)
atirador (m)	tsalaf	צַלָף (ז)
navegador (m)	navat	נַוָט (ז)

127. Oficiais. Padres

| rei (m) | 'meleχ | מֶלֶךְ (ז) |
| rainha (f) | malka | מַלְכָּה (נ) |

| príncipe (m) | nasiχ | נָסִיךְ (ז) |
| princesa (f) | nesiχa | נְסִיכָה (נ) |

| czar (m) | tsar | צָאר (ז) |
| czarina (f) | tsa'rina | צָאריִנָה (נ) |

presidente (m)	nasi	נָשִׂיא (ז)
ministro (m)	sar	שַׂר (ז)
primeiro-ministro (m)	roʃ memʃala	רֹאשׁ מֶמְשָׁלָה (ז)
senador (m)	se'nator	סֶנָאטוֹר (ז)

diplomata (m)	diplomat	דִיפְּלוֹמָט (ז)
cônsul (m)	'konsul	קוֹנְסוּל (ז)
embaixador (m)	ʃagrir	שַׁגְרִיר (ז)
conselheiro (m)	yo'ets	יוֹעֵץ (ז)

funcionário (m)	pakid	פָּקִיד (ז)
prefeito (m)	prefekt	פְּרֶפֶקְט (ז)
Presidente (m) da Câmara	roʃ ha'ir	רֹאשׁ הָעִיר (ז)

| juiz (m) | ʃofet | שׁוֹפֵט (ז) |
| procurador (m) | to've'a | תוֹבֵעַ (ז) |

missionário (m)	misyoner	מִיסיוֹנֶר (ז)
monge (m)	nazir	נָזִיר (ז)
abade (m)	roʃ minzar ka'toli	רֹאשׁ מִנְזָר קָתוֹלִי (ז)
rabino (m)	rav	רַב (ז)

vizir (m)	vazir	וָזִיר (ז)
xá (m)	ʃaχ	שָׁאח (ז)
xeique (m)	ʃeiχ	שֵׁיח (ז)

128. Profissões agrícolas

abelheiro (m)	kavran	כַּוְורָן (ז)
pastor (m)	ro'e tson	רוֹעֶה צֹאן (ז)
agrônomo (m)	agronom	אַגרוֹנוֹם (ז)

| criador (m) de gado | megadel bakar | מְגַדֵּל בָּקָר (ז) |
| veterinário (m) | veterinar | וֶטֶרִינָר (ז) |

agricultor, fazendeiro (m)	χavai	חַווַּאי (ז)
vinicultor (m)	yeinan	יֵינָן (ז)
zoólogo (m)	zo'olog	זוֹאוֹלוֹג (ז)
vaqueiro (m)	'ka'uboi	קָאוּבּוֹי (ז)

129. Profissões artísticas

| ator (m) | saχkan | שַׂחְקָן (ז) |
| atriz (f) | saχkanit | שַׂחְקָנִית (נ) |

| cantor (m) | zamar | זַמָּר (ז) |
| cantora (f) | za'meret | זַמֶּרֶת (נ) |

| bailarino (m) | rakdan | רַקְדָן (ז) |
| bailarina (f) | rakdanit | רַקְדָנִית (נ) |

| artista (m) | saχkan | שַׂחְקָן (ז) |
| artista (f) | saχkanit | שַׂחְקָנִית (נ) |

músico (m)	muzikai	מוּזִיקַאי (ז)
pianista (m)	psantran	פְּסַנְתְּרָן (ז)
guitarrista (m)	nagan gi'tara	נַגָּן גִּיטָרָה (ז)

maestro (m)	mena'tseaχ	מְנַצֵּחַ (ז)
compositor (m)	malχin	מַלְחִין (ז)
empresário (m)	amargan	אָמַרְגָּן (ז)

diretor (m) de cinema	bamai	בַּמַאי (ז)
produtor (m)	mefik	מֵפִיק (ז)
roteirista (m)	tasritai	תַּסְרִיטַאי (ז)
crítico (m)	mevaker	מְבַקֵּר (ז)

escritor (m)	sofer	סוֹפֵר (ז)
poeta (m)	meʃorer	מְשׁוֹרֵר (ז)
escultor (m)	pasal	פַּסָּל (ז)
pintor (m)	tsayar	צַיָּר (ז)

malabarista (m)	lahatutan	לַהֲטוּטָן (ז)
palhaço (m)	leitsan	לֵיצָן (ז)
acrobata (m)	akrobat	אַקְרוֹבָּט (ז)
ilusionista (m)	kosem	קוֹסֵם (ז)

130. Várias profissões

médico (m)	rofe	רוֹפֵא (ז)
enfermeira (f)	aχot	אָחוֹת (נ)
psiquiatra (m)	psiχi''ater	פְּסִיכִיאָטֶר (ז)
dentista (m)	rofe ʃi'nayim	רוֹפֵא שִׁינַיִם (ז)
cirurgião (m)	kirurg	כִּירוּרְג (ז)

astronauta (m)	astro'na'ut	אַסטרוֹנָאוט (ז)
astrônomo (m)	astronom	אַסטרוֹנוֹם (ז)
piloto (m)	tayas	טַיָּס (ז)

motorista (m)	nahag	נַהָג (ז)
maquinista (m)	nahag ra'kevet	נַהָג רַכֶּבֶת (ז)
mecânico (m)	meχonai	מְכוֹנַאי (ז)

mineiro (m)	kore	כּוֹרֶה (ז)
operário (m)	po'el	פּוֹעֵל (ז)
serralheiro (m)	misgad	מַסגֵּד (ז)
marceneiro (m)	nagar	נַגָּר (ז)
torneiro (m)	χarat	חָרָט (ז)
construtor (m)	banai	בַּנַאי (ז)
soldador (m)	rataχ	רַתָּך (ז)

professor (m)	pro'fesor	פּרוֹפֶסוֹר (ז)
arquiteto (m)	adriχal	אַדרִיכָל (ז)
historiador (m)	historyon	הִיסטוֹריוֹן (ז)
cientista (m)	mad'an	מַדעָן (ז)
físico (m)	fizikai	פִיזִיקַאי (ז)
químico (m)	χimai	כִימַאי (ז)

arqueólogo (m)	arχe'olog	אַרכֵיאוֹלוֹג (ז)
geólogo (m)	ge'olog	גֵיאוֹלוֹג (ז)
pesquisador (cientista)	χoker	חוֹקֵר (ז)

| babysitter, babá (f) | ʃmartaf | שׁמַרטַף (ז) |
| professor (m) | more, meχaneχ | מוֹרֶה, מְחַנֵּך (ז) |

redator (m)	oreχ	עוֹרֵך (ז)
redator-chefe (m)	oreχ raʃi	עוֹרֵך רָאשִׁי (ז)
correspondente (m)	katav	כַּתָּב (ז)
datilógrafa (f)	kaldanit	קַלדָנִית (נ)

designer (m)	me'atsev	מְעַצֵּב (ז)
especialista (m) em informática	mumχe maχʃevim	מוּמחֶה מַחשְׁבִים (ז)
programador (m)	metaχnet	מְתַכנֵת (ז)
engenheiro (m)	mehandes	מְהַנדֵס (ז)

marujo (m)	yamai	יַמַאי (ז)
marinheiro (m)	malaχ	מַלָח (ז)
socorrista (m)	matsil	מַצִּיל (ז)

bombeiro (m)	kabai	כַּבַּאי (ז)
polícia (m)	ʃoter	שׁוֹטֵר (ז)
guarda-noturno (m)	ʃomer	שׁוֹמֵר (ז)
detetive (m)	balaʃ	בַּלָשׁ (ז)

funcionário (m) da alfândega	pakid 'meχes	פָּקִיד מֶכֶס (ז)
guarda-costas (m)	ʃomer roʃ	שׁוֹמֵר רֹאשׁ (ז)
guarda (m) prisional	soher	סוֹהֵר (ז)
inspetor (m)	mefa'keaχ	מְפַקֵּחַ (ז)
esportista (m)	sportai	ספוֹרטַאי (ז)
treinador (m)	me'amen	מְאַמֵן (ז)

açougueiro (m)	katsav	קַצָב (ז)
sapateiro (m)	sandlar	סַנדלָר (ז)
comerciante (m)	soχer	סוֹחֵר (ז)
carregador (m)	sabal	סַבָּל (ז)

| estilista (m) | me'atsev ofna | מְעַצֵב אוֹפנָה (ז) |
| modelo (f) | dugmanit | דוּגמָנִית (נ) |

131. Ocupações. Estatuto social

| estudante (~ de escola) | talmid | תַלמִיד (ז) |
| estudante (~ universitária) | student | סטוּדֶנט (ז) |

filósofo (m)	filosof	פִילוֹסוֹף (ז)
economista (m)	kalkelan	כַּלכְּלָן (ז)
inventor (m)	mamtsi	מַמצִיא (ז)

desempregado (m)	muvtal	מוּבטָל (ז)
aposentado (m)	pensyoner	פֶּנסיוֹנֶר (ז)
espião (m)	meragel	מְרַגֵל (ז)

preso, prisioneiro (m)	asir	אָסִיר (ז)
grevista (m)	ʃovet	שוֹבֵת (ז)
burocrata (m)	birokrat	בִּירוֹקרָט (ז)
viajante (m)	metayel	מְטַייֵל (ז)

homossexual (m)	'lesbit, 'homo	לֶסבִּית (נ), הוֹמוֹ (ז)
hacker (m)	'haker	הָאקֶר (ז)
hippie (m, f)	'hipi	הִיפִּי (ז)

bandido (m)	ʃoded	שוֹדֵד (ז)
assassino (m)	ro'tseaχ saχir	רוֹצֵחַ שָׂכִיר (ז)
drogado (m)	narkoman	נַרקוֹמָן (ז)
traficante (m)	soχer samim	סוֹחֵר סַמִים (ז)
prostituta (f)	zona	זוֹנָה (נ)
cafetão (m)	sarsur	סַרסוּר (ז)

bruxo (m)	meχaʃef	מְכַשֵף (ז)
bruxa (f)	maχʃefa	מְכַשֵפָה (נ)
pirata (m)	ʃoded yam	שוֹדֵד יָם (ז)
escravo (m)	ʃifχa, 'eved	שִפחָה (נ), עֶבֶד (ז)
samurai (m)	samurai	סָמוּרַאי (ז)
selvagem (m)	'pere adam	פֶּרֶא אָדָם (ז)

Desportos

132. Tipos de desportos. Desportistas

esportista (m)	sportai	ספּוֹרטַאי (ז)
tipo (m) de esporte	anaf sport	עֲנַף ספּוֹרט (ז)
basquete (m)	kadursal	כַּדוּרסַל (ז)
jogador (m) de basquete	kadursalan	כַּדוּרסַלָן (ז)
beisebol (m)	'beisbol	בֵּייסבּוֹל (ז)
jogador (m) de beisebol	saχkan 'beisbol	שַׂחקָן בֵּיסבּוֹל (ז)
futebol (m)	kadu'regel	כַּדוּרֶגֶל (ז)
jogador (m) de futebol	kaduraglan	כַּדוּרַגלָן (ז)
goleiro (m)	ʃo'er	שׁוֹעֵר (ז)
hóquei (m)	'hoki	הוֹקִי (ז)
jogador (m) de hóquei	saχkan 'hoki	שַׂחקָן הוֹקִי (ז)
vôlei (m)	kadur'af	כַּדוּרעָף (ז)
jogador (m) de vôlei	saχkan kadur'af	שַׂחקָן כַּדוּרעָף (ז)
boxe (m)	igruf	אִיגרוּף (ז)
boxeador (m)	mit'agref	מִתאַגרֵף (ז)
luta (f)	he'avkut	הֵיאָבקוּת (נ)
lutador (m)	mit'abek	מִתאַבֵּק (ז)
caratê (m)	karate	קָרָטֶה (ז)
carateca (m)	karatist	קָרָטִיסט (ז)
judô (m)	'dʒudo	ג'וּדוֹ (ז)
judoca (m)	dʒudai	ג'וּדָאי (ז)
tênis (m)	'tenis	טֶנִיס (ז)
tenista (m)	tenisai	טֶנִיסַאי (ז)
natação (f)	sχiya	שֹׂחִייָה (נ)
nadador (m)	saχyan	שַׂחייָן (ז)
esgrima (f)	'sayif	סָיִף (ז)
esgrimista (m)	sayaf	סַיָיף (ז)
xadrez (m)	ʃaχmat	שַׁחמָט (ז)
jogador (m) de xadrez	ʃaχmetai	שַׁחמְטַאי (ז)
alpinismo (m)	tipus harim	טִיפּוּס הָרִים (ז)
alpinista (m)	metapes harim	מְטַפֵּס הָרִים (ז)
corrida (f)	ritsa	רִיצָה (נ)

corredor (m)	atsan	אָץ (ז)
atletismo (m)	at'letika kala	אַתלֵטִיקָה קָלָה (נ)
atleta (m)	atlet	אַתלֵט (ז)
hipismo (m)	reχiva al sus	רְכִיבָה עַל סוּס (נ)
cavaleiro (m)	paraʃ	פָּרָשׁ (ז)
patinação (f) artística	haχlaka omanutit	הַחלָקָה אוֹמָנוּתִית (נ)
patinador (m)	maχlik amanuti	מַחלִיק אָמָנוּתִי (ז)
patinadora (f)	maχlika amanutit	מַחלִיקָה אָמָנוּתִית (נ)
halterofilismo (m)	haramat miʃkolot	הֲרָמַת מִשׁקוֹלוֹת (נ)
halterofilista (m)	miʃkolan	מִשׁקוֹלָן (ז)
corrida (f) de carros	merots meχoniyot	מֵירוֹץ מְכוֹנִיוֹת (ז)
piloto (m)	nahag merotsim	נֶהַג מֵרוֹצִים (ז)
ciclismo (m)	reχiva al ofa'nayim	רְכִיבָה עַל אוֹפַנַּיִים (נ)
ciclista (m)	roχev ofa'nayim	רוֹכֵב אוֹפַנַּיִים (ז)
salto (m) em distância	kfitsa la'roχav	קפִיצָה לָרוֹחַק (נ)
salto (m) com vara	kfitsa bemot	קפִיצָה בָּמוֹט (נ)
atleta (m) de saltos	kofets	קוֹפֵץ (ז)

133. Tipos de desportos. Diversos

futebol (m) americano	'futbol	פוּטבוֹל (ז)
badminton (m)	notsit	נוֹצִית (ז)
biatlo (m)	bi'atlon	בִּיאַתלוֹן (ז)
bilhar (m)	bilyard	בִּילִיאַרד (ז)
bobsled (m)	miz'χelet	מִזחֶלֶת (נ)
musculação (f)	pi'tuaχ guf	פִּיתוּחַ גוּף (ז)
polo (m) aquático	polo 'mayim	פּוֹלוֹ מַיִם (ז)
handebol (m)	kadur yad	כַּדוּר-יָד (ז)
golfe (m)	golf	גוֹלף (ז)
remo (m)	χatira	חָתִירָה (נ)
mergulho (m)	tslila	צלִילָה (נ)
corrida (f) de esqui	ski bemiʃor	סקִי בַּמִישׁוֹר (ז)
tênis (m) de mesa	'tenis ʃulχan	טֶנִיס שׁוּלחָן (ז)
vela (f)	'ʃayit	שַׁיִט (ז)
rali (m)	'rali	רָאלִי (ז)
rúgbi (m)	'rogbi	רוֹגבִּי (ז)
snowboard (m)	gliʃat 'ʃeleg	גלִישַׁת שֶׁלֶג (נ)
arco-e-flecha (m)	kaʃatut	קַשָּׁתוּת (נ)

134. Ginásio

barra (f)	miʃ'kolet	מִשׁקוֹלֶת (נ)
halteres (m pl)	miʃkolot	מִשׁקוֹלוֹת (נ"ר)

aparelho (m) de musculação	maxʃir 'koʃer	מַכְשִיר כּוֹשֶר (ז)
bicicleta (f) ergométrica	ofanei 'koʃer	אוֹפַנֵי כּוֹשֶר (ז"ר)
esteira (f) de corrida	halixon	הָלִיכוֹן (ז)
barra (f) fixa	'metax	מָתַח (ז)
barras (f pl) paralelas	makbilim	מַקְבִּילִים (ז"ר)
cavalo (m)	sus	סוס (ז)
tapete (m) de ginástica	mizron	מִזְרוֹן (ז)
corda (f) de saltar	dalgit	דַלְגִית (נ)
aeróbica (f)	ei'robika	אֵירוֹבִּיקָה (ז)
ioga, yoga (f)	'yoga	יוֹגָה (נ)

135. Hóquei

hóquei (m)	'hoki	הוֹקִי (ז)
jogador (m) de hóquei	saxkan 'hoki	שַׂחְקַן הוֹקִי (ז)
jogar hóquei	lesaxek 'hoki	לְשַׂחֵק הוֹקִי
gelo (m)	'kerax	קֶרַח (ז)
disco (m)	diskit	דִיסְקִית (נ)
taco (m) de hóquei	makel 'hoki	מַקֵל הוֹקִי (ז)
patins (m pl) de gelo	maxli'kayim	מַחְלִיקַיִם (ז"ר)
muro (m)	'dofen	דוֹפֶן (ז)
tiro (m)	kli'a	קְלִיעָה (נ)
goleiro (m)	ʃo'er	שוֹעֵר (ז)
gol (m)	'ʃa'ar	שַׁעַר (ז)
marcar um gol	lehav'ki'a 'ʃa'ar	לְהַבְקִיעַ שַׁעַר
tempo (m)	ʃliʃ	שְלִיש (ז)
segundo tempo (m)	ʃliʃ ʃeni	שְלִיש שֵנִי (ז)
banco (m) de reservas	safsal maxlifim	סַפְסַל מַחְלִיפִים (ז)

136. Futebol

futebol (m)	kadu'regel	כַּדוּרֶגֶל (ז)
jogador (m) de futebol	kaduraglan	כַּדוּרַגְלָן (ז)
jogar futebol	lesaxek kadu'regel	לְשַׂחֵק כַּדוּרֶגֶל
Time (m) Principal	'liga elyona	לִיגָה עֶלְיוֹנָה (נ)
time (m) de futebol	mo'adon kadu'regel	מוֹעֲדוֹן כַּדוּרֶגֶל (ז)
treinador (m)	me'amen	מְאַמֵן (ז)
proprietário (m)	be'alim	בְּעָלִים (ז)
equipe (f)	kvutsa, niv'xeret	קְבוּצָה, נִבְחֶרֶת (נ)
capitão (m)	'kepten	קַפְטָן (ז)
jogador (m)	saxkan	שַׂחְקָן (ז)
jogador (m) reserva	saxkan maxlif	שַׂחְקָן מַחְלִיף (ז)
atacante (m)	xaluts	חָלוּץ (ז)
centroavante (m)	xaluts merkazi	חָלוּץ מֶרְכָּזִי (ז)

marcador (m)	mavki	מַבְקִיעַ (ז)
defesa (m)	balam, megen	בַּלָם, מָגֵן (ז)
meio-campo (m)	mekaʃer	מְקַשֵּר (ז)

jogo (m), partida (f)	misχak	מִשְׂחָק (ז)
encontrar-se (vr)	lehipageʃ	לְהִיפָּגֵש
final (m)	gmar	גְמָר (ז)
semifinal (f)	χatsi gmar	חֲצִי גְמָר (ז)
campeonato (m)	alifut	אֲלִיפוּת (נ)

tempo (m)	maχatsit	מַחֲצִית (נ)
primeiro tempo (m)	maχatsit riʃona	מַחֲצִית רִאשוֹנָה (נ)
intervalo (m)	hafsaka	הַפְסָקָה (נ)

goleira (f)	'ʃaʿar	שַעַר (ז)
goleiro (m)	ʃoʿer	שוֹעֵר (ז)
trave (m)	amud ha'ʃaʿar	עַמוּד הַשַעַר (ז)
travessão (m)	maʃkof	מַשְקוֹף (ז)
rede (f)	'reʃet	רֶשֶת (נ)
tomar um gol	lispog 'ʃaʿar	לִסְפוֹג שַעַר

bola (f)	kadur	כַּדוּר (ז)
passe (m)	mesira	מְסִירָה (נ)
chute (m)	beʿita	בְּעִיטָה (נ)
chutar (vt)	liv'ot	לִבעוֹט
pontapé (m)	beʿitat onʃin	בְּעִיטַת עוֹנשִין (נ)
escanteio (m)	beʿitat 'keren	בְּעִיטַת קֶרֶן (נ)

ataque (m)	hatkafa	הַתְקָפָה (נ)
contra-ataque (m)	hatkafat 'neged	הַתְקָפַת נֶגֶד (נ)
combinação (f)	ʃiluv	שִילוּב (ז)

árbitro (m)	ʃofet	שוֹפֵט (ז)
apitar (vi)	liʃrok	לִשרוֹק
apito (m)	ʃrika	שְרִיקָה (נ)
falta (f)	avira	עֲבִירָה (נ)
cometer a falta	leva'tseʿa avira	לְבַצֵעַ עֲבִירָה
expulsar (vt)	leharχik	לְהַרְחִיק

cartão (m) amarelo	kartis tsahov	כַּרְטִיס צָהוֹב (ז)
cartão (m) vermelho	kartis adom	כַּרְטִיס אָדוֹם (ז)
desqualificação (f)	psila, ʃlila	פְּסִילָה, שְלִילָה (נ)
desqualificar (vt)	lefsol	לִפסוֹל

pênalti (m)	'pendel	פֶּנְדָל (ז)
barreira (f)	χoma	חוֹמָה (נ)
marcar (vt)	lehav'kiʿa	לְהַבְקִיעַ
gol (m)	'ʃaʿar	שַעַר (ז)
marcar um gol	lehav'kiʿa 'ʃaʿar	לְהַבְקִיעַ שַעַר

substituição (f)	haχlata	הַחְלָטָה (נ)
substituir (vt)	lehaχlif	לְהַחְלִיף
regras (f pl)	klalim	כְּלָלִים (ז"ר)
tática (f)	'taktika	טַקְטִיקָה (נ)
estádio (m)	itstadyon	אָצְטַדִיוֹן (ז)
arquibancadas (f pl)	bama	בָּמָה (נ)

| fã, torcedor (m) | ohed | אוֹהֵד (ז) |
| gritar (vi) | lits'ok | לִצְעוֹק |

| placar (m) | 'luaχ totsa'ot | לוּחַ תּוֹצָאוֹת (ז) |
| resultado (m) | totsa'a | תּוֹצָאָה (נ) |

derrota (f)	tvusa	תְּבוּסָה (נ)
perder (vt)	lehafsid	לְהַפְסִיד
empate (m)	'teku	תֵּיקוּ (ז)
empatar (vi)	lesayem be'teku	לְסַיֵּם בְּתֵיקוּ

| vitória (f) | nitsaχon | נִיצָחוֹן (ז) |
| vencer (vi, vt) | lena'tseaχ | לְנַצֵחַ |

campeão (m)	aluf	אַלוּף (ז)
melhor (adj)	hatov beyoter	הַטוֹב בְּיוֹתֵר
felicitar (vt)	levareχ	לְבָרֵךְ

comentarista (m)	parʃan	פַּרְשָׁן (ז)
comentar (vt)	lefarʃen	לְפַרְשֵׁן
transmissão (f)	ʃidur	שִׁידוּר (ז)

137. Esqui alpino

esqui (m)	migla'ʃayim	מִגְלָשַׁיִם (ז"ר)
esquiar (vi)	la'asot ski	לָעֲשׂוֹת סְקִי
estação (f) de esqui	atar ski	אָתַר סְקִי (ז)
teleférico (m)	ma'alit ski	מַעֲלִית סְקִי (נ)

bastões (m pl) de esqui	maklot ski	מַקְלוֹת סְקִי (ז"ר)
declive (m)	midron	מִדְרוֹן (ז)
slalom (m)	merots akalaton	מֵירוֹץ עֲקַלָתוֹן (ז)

138. Tênis. Golfe

golfe (m)	golf	גוֹלְף (ז)
clube (m) de golfe	mo'adon golf	מוֹעֲדוֹן גוֹלְף (ז)
jogador (m) de golfe	saχkan golf	שַׂחְקָן גוֹלְף (ז)

buraco (m)	guma	גוּמָה (נ)
taco (m)	makel golf	מַקֵל גוֹלְף (ז)
trolley (m)	eglat golf	עֶגְלַת גוֹלְף (נ)

| tênis (m) | 'tenis | טֶנִיס (ז) |
| quadra (f) de tênis | migraʃ 'tenis | מִגְרַשׁ טֶנִיס (ז) |

| saque (m) | χavatat hagaʃa | חֲבָטַת הַגָשָׁה (נ) |
| sacar (vi) | lehagiʃ | לְהַגִישׁ |

raquete (f)	maχbet 'tenis	מַחְבֵּט טֶנִיס (ז)
rede (f)	'reʃet	רֶשֶׁת (נ)
bola (f)	kadur	כַּדוּר (ז)

139. Xadrez

xadrez (m)	ʃaχmat	שַׁחְמָט (ז)
peças (f pl) de xadrez	klei ʃaχmat	כְּלֵי שַׁחְמָט (ז"ר)
jogador (m) de xadrez	ʃaχmetai	שַׁחְמְטַאי (ז)
tabuleiro (m) de xadrez	'luaχ ʃaχmat	לוּחַ שַׁחְמָט (ז)
peça (f)	kli	כְּלִי (ז)
brancas (f pl)	levanim	לְבָנִים (ז)
pretas (f pl)	ʃχorim	שְׁחוֹרִים (ז)
peão (m)	χayal	חַייָל (ז)
bispo (m)	raʦ	רָץ (ז)
cavalo (m)	paraʃ	פָּרָשׁ (ז)
torre (f)	'ʦriaχ	צְרִיחַ (ז)
dama (f)	malka	מַלְכָּה (נ)
rei (m)	'meleχ	מֶלֶךְ (ז)
vez (f)	'ʦa'ad	צַעַד (ז)
mover (vt)	la'nu'a	לָנוּעַ
sacrificar (vt)	lehakriv	לְהַקְרִיב
roque (m)	haʦraχa	הַצְרָחָה (נ)
xeque (m)	ʃaχ	שַׁח (ז)
xeque-mate (m)	mat	מָט (ז)
torneio (m) de xadrez	taχarut ʃaχmat	תַּחֲרוּת שַׁחְמָט (נ)
grão-mestre (m)	rav oman	רַב-אוֹמָן (ז)
combinação (f)	ʃiluv	שִׁילוּב (ז)
partida (f)	misχak	מִשְׂחָק (ז)
jogo (m) de damas	'damka	דַמְקָה (נ)

140. Boxe

boxe (m)	igruf	אִיגְרוּף (ז)
combate (m)	krav	קְרָב (ז)
luta (f) de boxe	du krav	דוּ-קְרָב (ז)
round (m)	sivuv	סִיבוּב (ז)
ringue (m)	zira	זִירָה (נ)
gongo (m)	gong	גוֹנג (ז)
murro, soco (m)	mahaluma	מַהֲלוּמָה (נ)
derrubada (f)	nefila lekraʃim	נְפִילָה לְקְרָשִׁים (נ)
nocaute (m)	'nok'a'ut	נוֹקְאָאוּט (ז)
nocautear (vt)	liʃ'loaχ le'nok'a'ut	לִשְׁלוֹחַ לְנוֹקְאָאוּט
luva (f) de boxe	kfafat igruf	כְּפָפַת אִיגְרוּף (נ)
juiz (m)	ʃofet	שׁוֹפֵט (ז)
peso-pena (m)	miʃkal notsa	מִשְׁקָל נוֹצָה (ז)
peso-médio (m)	miʃkal beinoni	מִשְׁקָל בֵּינוֹנִי (ז)
peso-pesado (m)	miʃkal kaved	מִשְׁקָל כָּבֵד (ז)

141. Desportos. Diversos

Jogos (m pl) Olímpicos	hamisχakim ha'o'limpiyim	הַמִּשְׂחָקִים הָאוֹלִימְפִּיִּים (ז"ר)
vencedor (m)	mena'tseaχ	מְנַצֵּחַ (ז)
vencer (vi)	lena'tseaχ	לְנַצֵּחַ
vencer (vi, vt)	lena'tseaχ	לְנַצֵּחַ
líder (m)	manhig	מַנְהִיג (ז)
liderar (vt)	lehovil	לְהוֹבִיל
primeiro lugar (m)	makom riʃon	מָקוֹם רִאשׁוֹן (ז)
segundo lugar (m)	makom ʃeni	מָקוֹם שֵׁנִי (ז)
terceiro lugar (m)	makom ʃliʃi	מָקוֹם שְׁלִישִׁי (ז)
medalha (f)	me'dalya	מֶדַלְיָה (נ)
troféu (m)	pras	פְּרָס (ז)
taça (f)	ga'vi'a nitsaχon	גָּבִיעַ נִיצָּחוֹן (ז)
prêmio (m)	pras	פְּרָס (ז)
prêmio (m) principal	pras riʃon	פְּרָס רִאשׁוֹן (ז)
recorde (m)	si	שִׂיא (ז)
estabelecer um recorde	lik'bo'a si	לִקְבּוֹעַ שִׂיא
final (m)	gmar	גְּמָר (ז)
final (adj)	ʃel hagmar	שֶׁל הַגְּמָר
campeão (m)	aluf	אַלּוּף (ז)
campeonato (m)	alifut	אַלִּיפוּת (נ)
estádio (m)	itstadyon	אִצְטַדְיוֹן (ז)
arquibancadas (f pl)	bama	בָּמָה (נ)
fã, torcedor (m)	ohed	אוֹהֵד (ז)
adversário (m)	yariv	יָרִיב (ז)
partida (f)	kav zinuk	קַו זִינוּק (ז)
linha (f) de chegada	kav hagmar	קַו הַגְּמָר (ז)
derrota (f)	tvusa	תְבוּסָה (נ)
perder (vt)	lehafsid	לְהַפְסִיד
árbitro, juiz (m)	ʃofet	שׁוֹפֵט (ז)
júri (m)	χaver ʃoftim	חֶבֶר שׁוֹפְטִים (ז)
resultado (m)	totsa'a	תּוֹצָאָה (נ)
empate (m)	'teku	תֵּיקוּ (ז)
empatar (vi)	lesayem be'teku	לְסַיֵּם בְּתֵיקוּ
ponto (m)	nekuda	נְקוּדָה (נ)
resultado (m) final	totsa'a	תּוֹצָאָה (נ)
tempo (m)	sivuv	סִיבּוּב (ז)
intervalo (m)	hafsaka	הַפְסָקָה (נ)
doping (m)	sam	סַם (ז)
penalizar (vt)	leha'aniʃ	לְהַעֲנִישׁ
desqualificar (vt)	lefsol	לִפְסוֹל
aparelho, aparato (m)	maχʃir	מַכְשִׁיר (ז)
dardo (m)	kidon	כִּידוֹן (ז)

| peso (m) | kadur barzel | כַּדּוּר בַּרְזֶל (ז) |
| bola (f) | kadur | כַּדּוּר (ז) |

alvo, objetivo (m)	matara	מַטָּרָה (נ)
alvo (~ de papel)	matara	מַטָּרָה (נ)
disparar, atirar (vi)	lirot	לִירוֹת
preciso (tiro ~)	meduyak	מְדֻיָּק

treinador (m)	me'amen	מְאַמֵּן (ז)
treinar (vt)	le'amen	לְאַמֵּן
treinar-se (vr)	lehit'amen	לְהִתְאַמֵּן
treino (m)	imun	אִימוּן (ז)

academia (f) de ginástica	'χeder 'koʃer	חֲדַר כּוֹשֶׁר (ז)
exercício (m)	imun	אִימוּן (ז)
aquecimento (m)	χimum	חִימוּם (ז)

Educação

142. Escola

escola (f)	beit 'sefer	בֵּית סֵפֶר (ז)
diretor (m) de escola	menahel beit 'sefer	מְנַהֵל בֵּית סֵפֶר (ז)
aluno (m)	talmid	תַּלְמִיד (ז)
aluna (f)	talmida	תַּלְמִידָה (נ)
estudante (m)	talmid	תַּלְמִיד (ז)
estudante (f)	talmida	תַּלְמִידָה (נ)
ensinar (vt)	lelamed	לְלַמֵּד
aprender (vt)	lilmod	לִלְמוֹד
decorar (vt)	lilmod beʿal pe	לִלְמוֹד בְּעַל פֶּה
estudar (vi)	lilmod	לִלְמוֹד
estar na escola	lilmod	לִלְמוֹד
ir à escola	la'leχet le'beit 'sefer	לָלֶכֶת לְבֵּית סֵפֶר
alfabeto (m)	alefbeit	אָלֶפְבֵּית (ז)
disciplina (f)	mik'tso'a	מִקְצוֹעַ (ז)
sala (f) de aula	kita	כִּיתָה (נ)
lição, aula (f)	ʃiʿur	שִׁיעוּר (ז)
recreio (m)	hafsaka	הַפְסָקָה (נ)
toque (m)	paʿamon	פַּעֲמוֹן (ז)
classe (f)	ʃulχan limudim	שׁוּלְחַן לִימוּדִים (ז)
quadro (m) negro	'luaχ	לוּחַ (ז)
nota (f)	tsiyun	צִיּוּן (ז)
boa nota (f)	tsiyun tov	צִיּוּן טוֹב (ז)
nota (f) baixa	tsiyun ga'ru'a	צִיּוּן גָרוּעַ (ז)
dar uma nota	latet tsiyun	לָתֵת צִיּוּן
erro (m)	taʿut	טָעוּת (נ)
errar (vi)	laʿasot taʿuyot	לַעֲשׂוֹת טָעוּיוֹת
corrigir (~ um erro)	letaken	לְתַקֵן
cola (f)	ʃlif	שְׁלִיף (ז)
dever (m) de casa	ʃiʿurei 'bayit	שִׁיעוּרֵי בַּיִת (ז״ר)
exercício (m)	targil	תַּרְגִּיל (ז)
estar presente	lihyot no'χeaχ	לִהְיוֹת נוֹכֵחַ
estar ausente	leheʿader	לְהֵיעָדֵר
faltar às aulas	lehaχsir	לְהַחְסִיר
punir (vt)	lehaʿaniʃ	לְהַעֲנִישׁ
punição (f)	'oneʃ	עוֹנֶשׁ (ז)
comportamento (m)	hitnahagut	הִתְנַהֲגוּת (נ)

boletim (m) escolar	yoman beit 'sefer	יוֹמָן בֵּית סֵפֶר (ז)
lápis (m)	iparon	עִיפָּרוֹן (ז)
borracha (f)	'maχak	מַחַק (ז)
giz (m)	gir	גִּיר (ז)
porta-lápis (m)	kalmar	קַלְמָר (ז)

mala, pasta, mochila (f)	yalkut	יַלְקוּט (ז)
caneta (f)	et	עֵט (ז)
caderno (m)	maχ'beret	מַחְבֶּרֶת (נ)
livro (m) didático	'sefer limud	סֵפֶר לִימוּד (ז)
compasso (m)	meχuga	מְחוּגָה (נ)

traçar (vt)	lesartet	לְשַׂרְטֵט
desenho (m) técnico	sirtut	שִׂרְטוּט (ז)

poesia (f)	ʃir	שִׁיר (ז)
de cor	be'al pe	בְּעַל פֶּה
decorar (vt)	lilmod be'al pe	לִלְמוֹד בְּעַל פֶּה

férias (f pl)	χufʃa	חוּפְשָׁה (נ)
estar de férias	lihyot beχufʃa	לִהְיוֹת בְּחוּפְשָׁה
passar as férias	leha'avir 'χofeʃ	לְהַעֲבִיר חוֹפֶשׁ

teste (m), prova (f)	mivχan	מִבְחָן (ז)
redação (f)	χibur	חִיבּוּר (ז)
ditado (m)	haχtava	הַכְתָּבָה (נ)
exame (m), prova (f)	bχina	בְּחִינָה (נ)
fazer prova	lehibaχen	לְהִיבָּחֵן
experiência (~ química)	nisui	נִיסּוּי (ז)

143. Colégio. Universidade

academia (f)	aka'demya	אָקָדֶמְיָה (נ)
universidade (f)	uni'versita	אוּנִיבֶרְסִיטָה (נ)
faculdade (f)	fa'kulta	פָקוּלְטָה (נ)

estudante (m)	student	סְטוּדֶנְט (ז)
estudante (f)	stu'dentit	סְטוּדֶנְטִית (נ)
professor (m)	martse	מַרְצֶה (ז)

auditório (m)	ulam hartsa'ot	אוּלַם הַרְצָאוֹת (ז)
graduado (m)	boger	בּוֹגֵר (ז)

diploma (m)	di'ploma	דִיפְלוֹמָה (נ)
tese (f)	diser'tatsya	דִיסֶרְטַצְיָה (נ)

estudo (obra)	meχkar	מֶחְקָר (ז)
laboratório (m)	ma'abada	מַעֲבָּדָה (נ)

palestra (f)	hartsa'a	הַרְצָאָה (נ)
colega (m) de curso	χaver lelimudim	חָבֵר לְלִימוּדִים (ז)

bolsa (f) de estudos	milga	מִלְגָה (נ)
grau (m) acadêmico	'to'ar aka'demi	תּוֹאַר אָקָדֶמִי (ז)

144. Ciências. Disciplinas

matemática (f)	mate'matika	מָתֶמָטִיקָה (נ)
álgebra (f)	'algebra	אַלְגֶּבְּרָה (נ)
geometria (f)	ge'o'metriya	גִּיאוֹמֶטְרְיָה (נ)

astronomia (f)	astro'nomya	אַסְטְרוֹנוֹמְיָה (נ)
biologia (f)	bio'logya	בִּיוֹלוֹגְיָה (נ)
geografia (f)	ge'o'grafya	גִּיאוֹגְרַפְיָה (נ)
geologia (f)	ge'o'logya	גִּיאוֹלוֹגְיָה (נ)
história (f)	his'torya	הִיסְטוֹרְיָה (נ)

medicina (f)	refu'a	רְפוּאָה (נ)
pedagogia (f)	χinuχ	חִינּוּךְ (ז)
direito (m)	miʃpatim	מִשְׁפָּטִים (ז"ר)

física (f)	'fizika	פִיזִיקָה (נ)
química (f)	'χimya	כִימְיָה (נ)
filosofia (f)	filo'sofya	פִילוֹסוֹפְיָה (נ)
psicologia (f)	psiχo'logya	פְּסִיכוֹלוֹגְיָה (נ)

145. Sistema de escrita. Ortografia

gramática (f)	dikduk	דִּקְדּוּק (ז)
vocabulário (m)	otsar milim	אוֹצַר מִילִים (ז)
fonética (f)	torat ha'hege	תּוֹרַת הַהֶגֶה (נ)

substantivo (m)	ʃem 'etsem	שֵׁם עֶצֶם (ז)
adjetivo (m)	ʃem 'to'ar	שֵׁם תּוֹאַר (ז)
verbo (m)	po'el	פּוֹעַל (ז)
advérbio (m)	'to'ar 'po'al	תּוֹאַר פּוֹעַל (ז)

pronome (m)	ʃem guf	שֵׁם גּוּף (ז)
interjeição (f)	milat kri'a	מִילַת קְרִיאָה (נ)
preposição (f)	milat 'yaχas	מִילַת יַחַס (נ)

raiz (f)	'ʃoreʃ	שׁוֹרֶשׁ (ז)
terminação (f)	si'yomet	סִיוֹמֶת (נ)
prefixo (m)	tχilit	תְּחִילִית (נ)
sílaba (f)	havara	הֲבָרָה (נ)
sufixo (m)	si'yomet	סִיוֹמֶת (נ)

| acento (m) | 'ta'am | טַעַם (ז) |
| apóstrofo (f) | 'gereʃ | גֶּרֶשׁ (ז) |

ponto (m)	nekuda	נְקוּדָה (נ)
vírgula (f)	psik	פְּסִיק (ז)
ponto e vírgula (m)	nekuda ufsik	נְקוּדָה וּפְסִיק (נ)
dois pontos (m pl)	nekudo'tayim	נְקוּדּוֹתַיִים (נ"ר)
reticências (f pl)	ʃaloʃ nekudot	שָׁלוֹשׁ נְקוּדוֹת (נ"ר)

| ponto (m) de interrogação | siman ʃe'ela | סִימָן שְׁאֵלָה (ז) |
| ponto (m) de exclamação | siman kri'a | סִימָן קְרִיאָה (ז) |

aspas (f pl)	merχa'ot	מֶרְכָאוֹת (ז״ר)
entre aspas	bemerχa'ot	בְּמֶרְכָאוֹת
parênteses (m pl)	sog'rayim	סוֹגְרַיִים (ז״ר)
entre parênteses	besog'rayim	בְּסוֹגְרַיִים

hífen (m)	makaf	מַקָף (ז)
travessão (m)	kav mafrid	קו מַפְרִיד (ז)
espaço (m)	'revaχ	רֶוַח (ז)

letra (f)	ot	אוֹת (נ)
letra (f) maiúscula	ot gdola	אוֹת גְדוֹלָה (נ)

vogal (f)	tnu'a	תְנוּעָה (נ)
consoante (f)	itsur	עִיצוּר (ז)

frase (f)	miʃpat	מִשְפָט (ז)
sujeito (m)	nose	נוֹשֵׂא (ז)
predicado (m)	nasu	נָשׂוּא (ז)

linha (f)	ʃura	שוּרָה (נ)
em uma nova linha	beʃura χadaʃa	בְּשוּרָה חֲדָשָה
parágrafo (m)	piska	פְּסְקָה (נ)

palavra (f)	mila	מִילָה (נ)
grupo (m) de palavras	tsiruf milim	צֵירוּף מִילִים (ז)
expressão (f)	bitui	בִּיטוּי (ז)
sinônimo (m)	mila nir'defet	מִילָה נִרְדֶפֶת (נ)
antônimo (m)	'hefeχ	הֶפֶך (ז)

regra (f)	klal	כְּלָל (ז)
exceção (f)	yotse min haklal	יוֹצֵא מִן הַכְּלָל (ז)
correto (adj)	naχon	נָכוֹן

conjugação (f)	hataya	הַטָיָיה (נ)
declinação (f)	hataya	הַטָיָיה (נ)
caso (m)	yaχasa	יַחֲסָה (נ)
pergunta (f)	ʃe'ela	שְאֵלָה (נ)
sublinhar (vt)	lehadgiʃ	לְהַדְגִיש
linha (f) pontilhada	kav nakud	קו נָקוּד (ז)

146. Línguas estrangeiras

língua (f)	safa	שָׂפָה (נ)
estrangeiro (adj)	zar	זָר
língua (f) estrangeira	safa zara	שָׂפָה זָרָה (נ)
estudar (vt)	lilmod	לִלְמוֹד
aprender (vt)	lilmod	לִלְמוֹד

ler (vt)	likro	לִקְרוֹא
falar (vi)	ledaber	לְדַבֵּר
entender (vt)	lehavin	לְהָבִין
escrever (vt)	liχtov	לִכְתוֹב
rapidamente	maher	מַהֵר
devagar, lentamente	le'at	לְאַט

fluentemente	χofʃi	חוֹפְשִׁי
regras (f pl)	klalim	כְּלָלִים (ז"ר)
gramática (f)	dikduk	דִקדוּק (ז)
vocabulário (m)	oʦar milim	אוֹצַר מִילִים (ז)
fonética (f)	torat ha'hege	תוֹרַת הַהֶגֶה (נ)
livro (m) didático	'sefer limud	סֵפֶר לִימוּד (ז)
dicionário (m)	milon	מִילוֹן (ז)
manual (m) autodidático	'sefer lelimud aʦmi	סֵפֶר לְלִימוּד עַצְמִי (ז)
guia (m) de conversação	siχon	שִׂיחוֹן (ז)
fita (f) cassete	ka'letet	קַלֶּטֶת (נ)
videoteipe (m)	ka'letet 'vide'o	קַלֶּטֶת וִידֵיאוֹ (נ)
CD (m)	taklitor	תַקְלִיטוֹר (ז)
DVD (m)	di vi di	דִי. וִי. דִי. (ז)
alfabeto (m)	alefbeit	אָלֶפְבֵּית (ז)
soletrar (vt)	le'ayet	לְאַיֵית
pronúncia (f)	hagiya	הֲגִייָה (נ)
sotaque (m)	mivta	מִבְטָא (ז)
com sotaque	im mivta	עִם מִבְטָא
sem sotaque	bli mivta	בְּלִי מִבְטָא
palavra (f)	mila	מִילָה (נ)
sentido (m)	maʃma'ut	מַשְׁמָעוּת (נ)
curso (m)	kurs	קוּרס (ז)
inscrever-se (vr)	leheraʃem lekurs	לְהֵירָשֵׁם לְקוּרס
professor (m)	more	מוֹרֶה (ז)
tradução (processo)	tirgum	תִרגוּם (ז)
tradução (texto)	tirgum	תִרגוּם (ז)
tradutor (m)	metargem	מְתַרגֵם (ז)
intérprete (m)	meturgeman	מְתוּרגְמָן (ז)
poliglota (m)	poliglot	פּוֹלִיגלוֹט (ז)
memória (f)	zikaron	זִיכָּרוֹן (ז)

147. Personagens de contos de fadas

Papai Noel (m)	'santa 'kla'us	סַנטָה קלָאוּס (ז)
Cinderela (f)	sinde'rela	סִינדֶרֶלָה
sereia (f)	bat yam, betulat hayam	בַּת יָם, בְּתוּלַת הַיָם (נ)
Netuno (m)	neptun	נֶפּטוּן (ז)
bruxo, feiticeiro (m)	kosem	קוֹסֵם (ז)
fada (f)	'feya	פֵּיָה (נ)
mágico (adj)	kasum	קָסוּם
varinha (f) mágica	ʃarvit 'kesem	שַׁרבִיט קֶסֶם (ז)
conto (m) de fadas	agada	אַגָדָה (נ)
milagre (m)	nes	נֵס (ז)
anão (m)	gamad	גַמָד (ז)

transformar-se em …	lahafoχ le…	לַהֲפוֹךְ לְ...
fantasma (m)	'ruaχ refa''im	רוּחַ רְפָאִים (ג)
fantasma (m)	'ruaχ refa''im	רוּחַ רְפָאִים (ג)
monstro (m)	mif'letset	מִפְלֶצֶת (ג)
dragão (m)	drakon	דְּרָקוֹן (ז)
gigante (m)	anak	עֲנָק (ז)

148. Signos do Zodíaco

Áries (f)	tale	טָלֶה (ז)
Touro (m)	ʃor	שׁוֹר (ז)
Gêmeos (m pl)	te'omim	תְּאוֹמִים (ז"ר)
Câncer (m)	sartan	סַרְטָן (ז)
Leão (m)	arye	אַרְיֵה (ז)
Virgem (f)	betula	בְּתוּלָה (ג)

Libra (f)	moz'nayim	מֹאזְנַיִים (ז"ר)
Escorpião (m)	akrav	עַקְרָב (ז)
Sagitário (m)	kaʃat	קַשָּׁת (ז)
Capricórnio (m)	gdi	גְּדִי (ז)
Aquário (m)	dli	דְּלִי (ז)
Peixes (pl)	dagim	דָּגִים (ז"ר)

caráter (m)	'ofi	אוֹפִי (ז)
traços (m pl) do caráter	tχunot 'ofi	תְּכוּנוֹת אוֹפִי (נ"ר)
comportamento (m)	hitnahagut	הִתְנַהֲגוּת (ג)
prever a sorte	lenabe et ha'atid	לְנַבֵּא אֶת הֶעָתִיד
adivinha (f)	ma'gedet atidot	מַגֶּדֶת עֲתִידוֹת (ג)
horóscopo (m)	horoskop	הוֹרוֹסְקוֹפ (ז)

Artes

149. Teatro

teatro (m)	te'atron	תֵּיאַטְרוֹן (ז)
ópera (f)	'opera	אוֹפֶּרָה (נ)
opereta (f)	ope'reta	אוֹפֶּרֶטָה (נ)
balé (m)	balet	בָּלֶט (ז)

cartaz (m)	kraza	כְּרָזָה (נ)
companhia (f) de teatro	lahaka	לַהֲקָה (נ)
turnê (f)	masa hofa'ot	מַסָּע הוֹפָעוֹת (ז)
estar em turnê	latset lemasa hofa'ot	לָצֵאת לְמַסָּע הוֹפָעוֹת
ensaiar (vt)	la'arox xazara	לַעֲרוֹךְ חֲזָרָה
ensaio (m)	xazara	חֲזָרָה (נ)
repertório (m)	repertu'ar	רֶפֶּרְטוּאָר (ז)

apresentação (f)	hofa'a	הוֹפָעָה (נ)
espetáculo (m)	hatsaga	הַצָּגָה (נ)
peça (f)	maxaze	מַחֲזֶה (ז)

entrada (m)	kartis	כַּרְטִיס (ז)
bilheteira (f)	kupa	קוּפָּה (נ)
hall (m)	'lobi	לוֹבִּי (ז)
vestiário (m)	meltaxa	מֶלְתָּחָה (נ)
senha (f) numerada	mispar meltaxa	מִסְפַּר מֶלְתָּחָה (ז)
binóculo (m)	miʃ'kefet	מִשְׁקֶפֶת (נ)
lanterninha (m)	sadran	סַדְרָן (ז)

plateia (f)	parter	פַּרְטֶר (ז)
balcão (m)	mir'peset	מִרְפֶּסֶת (נ)
primeiro balcão (m)	ya'tsi'a	יָצִיעַ (ז)
camarote (m)	ta	תָּא (ז)
fila (f)	ʃura	שׁוּרָה (נ)
assento (m)	moʃav	מוֹשָׁב (ז)

público (m)	'kahal	קָהָל (ז)
espectador (m)	tsofe	צוֹפֶה (ז)
aplaudir (vt)	limxo ka'payim	לִמְחוֹא כַּפַּיִם
aplauso (m)	mexi'ot ka'payim	מְחִיאוֹת כַּפַּיִם (נ"ר)
ovação (f)	tʃu'ot	תְּשׁוּאוֹת (נ"ר)

palco (m)	bama	בָּמָה (נ)
cortina (f)	masax	מָסָךְ (ז)
cenário (m)	taf'ura	תַּפְאוּרָה (נ)
bastidores (m pl)	klayim	קְלָעִים

cena (f)	'stsena	סְצֵינָה (נ)
ato (m)	ma'araxa	מַעֲרָכָה (נ)
intervalo (m)	hafsaka	הַפְסָקָה (נ)

150. Cinema

ator (m)	saχkan	שַׂחְקָן (ז)
atriz (f)	saχkanit	שַׂחְקָנִית (נ)
cinema (m)	kol'no'a	קוֹלְנוֹעַ (ז)
filme (m)	'seret	סֶרֶט (ז)
episódio (m)	epi'zoda	אֶפִּיזוֹדָה (נ)
filme (m) policial	'seret balaʃi	סֶרֶט בַּלָשִׁי (ז)
filme (m) de ação	ma'arvon	מַעֲרָבוֹן (ז)
filme (m) de aventuras	'seret harpatka'ot	סֶרֶט הַרְפַּתְקָאוֹת (ז)
filme (m) de ficção científica	'seret mada bidyoni	סֶרֶט מַדָע בְּדִיוֹנִי (ז)
filme (m) de horror	'seret eima	סֶרֶט אֵימָה (ז)
comédia (f)	ko'medya	קוֹמֶדְיָה (נ)
melodrama (m)	melo'drama	מֶלוֹדְרָמָה (נ)
drama (m)	'drama	דְרָמָה (נ)
filme (m) de ficção	'seret alilati	סֶרֶט עֲלִילָתִי (ז)
documentário (m)	'seret ti'udi	סֶרֶט תִּיעוּדִי (ז)
desenho (m) animado	'seret ani'matsya	סֶרֶט אֲנִימַצְיָה (ז)
cinema (m) mudo	sratim ilmim	סְרָטִים אִילְמִים (ז"ר)
papel (m)	tafkid	תַּפְקִיד (ז)
papel (m) principal	tafkid raʃi	תַּפְקִיד רָאשִׁי (ז)
representar (vt)	lesaχek	לְשַׂחֵק
estrela (f) de cinema	koχav kol'no'a	כּוֹכַב קוֹלְנוֹעַ (ז)
conhecido (adj)	mefursam	מְפוּרְסָם
famoso (adj)	mefursam	מְפוּרְסָם
popular (adj)	popu'lari	פּוֹפּוּלָרִי
roteiro (m)	tasrit	תַּסְרִיט (ז)
roteirista (m)	tasritai	תַּסְרִיטַאי (ז)
diretor (m) de cinema	bamai	בַּמָאי (ז)
produtor (m)	mefik	מֵפִיק (ז)
assistente (m)	ozer	עוֹזֵר (ז)
diretor (m) de fotografia	tsalam	צַלָם (ז)
dublê (m)	pa'alulan	פַּעֲלוּלָן (ז)
dublê (m) de corpo	saχkan maχlif	שַׂחְקָן מַחְלִיף (ז)
filmar (vt)	letsalem 'seret	לְצַלֵם סֶרֶט
audição (f)	mivdak	מִבְדָק (ז)
filmagem (f)	hasrata	הַסְרָטָה (נ)
equipe (f) de filmagem	'tsevet ha'seret	צֶוֶות הַסֶרֶט (ז)
set (m) de filmagem	atar hatsilum	אֲתָר הַצִילוּם (ז)
câmera (f)	matslema	מַצְלֵמָה (נ)
cinema (m)	beit kol'no'a	בֵּית קוֹלְנוֹעַ (ז)
tela (f)	masaχ	מָסָך (ז)
exibir um filme	lehar'ot 'seret	לְהַרְאוֹת סֶרֶט
trilha (f) sonora	paskol	פַּסְקוֹל (ז)
efeitos (m pl) especiais	e'fektim meyuχadim	אֶפֶקְטִים מְיוּחָדִים (ז"ר)

legendas (f pl)	ktuviyot	פְּתוּבִיּוֹת (נ״ר)
crédito (m)	ktuviyot	פְּתוּבִיּוֹת (נ״ר)
tradução (f)	tirgum	תִּרְגּוּם (ז)

151. Pintura

arte (f)	amanut	אָמָנוּת (נ)
belas-artes (f pl)	omanuyot yafot	אוֹמָנוּיוֹת יָפוֹת (נ״ר)
galeria (f) de arte	ga'lerya le'amanut	גָּלֶרְיָה לְאָמָנוּת (נ)
exibição (f) de arte	ta'aruxat amanut	תַּעֲרוּכַת אָמָנוּת (נ)

pintura (f)	tsiyur	צִיּוּר (ז)
arte (f) gráfica	'grafika	גְרָפִיקָה (נ)
arte (f) abstrata	amanut muf'fetet	אָמָנוּת מוּפְשֶׁטֶת (נ)
impressionismo (m)	impresyonizm	אִימְפְּרֶסְיוֹנִיזְם (ז)

pintura (f), quadro (m)	tmuna	תְּמוּנָה (נ)
desenho (m)	tsiyur	צִיּוּר (ז)
cartaz, pôster (m)	'poster	פּוֹסְטֶר (ז)

ilustração (f)	iyur	אִיוּר (ז)
miniatura (f)	minya'tura	מִינְיָאטוּרָה (נ)
cópia (f)	he'etek	הֶעְתֵּק (ז)
reprodução (f)	ʃi'atuk	שִׁיעָתוּק (ז)

mosaico (m)	psefas	פְּסִיפָס (ז)
vitral (m)	vitraʒ	וִיטְרָאז' (ז)
afresco (m)	fresko	פְרֶסְקוֹ (ז)
gravura (f)	taxrit	תַּחְרִיט (ז)

busto (m)	pro'toma	פְּרוֹטוֹמָה (נ)
escultura (f)	'pesel	פֶּסֶל (ז)
estátua (f)	'pesel	פֶּסֶל (ז)
gesso (m)	'geves	גֶּבֶס (ז)
em gesso (adj)	mi'geves	מְגֻבָּס

retrato (m)	dyukan	דְּיוֹקָן (ז)
autorretrato (m)	dyukan atsmi	דְּיוֹקָן עַצְמִי (ז)
paisagem (f)	tsiyur nof	צִיּוּר נוֹף (ז)
natureza (f) morta	'teva domem	טֶבַע דּוֹמֵם (ז)
caricatura (f)	karika'tura	קָרִיקָטוּרָה (נ)
esboço (m)	tarʃim	תַּרְשִׁים (ז)

tinta (f)	'tseva	צֶבַע (ז)
aquarela (f)	'tseva 'mayim	צֶבַע מַיִם (ז)
tinta (f) a óleo	'femen	שֶׁמֶן (ז)
lápis (m)	iparon	עִיפָּרוֹן (ז)
tinta (f) nanquim	tuʃ	טוּשׁ (ז)
carvão (m)	pexam	פֶּחָם (ז)

desenhar (vt)	letsayer	לְצַיֵּר
pintar (vt)	letsayer	לְצַיֵּר
posar (vi)	ledagmen	לְדַגְמֵן
modelo (m)	dugman eirom	דּוּגְמָן עֵירוֹם (ז)

modelo (f)	dugmanit erom	דּוּגְמָנִית עֵירוֹם (נ)
pintor (m)	tsayar	צַיָּר (ז)
obra (f)	yetsirat amanut	יְצִירַת אָמָנוּת (נ)
obra-prima (f)	yetsirat mofet	יְצִירַת מוֹפֵת (נ)
estúdio (m)	'studyo	סְטוּדִיוֹ (ז)

tela (f)	bad piʃtan	בַּד פִּשְׁתָּן (ז)
cavalete (m)	kan tsiyur	כַּן צִיּוּר (ז)
paleta (f)	'plata	פַּלֶטָה (נ)

moldura (f)	mis'geret	מִסְגֶּרֶת (נ)
restauração (f)	ʃixzur	שִׁחְזוּר (ז)
restaurar (vt)	leʃaxzer	לְשַׁחְזֵר

152. Literatura & Poesia

literatura (f)	sifrut	סִפְרוּת (נ)
autor (m)	sofer	סוֹפֵר (ז)
pseudônimo (m)	ʃem badui	שֵׁם בָּדוּי (ז)

livro (m)	'sefer	סֵפֶר (ז)
volume (m)	'kerex	כֶּרֶך (ז)
índice (m)	'toxen inyanim	תּוֹכֶן עִנְיָינִים (ז)
página (f)	amud	עַמּוּד (ז)
protagonista (m)	hagibor haraʃi	הַגִּיבּוֹר הָרָאשִׁי (ז)
autógrafo (m)	xatima	חֲתִימָה (נ)

conto (m)	sipur katsar	סִיפּוּר קָצָר (ז)
novela (f)	sipur	סִיפּוּר (ז)
romance (m)	roman	רוֹמָן (ז)
obra (f)	xibur	חִיבּוּר (ז)
fábula (m)	maʃal	מָשָׁל (ז)
romance (m) policial	roman balaʃi	רוֹמָן בַּלָשִׁי (ז)

verso (m)	ʃir	שִׁיר (ז)
poesia (f)	ʃira	שִׁירָה (נ)
poema (m)	po"ema	פּוֹאֶמָה (נ)
poeta (m)	meʃorer	מְשׁוֹרֵר (ז)

ficção (f)	sifrut yafa	סִפְרוּת יָפָה (נ)
ficção (f) científica	mada bidyoni	מַדָע בְּדִיוֹנִי (ז)
aventuras (f pl)	harpatka'ot	הַרְפַּתְקָאוֹת (נ"ר)
literatura (f) didática	sifrut limudit	סִפְרוּת לִימּוּדִית (נ)
literatura (f) infantil	sifrut yeladim	סִפְרוּת יְלָדִים (נ)

153. Circo

circo (m)	kirkas	קִרְקָס (ז)
circo (m) ambulante	kirkas nayad	קִרְקָס נַיָּד (ז)
programa (m)	toxnit	תּוֹכְנִית (נ)
apresentação (f)	hofa'a	הוֹפָעָה (נ)
número (m)	hofa'a	הוֹפָעָה (נ)

picadeiro (f)	zira	זִירָה (נ)
pantomima (f)	panto'mima	פַּנטוֹמִימָה (נ)
palhaço (m)	leitsan	לֵיצָן (ז)

acrobata (m)	akrobat	אַקרוֹבָּט (ז)
acrobacia (f)	akro'batika	אַקרוֹבָּטִיקָה (נ)
ginasta (m)	mit'amel	מִתעַמֵל (ז)
ginástica (f)	hit'amlut	הִתעַמלוּת (נ)
salto (m) mortal	'salta	סַלטָה (נ)

homem (m) forte	atlet	אַתלֵט (ז)
domador (m)	me'alef	מְאַלֵף (ז)
cavaleiro (m) equilibrista	roχev	רוֹכֵב (ז)
assistente (m)	ozer	עוֹזֵר (ז)

truque (m)	pa'alul	פַּעֲלוּל (ז)
truque (m) de mágica	'kesem	קֶסֶם (ז)
ilusionista (m)	kosem	קוֹסֵם (ז)

malabarista (m)	lahatutan	לַהֲטוּטָן (ז)
fazer malabarismos	lelahtet	לְלַהֲטֵט
adestrador (m)	me'alef hayot	מְאַלֵף חַיוֹת (ז)
adestramento (m)	iluf χayot	אִילוּף חַיוֹת (ז)
adestrar (vt)	le'alef	לְאַלֵף

154. Música. Música popular

música (f)	'muzika	מוּזִיקָה (נ)
músico (m)	muzikai	מוּזִיקַאי (ז)
instrumento (m) musical	kli negina	כּלִי נְגִינָה (ז)
tocar ...	lenagen be...	לְנַגֵן בְּ...

guitarra (f)	gi'tara	גִיטָרָה (נ)
violino (m)	kinor	כִּינוֹר (ז)
violoncelo (m)	'tʃelo	צֶ'לוֹ (ז)
contrabaixo (m)	kontrabas	קוֹנטרַבַּס (ז)
harpa (f)	'nevel	נֶבֶל (ז)

piano (m)	psanter	פְּסַנתֵר (ז)
piano (m) de cauda	psanter kanaf	פְּסַנתֵר כָּנָף (ז)
órgão (m)	ugav	עוּגָב (ז)

instrumentos (m pl) de sopro	klei neʃifa	כּלֵי נְשִיפָה (ז"ר)
oboé (m)	abuv	אַבּוּב (ז)
saxofone (m)	saksofon	סַקסוֹפוֹן (ז)
clarinete (m)	klarinet	קלָרִינֶט (ז)
flauta (f)	χalil	חָלִיל (ז)
trompete (m)	χatsotsra	חֲצוֹצרָה (נ)

| acordeão (m) | akordyon | אָקוֹרדִיוֹן (ז) |
| tambor (m) | tof | תוֹף (ז) |

| dueto (m) | 'du'o | דוּאוֹ (ז) |
| trio (m) | ʃliʃiya | שְלִישִייָה (נ) |

quarteto (m)	revi'iya	רְבִיעִיָה (נ)
coro (m)	makhela	מַקְהֵלָה (נ)
orquestra (f)	tiz'moret	תִזְמוֹרֶת (נ)

música (f) pop	'muzikat pop	מוּזִיקַת פּוֹפ (נ)
música (f) rock	'muzikat rok	מוּזִיקַת רוֹק (נ)
grupo (m) de rock	lehakat rok	לַהֲקַת רוֹק (נ)
jazz (m)	dʒez	גָ'ז (ז)

| ídolo (m) | koχav | כּוֹכָב (ז) |
| fã, admirador (m) | ohed | אוֹהֵד (ז) |

concerto (m)	kontsert	קוֹנְצֶרְט (ז)
sinfonia (f)	si'fonya	סִימְפוֹנְיָה (נ)
composição (f)	yetsira	יְצִירָה (נ)
compor (vt)	leχaber	לְחַבֵּר

canto (m)	ʃira	שִׁירָה (נ)
canção (f)	ʃir	שִׁיר (ז)
melodia (f)	mangina	מַנְגִינָה (נ)
ritmo (m)	'ketsev	קֶצֶב (ז)
blues (m)	bluz	בְּלוּז (ז)

notas (f pl)	tavim	תָוִים (ז"ר)
batuta (f)	ʃarvit ni'tsuaχ	שַׁרְבִיט נִיצוּחַ (ז)
arco (m)	'keʃet	קֶשֶׁת (נ)
corda (f)	meitar	מֵיתָר (ז)
estojo (m)	nartik	נַרְתִיק (ז)

Descanso. Entretenimento. Viagens

155. Viagens

turismo (m)	tayarut	תַּיָּירוּת (נ)
turista (m)	tayar	תַּיָּיר (ז)
viagem (f)	tiyul	טִיּוּל (ז)
aventura (f)	harpatka	הַרְפַּתְקָה (נ)
percurso (curta viagem)	nesi'a	נְסִיעָה (נ)
férias (f pl)	χuffa	חוּפְשָׁה (נ)
estar de férias	lihyot beχuffa	לִהְיוֹת בְּחוּפְשָׁה
descanso (m)	menuχa	מְנוּחָה (נ)
trem (m)	ra'kevet	רַכֶּבֶת (נ)
de trem (chegar ~)	bera'kevet	בְּרַכֶּבֶת
avião (m)	matos	מָטוֹס (ז)
de avião	bematos	בְּמָטוֹס
de carro	bemeχonit	בִּמְכוֹנִית
de navio	be'oniya	בָּאוֹנִיָּיה
bagagem (f)	mit'an	מִטְעָן (ז)
mala (f)	mizvada	מִזְוָודָה (נ)
carrinho (m)	eglat mit'an	עֶגְלַת מִטְעָן (נ)
passaporte (m)	darkon	דַּרְכּוֹן (ז)
visto (m)	'viza, aʃra	וִיזָה, אַשְׁרָה (נ)
passagem (f)	kartis	כַּרְטִיס (ז)
passagem (f) aérea	kartis tisa	כַּרְטִיס טִיסָה (ז)
guia (m) de viagem	madriχ	מַדְרִיךְ (ז)
mapa (m)	mapa	מַפָּה (נ)
área (f)	ezor	אֵזוֹר (ז)
lugar (m)	makom	מָקוֹם (ז)
exotismo (m)	ek'zotika	אֶקְזוֹטִיקָה (נ)
exótico (adj)	ek'zoti	אֶקְזוֹטִי
surpreendente (adj)	nifla	נִפְלָא
grupo (m)	kvutsa	קְבוּצָה (נ)
excursão (f)	tiyul	טִיּוּל (ז)
guia (m)	madriχ tiyulim	מַדְרִיךְ טִיּוּלִים (ז)

156. Hotel

hospedaria (f)	malon	מָלוֹן (ז)
motel (m)	motel	מוֹטֶל (ז)
três estrelas	ʃloʃa koχavim	שְׁלוֹשָׁה כּוֹכָבִים

| cinco estrelas | χamiʃa koχavim | חֲמִישָׁה כּוֹכָבִים |
| ficar (vi, vt) | lehit'aχsen | לְהִתְאַכְסֵן |

quarto (m)	'χeder	חֶדֶר (ז)
quarto (m) individual	'χeder yaχid	חֶדֶר יָחִיד (ז)
quarto (m) duplo	'χeder zugi	חֶדֶר זוּגִי (ז)
reservar um quarto	lehazmin 'χeder	לְהַזְמִין חֶדֶר

| meia pensão (f) | χatsi pensiyon | חֲצִי פֶּנְסִיוֹן (ז) |
| pensão (f) completa | pensyon male | פֶּנְסִיוֹן מָלֵא (ז) |

com banheira	im am'batya	עִם אַמְבַּטְיָה
com chuveiro	im mik'laχat	עִם מִקְלַחַת
televisão (m) por satélite	tele'vizya bekvalim	טֶלֶוִויזְיָה בְּכְבָלִים (נ)
ar (m) condicionado	mazgan	מַזְגָּן (ז)
toalha (f)	ma'gevet	מַגֶּבֶת (נ)
chave (f)	maf'teaχ	מַפְתֵּחַ (ז)

administrador (m)	amarkal	אֲמַרְכָּל (ז)
camareira (f)	χadranit	חַדְרָנִית (נ)
bagageiro (m)	sabal	סַבָּל (ז)
porteiro (m)	pakid kabala	פְּקִיד קַבָּלָה (ז)

restaurante (m)	mis'ada	מִסְעָדָה (נ)
bar (m)	bar	בַּר (ז)
café (m) da manhã	aruχat 'boker	אֲרוּחַת בּוֹקֶר (נ)
jantar (m)	aruχat 'erev	אֲרוּחַת עֶרֶב (נ)
bufê (m)	miznon	מִזְנוֹן (ז)

| saguão (m) | 'lobi | לוֹבִּי (ז) |
| elevador (m) | ma'alit | מַעֲלִית (נ) |

| NÃO PERTURBE | lo lehaf'ri'a | לֹא לְהַפְרִיעַ |
| PROIBIDO FUMAR! | asur le'aʃen! | אָסוּר לְעַשֵׁן! |

157. Livros. Leitura

livro (m)	'sefer	סֵפֶר (ז)
autor (m)	sofer	סוֹפֵר (ז)
escritor (m)	sofer	סוֹפֵר (ז)
escrever (~ um livro)	liχtov	לִכְתּוֹב

leitor (m)	kore	קוֹרֵא (ז)
ler (vt)	likro	לִקְרוֹא
leitura (f)	kri'a	קְרִיאָה (נ)

| para si | belev, be'ʃeket | בְּלֵב, בְּשֶׁקֶט |
| em voz alta | bekol ram | בְּקוֹל רָם |

publicar (vt)	lehotsi la'or	לְהוֹצִיא לָאוֹר
publicação (f)	hotsa'a la'or	הוֹצָאָה לָאוֹר (נ)
editor (m)	motsi le'or	מוֹצִיא לָאוֹר (ז)
editora (f)	hotsa'a la'or	הוֹצָאָה לָאוֹר (נ)
sair (vi)	latset le'or	לָצֵאת לָאוֹר

| lançamento (m) | hafatsa | הַפָּצָה (נ) |
| tiragem (f) | tfutsa | תפוצה (נ) |

| livraria (f) | χanut sfarim | חֲנוּת סְפָרִים (נ) |
| biblioteca (f) | sifriya | סְפְרִיָּה (נ) |

novela (f)	sipur	סִיפּוּר (ז)
conto (m)	sipur katsar	סִיפּוּר קָצָר (ז)
romance (m)	roman	רוֹמָן (ז)
romance (m) policial	roman balaʃi	רוֹמָן בַּלָשִׁי (ז)

memórias (f pl)	ziχronot	זִיכְרוֹנוֹת (ז״ר)
lenda (f)	agada	אַגָּדָה (נ)
mito (m)	'mitos	מִיתוֹס (ז)

poesia (f)	ʃirim	שִׁירִים (ז״ר)
autobiografia (f)	otobio'grafya	אוֹטוֹבִּיוֹגְרַפְיָה (נ)
obras (f pl) escolhidas	mivχar ktavim	מִבְחָר כְּתָבִים (ז)
ficção (f) científica	mada bidyoni	מַדָּע בִּדְיוֹנִי (ז)

título (m)	kotar	כּוֹתָר (ז)
introdução (f)	mavo	מָבוֹא (ז)
folha (f) de rosto	amud ha'ʃa‘ar	עַמּוּד הַשַּׁעַר (ז)

capítulo (m)	'perek	פֶּרֶק (ז)
excerto (m)	'keta	קֶטַע (ז)
episódio (m)	epi'zoda	אֶפִּיזוֹדָה (נ)

enredo (m)	alila	עֲלִילָה (נ)
conteúdo (m)	'toχen	תּוֹכֶן (ז)
índice (m)	'toχen inyanim	תּוֹכֶן עִנְיָנִים (ז)
protagonista (m)	hagibor haraʃi	הַגִּבּוֹר הָרָאשִׁי (ז)

volume (m)	'kereχ	כֶּרֶךְ (ז)
capa (f)	kriχa	כְּרִיכָה (נ)
encadernação (f)	kriχa	כְּרִיכָה (נ)
marcador (m) de página	simaniya	סִימָנִיָּה (נ)

página (f)	amud	עַמּוּד (ז)
folhear (vt)	ledafdef	לְדַפְדֵּף
margem (f)	ʃu'layim	שׁוּלַיִים (ז״ר)
anotação (f)	he‘ara	הֶעָרָה (נ)
nota (f) de rodapé	he‘arat ʃu'layim	הֶעָרַת שׁוּלַיִים (נ)

texto (m)	tekst	טֶקְסְט (ז)
fonte (f)	gufan	גּוּפָן (ז)
falha (f) de impressão	ta‘ut dfus	טָעוּת דְפוּס (נ)

tradução (f)	tirgum	תַּרְגוּם (ז)
traduzir (vt)	letargem	לְתַרְגֵּם
original (m)	makor	מָקוֹר (ז)

famoso (adj)	mefursam	מְפוּרְסָם
desconhecido (adj)	lo ya'du‘a	לֹא יָדוּעַ
interessante (adj)	me‘anyen	מְעַנְיֵין
best-seller (m)	rav 'meχer	רַב־מֶכֶר (ז)

dicionário (m)	milon	מִילוֹן (ז)
livro (m) didático	'sefer limud	סֵפֶר לִימוּד (ז)
enciclopédia (f)	entsiklo'pedya	אֶנצִיקלוֹפֶּדיָה (נ)

158. Caça. Pesca

caça (f)	'tsayid	צַיִד (ז)
caçar (vi)	latsud	לָצוּד
caçador (m)	tsayad	צַיָיד (ז)
disparar, atirar (vi)	lirot	לִירוֹת
rifle (m)	rove	רוֹבֶה (ז)
cartucho (m)	kadur	כַּדוּר (ז)
chumbo (m) de caça	kaduriyot	כַּדוּרִיוֹת (ז"ר)
armadilha (f)	mal'kodet	מַלכּוֹדֶת (נ)
armadilha (com corda)	mal'kodet	מַלכּוֹדֶת (נ)
cair na armadilha	lehilaxed bemal'kodet	לְהִילָכֵד בְּמַלכּוֹדֶת
pôr a armadilha	leha'niax mal'kodet	לְהָנִיחַ מַלכּוֹדֶת
caçador (m) furtivo	tsayad lelo reʃut	צַיָיד לְלֹא רְשׁוּת (ז)
caça (animais)	xayot bar	חַיוֹת בַּר (נ"ר)
cão (m) de caça	'kelev 'tsayid	כֶּלֶב צַיִד (ז)
safári (m)	sa'fari	סָפָארִי (ז)
animal (m) empalhado	puxlats	פּוּחלָץ (ז)
pescador (m)	dayag	דַייָג (ז)
pesca (f)	'dayig	דַיִג (ז)
pescar (vt)	ladug	לָדוּג
vara (f) de pesca	xaka	חַכָּה (נ)
linha (f) de pesca	xut haxaka	חוּט הַחַכָּה (ז)
anzol (m)	'keres	קֶרֶס (ז)
boia (f), flutuador (m)	matsof	מָצוֹף (ז)
isca (f)	pitayon	פִּיתָיוֹן (ז)
lançar a linha	lizrok et haxaka	לִזרוֹק אֶת הַחַכָּה
morder (peixe)	liv'lo‘a pitayon	לִבלוֹעַ פִּיתָיוֹן
pesca (f)	ʃlal 'dayig	שְׁלָל דַיִג (ז)
buraco (m) no gelo	mivka 'kerax	מִבקַע קֶרַח (ז)
rede (f)	'reʃet dayagim	רֶשֶׁת דַייָגִים (נ)
barco (m)	sira	סִירָה (נ)
pescar com rede	ladug be'reʃet	לָדוּג בְּרֶשֶׁת
lançar a rede	lizrok 'reʃet	לִזרוֹק רֶשֶׁת
puxar a rede	ligror 'reʃet	לִגרוֹר רֶשֶׁת
cair na rede	lehilaxed be'reʃet	לְהִילָכֵד בְּרֶשֶׁת
baleeiro (m)	tsayad livyatanim	צַייָד לְווייָתָנִים (ז)
baleeira (f)	sfinat tseid livyetanim	סְפִינַת צֵיד לְווייָתָנִית (נ)
arpão (m)	tsiltsal	צִלצָל (ז)

159. Jogos. Bilhar

bilhar (m)	bilyard	בִּילְיַארְד (ז)
sala (f) de bilhar	'χeder bilyard	חֶדֶר בִּילְיַארְד (ז)
bola (f) de bilhar	kadur bilyard	כַּדּוּר בִּילְיַארְד (ז)
embolsar uma bola	lehaχnis kadur lekis	לְהַכְנִיס כַּדּוּר לְכִּיס
taco (m)	makel bilyard	מַקֵּל בִּילְיַארְד (ז)
caçapa (f)	kis	כִּיס (ז)

160. Jogos. Jogar cartas

ouros (m pl)	yahalom	יַהֲלוֹם (ז)
espadas (f pl)	ale	עָלֶה (ז)
copas (f pl)	lev	לֵב (ז)
paus (m pl)	tiltan	תִּלְתָּן (ז)
ás (m)	as	אָס (ז)
rei (m)	'meleχ	מֶלֶךְ (ז)
dama (f), rainha (f)	malka	מַלְכָּה (נ)
valete (m)	nasiχ	נָסִיךְ (ז)
carta (f) de jogar	klaf	קְלָף (ז)
cartas (f pl)	klafim	קְלָפִים (ז״ר)
trunfo (m)	klaf nitsaχon	קְלָף נִיצָחוֹן (ז)
baralho (m)	χafisat klafim	חֲפִיסַת קְלָפִים (נ)
ponto (m)	nekuda	נְקוּדָה (נ)
dar, distribuir (vt)	leχalek klafim	לְחַלֵּק קְלָפִים
embaralhar (vt)	litrof	לִטְרוֹף
vez, jogada (f)	tor	תּוֹר (ז)
trapaceiro (m)	noχel klafim	נוֹכֵל קְלָפִים (ז)

161. Casino. Roleta

cassino (m)	ka'zino	קָזִינוֹ (ז)
roleta (f)	ru'leta	רוּלֶטָה (נ)
aposta (f)	menat misχak	מְנַת מִשְׂחָק (נ)
apostar (vt)	leha'niaχ menat misχak	לְהָנִיחַ מְנַת מִשְׂחָק
vermelho (m)	adom	אָדוֹם
preto (m)	ʃaχor	שָׁחוֹר
apostar no vermelho	lehamer al adom	לְהַמֵּר עַל אָדוֹם
apostar no preto	lehamer al ʃaχor	לְהַמֵּר עַל שָׁחוֹר
croupier (m, f)	'diler	דִּילֶר (ז)
girar da roleta	lesovev et hagalgal	לְסוֹבֵב אֶת הַגַּלְגַּל
regras (f pl) do jogo	klalei hamisχak	כְּלָלֵי הַמִּשְׂחָק (ז״ר)
ficha (f)	asimon	אָסִימוֹן (ז)
ganhar (vi, vt)	lizkot	לִזְכּוֹת
ganho (m)	zχiya	זְכִיָּה (נ)

| perder (dinheiro) | lehafsid | לְהַפְסִיד |
| perda (f) | hefsed | הֶפְסֵד (ז) |

jogador (m)	saχkan	שֶׂחֲקָן (ז)
blackjack, vinte-e-um (m)	esrim ve'eχad	עֶשְׂרִים וְאֶחָד (ז)
jogo (m) de dados	misχak kubiyot	מִשְׂחַק קוּבִּיוֹת (ז)
dados (m pl)	kubiyot	קוּבִּיּוֹת (נ"ר)
caça-níqueis (m)	meχonat misχak	מְכוֹנַת מִשְׂחָק (נ)

162. Descanso. Jogos. Diversos

passear (vi)	letayel ba'regel	לְטַיֵּל בָּרֶגֶל
passeio (m)	tiyul ragli	טִיּוּל רַגְלִי (ז)
viagem (f) de carro	nesi'a bameχonit	נְסִיעָה בָּמְכוֹנִית (נ)
aventura (f)	harpatka	הַרְפַּתְקָה (נ)
piquenique (m)	'piknik	פִּיקְנִיק (ז)

jogo (m)	misχak	מִשְׂחָק (ז)
jogador (m)	saχkan	שֶׂחֲקָן (ז)
partida (f)	misχak	מִשְׂחָק (ז)

colecionador (m)	asfan	אַסְפָן (ז)
colecionar (vt)	le'esof	לֶאֱסוֹף
coleção (f)	'osef	אוֹסֶף (ז)

palavras (f pl) cruzadas	taʃbets	תַּשְׁבֵּץ (ז)
hipódromo (m)	hipodrom	הִיפּוֹדְרוֹם (ז)
discoteca (f)	diskotek	דִיסְקוֹטֶק (ז)

| sauna (f) | 'sa'una | סָאוּנָה (נ) |
| loteria (f) | 'loto | לוֹטוֹ (ז) |

campismo (m)	tiyul maχana'ut	טִיּוּל מַחֲנָאוּת (ז)
acampamento (m)	maχane	מַחֲנֶה (ז)
barraca (f)	'ohel	אוֹהֶל (ז)
bússola (f)	matspen	מַצְפֵּן (ז)
campista (m)	maχnai	מַחֲנָאִי (ז)

ver (vt), assistir à …	lir'ot	לִרְאוֹת
telespectador (m)	tsofe	צוֹפֶה (ז)
programa (m) de TV	toχnit tele'vizya	תּוֹכְנִית טֶלֶוִיזְיָה (נ)

163. Fotografia

| máquina (f) fotográfica | matslema | מַצְלֵמָה (נ) |
| foto, fotografia (f) | tmuna | תְּמוּנָה (נ) |

fotógrafo (m)	tsalam	צַלָּם (ז)
estúdio (m) fotográfico	'studyo letsilum	סְטוּדִיוֹ לְצִילוּם (ז)
álbum (m) de fotografias	albom tmunot	אַלְבּוֹם תְּמוּנוֹת (ז)
lente (f) fotográfica	adaʃa	עֲדָשָׁה (נ)
lente (f) teleobjetiva	a'deʃet teleskop	עֲדֶשֶׁת טֶלֶסְקוֹפ (נ)

| filtro (m) | masnen | מַסְנֵן (ז) |
| lente (f) | adaʃa | עֲדָשָׁה (נ) |

ótica (f)	'optika	אוֹפְּטִיקָה (נ)
abertura (f)	tsamtsam	צַמְצָם (ז)
exposição (f)	zman hahe'ara	זְמַן הַהָאָרָה (ז)
visor (m)	einit	עֵינִית (נ)

câmera (f) digital	matslema digi'talit	מַצְלֵמָה דִּיגִיטָלִית (נ)
tripé (m)	χatsuva	חֲצוּבָה (נ)
flash (m)	mavzek	מַבְזֵק (ז)

fotografar (vt)	letsalem	לְצַלֵּם
tirar fotos	letsalem	לְצַלֵּם
fotografar-se (vr)	lehitstalem	לְהִצְטַלֵּם

foco (m)	moked	מוֹקֵד (ז)
focar (vt)	lemaked	לְמַקֵּד
nítido (adj)	χad, memukad	חַד, מְמוּקָד
nitidez (f)	χadut	חַדּוּת (נ)

| contraste (m) | nigud | נִיגוּד (ז) |
| contrastante (adj) | menugad | מְנוּגָּד |

retrato (m)	tmuna	תְּמוּנָה (נ)
negativo (m)	taʃlil	תַּשְׁלִיל (ז)
filme (m)	'seret	סֶרֶט (ז)
fotograma (m)	freim	פְרֵיים (ז)
imprimir (vt)	lehadpis	לְהַדְפִּיס

164. Praia. Natação

praia (f)	χof yam	חוֹף יָם (ז)
areia (f)	χol	חוֹל (ז)
deserto (adj)	ʃomem	שׁוֹמֵם

bronzeado (m)	ʃizuf	שִׁיזּוּף (ז)
bronzear-se (vr)	lehiʃtazef	לְהִשְׁתַּזֵּף
bronzeado (adj)	ʃazuf	שָׁזוּף
protetor (m) solar	krem hagana	קְרֶם הֲגָנָה (ז)

biquíni (m)	bi'kini	בִּיקִינִי (ז)
maiô (m)	'beged yam	בֶּגֶד יָם (ז)
calção (m) de banho	'beged yam	בֶּגֶד יָם (ז)

piscina (f)	breχa	בְּרֵיכָה (נ)
nadar (vi)	lisχot	לִשְׂחוֹת
chuveiro (m), ducha (f)	mik'laχat	מִקְלַחַת (נ)
mudar, trocar (vt)	lehaχlif bgadim	לְהַחֲלִיף בְּגָדִים
toalha (f)	ma'gevet	מַגֶּבֶת (נ)

barco (m)	sira	סִירָה (נ)
lancha (f)	sirat ma'no'a	סִירַת מָנוֹעַ (נ)
esqui (m) aquático	ski 'mayim	סְקִי מַיִם (ז)

barco (m) de pedais	sirat pe'dalim	סִירַת פְּדָלִים (נ)
surf, surfe (m)	gliʃat galim	גְּלִישַׁת גַּלִים
surfista (m)	goleʃ	גּוֹלֵשׁ (ז)
equipamento (m) de mergulho	'skuba	סְקוּבָּה (נ)
pé (m pl) de pato	snapirim	סְנַפִּירִים (ז"ר)
máscara (f)	maseχa	מַסֵכָה (נ)
mergulhador (m)	tsolelan	צוֹלְלָן (ז)
mergulhar (vi)	litslol	לִצְלוֹל
debaixo d'água	mi'taχat lifnei ha'mayim	מִתַּחַת לִפְנֵי הַמַּיִם
guarda-sol (m)	ʃimʃiya	שִׁמְשִׁיָה (נ)
espreguiçadeira (f)	kise 'noaχ	כִּיסֵא נוֹחַ (ז)
óculos (m pl) de sol	miʃkefei 'ʃemeʃ	מִשְׁקְפֵי שֶׁמֶשׁ (ז"ר)
colchão (m) de ar	mizron mitna'peaχ	מִזְרוֹן מִתְנַפֵּחַ (ז)
brincar (vi)	lesaχek	לְשַׂחֵק
ir nadar	lehitraχets	לְהִתְרַחֵץ
bola (f) de praia	kadur yam	כַּדּוּר יָם (ז)
encher (vt)	lena'peaχ	לְנַפֵּחַ
inflável (adj)	menupaχ	מְנוּפָּח
onda (f)	gal	גַּל (ז)
boia (f)	matsof	מָצוֹף (ז)
afogar-se (vr)	lit'bo'a	לִטְבּוֹעַ
salvar (vt)	lehatsil	לְהַצִּיל
colete (m) salva-vidas	χagorat hatsala	חֲגוֹרַת הַצָּלָה (נ)
observar (vt)	litspot, lehaʃkif	לִצְפּוֹת, לְהַשְׁקִיף
salva-vidas (pessoa)	matsil	מַצִּיל (ז)

EQUIPAMENTO TÉCNICO. TRANSPORTES

Equipamento técnico. Transportes

165. Computador

computador (m)	maxʃev	מַחְשֵׁב (ז)
computador (m) portátil	maxʃev nayad	מַחְשֵׁב נַיָּד (ז)
ligar (vt)	lehadlik	לְהַדְלִיק
desligar (vt)	leχabot	לְכַבּוֹת
teclado (m)	mik'ledet	מִקְלֶדֶת (נ)
tecla (f)	makaʃ	מַקָּשׁ (ז)
mouse (m)	aχbar	עַכְבָּר (ז)
tapete (m) para mouse	ʃa'tiaχ le'aχbar	שָׁטִיחַ לְעַכְבָּר (ז)
botão (m)	kaftor	כַּפְתּוֹר (ז)
cursor (m)	saman	סַמָּן (ז)
monitor (m)	masaχ	מָסָךְ (ז)
tela (f)	tsag	צַג (ז)
disco (m) rígido	disk ka'ʃiaχ	דִּיסְק קָשִׁיחַ (ז)
capacidade (f) do disco rígido	'nefaχ disk ka'ʃiaχ	נֶפַח דִּיסְק קָשִׁיחַ (ז)
memória (f)	zikaron	זִיכָּרוֹן (ז)
memória RAM (f)	zikaron giʃa akra'it	זִיכָּרוֹן גִּישָׁה אַקְרָאִית (ז)
arquivo (m)	'kovets	קוֹבֶץ (ז)
pasta (f)	tikiya	תִּיקִיָּה (נ)
abrir (vt)	lif'toaχ	לִפְתּוֹחַ
fechar (vt)	lisgor	לִסְגּוֹר
salvar (vt)	liʃmor	לִשְׁמוֹר
deletar (vt)	limχok	לִמְחוֹק
copiar (vt)	leha'atik	לְהַעֲתִיק
ordenar (vt)	lemayen	לְמַיֵּן
copiar (vt)	leha'avir	לְהַעֲבִיר
programa (m)	toχna	תּוֹכְנָה (נ)
software (m)	toχna	תּוֹכְנָה (נ)
programador (m)	metaχnet	מְתַכְנֵת (ז)
programar (vt)	letaχnet	לְתַכְנֵת
hacker (m)	'haker	הָאקֶר (ז)
senha (f)	sisma	סִיסְמָה (נ)
vírus (m)	'virus	וִירוּס (ז)
detectar (vt)	limtso, le'ater	לִמְצוֹא, לְאַתֵּר
byte (m)	bait	בָּיְט (ז)

megabyte (m)	megabait	מֶגָבַּייט (ז)
dados (m pl)	netunim	נְתוּנִים (ז"ר)
base (f) de dados	bsis netunim	בְּסִיס נְתוּנִים (ז)
cabo (m)	'kevel	כֶּבֶל (ז)
desconectar (vt)	lenatek	לְנַתֵּק
conectar (vt)	leχaber	לְחַבֵּר

166. Internet. E-mail

internet (f)	'internet	אִינְטֶרְנֶט (ז)
browser (m)	dafdefan	דַפְדְּפָן (ז)
motor (m) de busca	ma'no'a χipus	מָנוֹעַ חִיפּוּשׂ (ז)
provedor (m)	sapak	סַפָּק (ז)
webmaster (m)	menahel ha'atar	מְנַהֵל הָאֲתָר (ז)
website (m)	atar	אֲתָר (ז)
web page (f)	daf 'internet	דַף אִינְטֶרְנֶט (ז)
endereço (m)	'ktovet	כְּתוֹבֶת (נ)
livro (m) de endereços	'sefer ktovot	סֵפֶר כְּתוֹבוֹת (ז)
caixa (f) de correio	teivat 'do'ar	תֵּיבַת דוֹאַר (נ)
correio (m)	'do'ar, 'do'al	דוֹאַר (ז), דוֹא"ל (ז)
cheia (caixa de correio)	gaduʃ	גָדוּש
mensagem (f)	hoda'a	הוֹדָעָה (נ)
mensagens (f pl) recebidas	hoda'ot niχnasot	הוֹדָעוֹת נִכְנָסוֹת (נ"ר)
mensagens (f pl) enviadas	hoda'ot yots'ot	הוֹדָעוֹת יוֹצְאוֹת (נ"ר)
remetente (m)	ʃo'leaχ	שׁוֹלֵחַ (ז)
enviar (vt)	liʃ'loaχ	לִשְׁלוֹחַ
envio (m)	ʃliχa	שְׁלִיחָה (ז)
destinatário (m)	nim'an	נִמְעָן (ז)
receber (vt)	lekabel	לְקַבֵּל
correspondência (f)	hitkatvut	הִתְכַּתְּבוּת (נ)
corresponder-se (vr)	lehitkatev	לְהִתְכַּתֵּב
arquivo (m)	'koveʦ	קוֹבֶץ (ז)
fazer download, baixar (vt)	lehorid	לְהוֹרִיד
criar (vt)	liʦor	לִיצוֹר
deletar (vt)	limχok	לִמְחוֹק
deletado (adj)	maχuk	מָחוּק
conexão (f)	χibur	חִיבּוּר (ז)
velocidade (f)	mehirut	מְהִירוּת (נ)
modem (m)	'modem	מוֹדֶם (ז)
acesso (m)	giʃa	גִישָׁה (נ)
porta (f)	port	פּוֹרְט (ז)
conexão (f)	χibur	חִיבּוּר (ז)
conectar (vi)	lehitχaber	לְהִתְחַבֵּר
escolher (vt)	livχor	לִבְחוֹר
buscar (vt)	leχapes	לְחַפֵּשׂ

167. Eletricidade

eletricidade (f)	ʃaʃmal	חַשְׁמַל (ז)
elétrico (adj)	ʃaʃmali	חַשְׁמַלִי
planta (f) elétrica	taʃanat 'koaʃ	תַּחֲנַת כּוֹחַ (נ)
energia (f)	e'nergya	אֶנֶרְגְיָה (נ)
energia (f) elétrica	e'nergya ʃaʃmalit	אֶנֶרְגְיָה חַשְׁמַלִית (נ)
lâmpada (f)	nura	נוּרָה (נ)
lanterna (f)	panas	פָּנָס (ז)
poste (m) de iluminação	panas reʃov	פָּנָס רְחוֹב (ז)
luz (f)	or	אוֹר (ז)
ligar (vt)	lehadlik	לְהַדְלִיק
desligar (vt)	leʃabot	לְכַבּוֹת
apagar a luz	leʃabot	לְכַבּוֹת
queimar (vi)	lehisaref	לְהִישָׂרֵף
curto-circuito (m)	'ketser	קָצֶר (ז)
ruptura (f)	ʃut ka'ru'a	חוּט קָרוּעַ (ז)
contato (m)	maga	מַגָּע (ז)
interruptor (m)	'meteg	מֶתֶג (ז)
tomada (de parede)	'ʃeka	שֶׁקַע (ז)
plugue (m)	'teka	תֶּקַע (ז)
extensão (f)	'kabel ma'ariʃ	כֶּבֶל מַאֲרִיךְ (ז)
fusível (m)	natiʃ	נָתִיךְ (ז)
fio, cabo (m)	ʃut	חוּט (ז)
instalação (f) elétrica	ʃivut	חִיווּט (ז)
ampère (m)	amper	אַמְפֶּר (ז)
amperagem (f)	'zerem ʃaʃmali	זֶרֶם חַשְׁמַלִי (ז)
volt (m)	volt	וֹלְט (ז)
voltagem (f)	'metaʃ	מֶתַח (ז)
aparelho (m) elétrico	maʃʃir ʃaʃmali	מַכְשִׁיר חַשְׁמַלִי (ז)
indicador (m)	maʃvan	מַחְווָן (ז)
eletricista (m)	ʃaʃmalai	חַשְׁמַלַאי (ז)
soldar (vt)	lehalʃim	לְהַלְחִים
soldador (m)	malʃem	מַלְחֵם (ז)
corrente (f) elétrica	'zerem	זֶרֶם (ז)

168. Ferramentas

ferramenta (f)	kli	כְּלִי (ז)
ferramentas (f pl)	klei avoda	כְּלֵי עֲבוֹדָה (ז"ר)
equipamento (m)	tsiyud	צִיּוּד (ז)
martelo (m)	patiʃ	פַּטִּישׁ (ז)
chave (f) de fenda	mavreg	מַבְרֵג (ז)
machado (m)	garzen	גַּרְזֶן (ז)

serra (f)	masor	מַסוֹר (ז)
serrar (vt)	lenaser	לְנַסֵּר
plaina (f)	maktso'a	מַקְצוּעָה (נ)
aplainar (vt)	lehak'tsi'a	לְהַקְצִיעַ
soldador (m)	malχem	מַלְחֵם (ז)
soldar (vt)	lehalχim	לְהַלְחִים

lima (f)	ptsira	פְּצִירָה (נ)
tenaz (f)	tsvatot	צְבָתוֹת (נ"ר)
alicate (m)	mel'kaχat	מֶלְקַחַת (נ)
formão (m)	izmel	אִזְמֵל (ז)

broca (f)	mak'deaχ	מַקְדֵּחַ (ז)
furadeira (f) elétrica	makdeχa	מַקְדֵּחָה (נ)
furar (vt)	lik'doaχ	לִקְדּוֹחַ

faca (f)	sakin	סַכִּין (ז, נ)
canivete (m)	olar	אוֹלָר (ז)
lâmina (f)	'lahav	לַהַב (ז)

afiado (adj)	χad	חַד
cego (adj)	kehe	קֵהֶה
embotar-se (vr)	lehitkahot	לְהִתְקָהוֹת
afiar, amolar (vt)	lehaʃχiz	לְהַשְׁחִיז

parafuso (m)	'boreg	בּוֹרֶג (ז)
porca (f)	om	אוֹם (ז)
rosca (f)	tavrig	תַּבְרִיג (ז)
parafuso (para madeira)	'boreg	בּוֹרֶג (ז)

| prego (m) | masmer | מַסְמֵר (ז) |
| cabeça (f) do prego | roʃ hamasmer | רֹאשׁ הַמַּסְמֵר (ז) |

régua (f)	sargel	סַרְגֵּל (ז)
fita (f) métrica	'seret meida	סֶרֶט מִידָה (ז)
nível (m)	'peles	פֶּלֶס (ז)
lupa (f)	zχuχit mag'delet	זְכוּכִית מַגְדֶּלֶת (נ)

medidor (m)	maxʃir medida	מַכְשִׁיר מְדִידָה (ז)
medir (vt)	limdod	לִמְדּוֹד
escala (f)	'skala	סְקָאלָה (נ)
indicação (f), registro (m)	medida	מְדִידָה (נ)

| compressor (m) | madχes | מַדְחֵס (ז) |
| microscópio (m) | mikroskop | מִיקְרוֹסְקוֹפ (ז) |

bomba (f)	maʃeva	מַשְׁאֵבָה (נ)
robô (m)	robot	רוֹבּוֹט (ז)
laser (m)	'leizer	לֵייזֶר (ז)

chave (f) de boca	maf'teaχ bragim	מַפְתֵּחַ בְּרָגִים (ז)
fita (f) adesiva	neyar 'devek	נְיָיר דֶּבֶק (ז)
cola (f)	'devek	דֶּבֶק (ז)

| lixa (f) | neyar zχuχit | נְיָיר זְכוּכִית (ז) |
| mola (f) | kfits | קְפִיץ (ז) |

ímã (m)	magnet	מַגְנֵט (ז)
luva (f)	kfafot	כְּפָפוֹת (נ"ר)

corda (f)	'xevel	חֶבֶל (ז)
cabo (~ de nylon, etc.)	srox	שְׂרוֹך (ז)
fio (m)	xut	חוּט (ז)
cabo (~ elétrico)	'kevel	כֶּבֶל (ז)

marreta (f)	kurnas	קוּרנָס (ז)
pé de cabra (m)	lom	לוֹם (ז)
escada (f) de mão	sulam	סוּלָם (ז)
escada (m)	sulam	סוּלָם (ז)

enroscar (vt)	lehavrig	לְהַברִיג
desenroscar (vt)	lif'toax, lehavrig	לִפתוֹחַ, לְהַברִיג
apertar (vt)	lehadek	לְהַדֵק
colar (vt)	lehadbik	לְהַדבִּיק
cortar (vt)	laxtox	לַחתוֹך

falha (f)	takala	תַקָלָה (נ)
conserto (m)	tikun	תִיקוּן (ז)
consertar, reparar (vt)	letaken	לְתַקֵן
regular, ajustar (vt)	lexavnen	לְכַווֵנן

verificar (vt)	livdok	לִבדוֹק
verificação (f)	bdika	בְּדִיקָה (נ)
indicação (f), registro (m)	kri'a	קרִיאָה (נ)

seguro (adj)	amin	אָמִין
complicado (adj)	murkav	מוּרכָּב

enferrujar (vi)	lehaxlid	לְהַחלִיד
enferrujado (adj)	xalud	חָלוּד
ferrugem (f)	xaluda	חֲלוּדָה (נ)

Transportes

169. Avião

avião (m)	matos	מָטוֹס (ז)
passagem (f) aérea	kartis tisa	כַּרְטִיס טִיסָה (ז)
companhia (f) aérea	xevrat te'ufa	חֶבְרַת תְּעוּפָה (נ)
aeroporto (m)	nemal te'ufa	נְמַל תְּעוּפָה (ז)
supersônico (adj)	al koli	עַל קוֹלִי
comandante (m) do avião	kabarnit	קַבַּרְנִיט (ז)
tripulação (f)	'tsevet	צֶוֶת (ז)
piloto (m)	tayas	טַיָּס (ז)
aeromoça (f)	da'yelet	דַּיֶּלֶת (נ)
copiloto (m)	navat	נַוָּט (ז)
asas (f pl)	kna'fayim	כְּנָפַיִם (נ"ר)
cauda (f)	zanav	זָנָב (ז)
cabine (f)	'kokpit	קוֹקְפִּיט (ז)
motor (m)	ma'no'a	מָנוֹעַ (ז)
trem (m) de pouso	kan nesi'a	כַּן נְסִיעָה (ז)
turbina (f)	tur'bina	טוּרְבִּינָה (נ)
hélice (f)	madxef	מַדְחֵף (ז)
caixa-preta (f)	kufsa ʃxora	קוּפְסָה שְׁחוֹרָה (נ)
coluna (f) de controle	'hege	הֶגֶה (ז)
combustível (m)	'delek	דֶּלֶק (ז)
instruções (f pl) de segurança	hora'ot betixut	הוֹרָאוֹת בְּטִיחוּת (נ"ר)
máscara (f) de oxigênio	masexat xamtsan	מַסֵּיכַת חַמְצָן (נ)
uniforme (m)	madim	מַדִּים (ז"ר)
colete (m) salva-vidas	xagorat hatsala	חֲגוֹרַת הַצָּלָה (נ)
paraquedas (m)	mitsnax	מִצְנָח (ז)
decolagem (f)	hamra'a	הַמְרָאָה (נ)
descolar (vi)	lehamri	לְהַמְרִיא
pista (f) de decolagem	maslul hamra'a	מַסְלוּל הַמְרָאָה (ז)
visibilidade (f)	re'ut	רְאוּת (נ)
voo (m)	tisa	טִיסָה (נ)
altura (f)	'gova	גוֹבַהּ (ז)
poço (m) de ar	kis avir	כִּיס אֲוִויר (ז)
assento (m)	moʃav	מוֹשָׁב (ז)
fone (m) de ouvido	ozniyot	אוֹזְנִיּוֹת (נ"ר)
mesa (f) retrátil	magaʃ mitkapel	מַגָּשׁ מִתְקַפֵּל (ז)
janela (f)	tsohar	צוֹהַר (ז)
corredor (m)	ma'avar	מַעֲבָר (ז)

170. Comboio

trem (m)	ra'kevet	רַכֶּבֶת (נ)
trem (m) elétrico	ra'kevet parvarim	רַכֶּבֶת פַּרְבָרִים (נ)
trem (m)	ra'kevet mehira	רַכֶּבֶת מְהִירָה (נ)
locomotiva (f) diesel	katar 'dizel	קַטָר דִיזֶל (ז)
locomotiva (f) a vapor	katar	קַטָר (ז)

| vagão (f) de passageiros | karon | קָרוֹן (ז) |
| vagão-restaurante (m) | kron mis'ada | קְרוֹן מִסְעָדָה (ז) |

carris (m pl)	mesilot	מְסִילוֹת (נ"ר)
estrada (f) de ferro	mesilat barzel	מְסִילַת בַּרְזֶל (נ)
travessa (f)	'eden	אֶדֶן (ז)

plataforma (f)	ratsif	רָצִיף (ז)
linha (f)	mesila	מְסִילָה (נ)
semáforo (m)	ramzor	רַמְזוֹר (ז)
estação (f)	taχana	תַחֲנָה (נ)

maquinista (m)	nahag ra'kevet	נַהַג רַכֶּבֶת (ז)
bagageiro (m)	sabal	סַבָּל (ז)
hospedeiro, -a (m, f)	sadran ra'kevet	סַדְרָן רַכֶּבֶת (ז)
passageiro (m)	no'se'a	נוֹסֵעַ (ז)
revisor (m)	bodek	בּוֹדֵק (ז)

| corredor (m) | prozdor | פְּרוֹזְדוֹר (ז) |
| freio (m) de emergência | ma'atsar χirum | מַעֲצָר חִירוּם (ז) |

compartimento (m)	ta	תָא (ז)
cama (f)	dargaʃ	דַרְגָשׁ (ז)
cama (f) de cima	dargaʃ elyon	דַרְגָשׁ עֶלְיוֹן (ז)
cama (f) de baixo	dargaʃ taχton	דַרְגָשׁ תַחְתוֹן (ז)
roupa (f) de cama	matsa'im	מַצָעִים (ז"ר)

passagem (f)	kartis	כַּרְטִיס (ז)
horário (m)	'luaχ zmanim	לוּחַ זְמַנִים (ז)
painel (m) de informação	'ʃelet meida	שֶׁלֶט מֵידָע (ז)

| partir (vt) | latset | לָצֵאת |
| partida (f) | yetsi'a | יְצִיאָה (נ) |

| chegar (vi) | leha'gi'a | לְהַגִיעַ |
| chegada (f) | haga'a | הַגָעָה (נ) |

chegar de trem	leha'gi'a bera'kevet	לְהַגִיעַ בְּרַכֶּבֶת
pegar o trem	la'alot lera'kevet	לַעֲלוֹת לְרַכֶּבֶת
descer de trem	la'redet mehara'kevet	לָרֶדֶת מֵהַרַכֶּבֶת

acidente (m) ferroviário	hitraskut	הִתְרַסְקוּת (נ)
descarrilar (vi)	la'redet mipasei ra'kevet	לָרֶדֶת מִפַּסֵי רַכֶּבֶת
locomotiva (f) a vapor	katar	קַטָר (ז)
foguista (m)	masik	מַסִיק (ז)
fornalha (f)	kivʃan	כִּבְשָׁן (ז)
carvão (m)	peχam	פֶּחָם (ז)

171. Barco

navio (m)	sfina	ספִינָה (נ)
embarcação (f)	sfina	ספִינָה (נ)
barco (m) a vapor	oniyat kitor	אוֹנִייַת קִיטוֹר (נ)
barco (m) fluvial	sfinat nahar	ספִינַת נָהָר (נ)
transatlântico (m)	oniyat ta'anugot	אוֹנִייַת תַעֲנוּגוֹת (נ)
cruzeiro (m)	sa'yeret	סַייֶרֶת (נ)
iate (m)	'yaχta	יַכטָה (נ)
rebocador (m)	go'reret	גוֹרֶרֶת (נ)
barcaça (f)	arba	אַרבָּה (נ)
ferry (m)	ma'a'boret	מַעֲבּוֹרֶת (נ)
veleiro (m)	sfinat mifras	ספִינַת מִפרָש (נ)
bergantim (m)	briganit	בּרִיגָנִית (נ)
quebra-gelo (m)	ʃo'veret 'keraχ	שׁוֹבֶרֶת קֶרַח (נ)
submarino (m)	tso'lelet	צוֹלֶלֶת (נ)
bote, barco (m)	sira	סִירָה (נ)
baleeira (bote salva-vidas)	sira	סִירָה (נ)
bote (m) salva-vidas	sirat hatsala	סִירַת הַצָלָה (נ)
lancha (f)	sirat ma'no'a	סִירַת מָנוֹעַ (נ)
capitão (m)	rav χovel	רַב־חוֹבֵל (ז)
marinheiro (m)	malaχ	מַלָח (ז)
marujo (m)	yamai	יַמַאי (ז)
tripulação (f)	'tsevet	צֶוֶת (ז)
contramestre (m)	rav malaχim	רַב־מַלָחִים (ז)
grumete (m)	'na'ar sipun	נַעַר סִיפּוּן (ז)
cozinheiro (m) de bordo	tabaχ	טַבָּח (ז)
médico (m) de bordo	rofe ha'oniya	רוֹפֵא הָאוֹנִייָה (ז)
convés (m)	sipun	סִיפּוּן (ז)
mastro (m)	'toren	תוֹרֶן (ז)
vela (f)	mifras	מִפרָש (ז)
porão (m)	'beten oniya	בֶּטֶן אוֹנִייָה (נ)
proa (f)	χartom	חַרטוֹם (ז)
popa (f)	yarketei hasfina	יַרכְּתֵי הַספִינָה (ז"ר)
remo (m)	maʃot	מָשׁוֹט (ז)
hélice (f)	madχef	מַדחֵף (ז)
cabine (m)	ta	תָא (ז)
sala (f) dos oficiais	mo'adon ktsinim	מוֹעֲדוֹן קצִינִים (ז)
sala (f) das máquinas	χadar meχonot	חֲדַר מְכוֹנוֹת (ז)
ponte (m) de comando	'geʃer hapikud	גֶשֶׁר הַפִּיקוּד (ז)
sala (f) de comunicações	ta alχutan	תָא אַלחוּטָן (ז)
onda (f)	'teder	תֶדֶר (ז)
diário (m) de bordo	yoman ha'oniya	יוֹמַן הָאוֹנִיָה (ז)
luneta (f)	miʃkefet	מִשׁקֶפֶת (נ)
sino (m)	pa'amon	פַּעֲמוֹן (ז)

bandeira (f)	'degel	דֶּגֶל (ז)
cabo (m)	avot ha'oniya	עֲבוֹת הָאוֹנִיָּה (נ)
nó (m)	'keʃer	קֶשֶׁר (ז)
corrimão (m)	ma'ake hasipun	מַעֲקֵה הַסִּפּוּן (ז)
prancha (f) de embarque	'keveʃ	כֶּבֶשׁ (ז)
âncora (f)	'ogen	עוֹגֶן (ז)
recolher a âncora	leharim 'ogen	לְהָרִים עוֹגֶן
jogar a âncora	la'agon	לַעֲגוֹן
amarra (corrente de âncora)	ʃar'ʃeret ha'ogen	שַׁרְשֶׁרֶת הָעוֹגֶן (נ)
porto (m)	namal	נָמֵל (ז)
cais, amarradouro (m)	'mezaχ	מֶזַח (ז)
atracar (vi)	la'agon	לַעֲגוֹן
desatracar (vi)	lehaflig	לְהַפְלִיג
viagem (f)	masa, tiyul	מַסָּע (ז), טִיּוּל (ז)
cruzeiro (m)	'ʃayit	שַׁיִט (ז)
rumo (m)	kivun	כִּיוּן (ז)
itinerário (m)	nativ	נָתִיב (ז)
canal (m) de navegação	nativ 'ʃayit	נָתִיב שַׁיִט (ז)
banco (m) de areia	sirton	שִׂרְטוֹן (ז)
encalhar (vt)	la'alot al hasirton	לַעֲלוֹת עַל הַשִּׂרְטוֹן
tempestade (f)	sufa	סוּפָה (נ)
sinal (m)	ot	אוֹת (ז)
afundar-se (vr)	lit'bo'a	לִטְבּוֹעַ
Homem ao mar!	adam ba'mayim!	אָדָם בַּמַּיִם!
SOS	kri'at hatsala	קְרִיאַת הַצָּלָה
boia (f) salva-vidas	galgal hatsala	גַּלְגַּל הַצָּלָה (ז)

172. Aeroporto

aeroporto (m)	nemal te'ufa	נְמֵל תְּעוּפָה (ז)
avião (m)	matos	מָטוֹס (ז)
companhia (f) aérea	χevrat te'ufa	חֶבְרַת תְּעוּפָה (נ)
controlador (m) de tráfego aéreo	bakar tisa	בַּקָּר טִיסָה (ז)
partida (f)	hamra'a	הַמְרָאָה (נ)
chegada (f)	neχita	נְחִיתָה (נ)
chegar (vi)	leha'gi'a betisa	לְהַגִּיעַ בְּטִיסָה
hora (f) de partida	zman hamra'a	זְמַן הַמְרָאָה (ז)
hora (f) de chegada	zman neχita	זְמַן נְחִיתָה (ז)
estar atrasado	lehit'akev	לְהִתְעַכֵּב
atraso (m) de voo	ikuv hatisa	עִיכּוּב הַטִּיסָה (ז)
painel (m) de informação	'luaχ meida	לוּחַ מֵידָע (ז)
informação (f)	meida	מֵידָע (ז)
anunciar (vt)	leho'dia	לְהוֹדִיעַ

voo (m)	tisa	טִיסָה (נ)
alfândega (f)	'meχes	מֶכֶס (ז)
funcionário (m) da alfândega	pakid 'meχes	פְּקִיד מֶכֶס (ז)

declaração (f) alfandegária	hatsharat meχes	הַצְהָרַת מֶכֶס (נ)
preencher (vt)	lemale	לְמַלֵּא
preencher a declaração	lemale 'tofes hatshara	לְמַלֵּא טוֹפֶס הַצְהָרָה
controle (m) de passaporte	bdikat darkonim	בְּדִיקַת דַּרְכּוֹנִים (נ)

bagagem (f)	kvuda	כְּבוּדָה (נ)
bagagem (f) de mão	kvudat yad	כְּבוּדַת יָד (נ)
carrinho (m)	eglat kvuda	עֶגְלַת כְּבוּדָה (נ)

pouso (m)	neχita	נְחִיתָה (נ)
pista (f) de pouso	maslul neχita	מַסְלוּל נְחִיתָה (ז)
aterrissar (vi)	linχot	לִנְחוֹת
escada (f) de avião	'keveʃ	כֶּבֶשׁ (ז)

check-in (m)	tʃek in	צֶ'ק אִין (ז)
balcão (m) do check-in	dalpak tʃek in	דַּלְפָּק צֶ'ק אִין (ז)
fazer o check-in	leva'tse'a tʃek in	לְבַצֵּעַ צֶ'ק אִין
cartão (m) de embarque	kartis aliya lematos	כַּרְטִיס עֲלִיָּה לְמָטוֹס (ז)
portão (m) de embarque	'ʃa'ar yetsi'a	שַׁעַר יְצִיאָה (ז)

trânsito (m)	ma'avar	מַעֲבָר (ז)
esperar (vi, vt)	lehamtin	לְהַמְתִּין
sala (f) de espera	traklin tisa	טְרַקְלִין טִיסָה (ז)
despedir-se (acompanhar)	lelavot	לְלַווֹת
despedir-se (dizer adeus)	lomar lehitra'ot	לוֹמַר לְהִתְרָאוֹת

173. Bicicleta. Motocicleta

bicicleta (f)	ofa'nayim	אוֹפַנַּיִם (ז"ר)
lambreta (f)	kat'no'a	קַטְנוֹעַ (ז)
moto (f)	of'no'a	אוֹפְנוֹעַ (ז)

ir de bicicleta	lirkov al ofa'nayim	לִרְכּוֹב עַל אוֹפַנַּיִם
guidão (m)	kidon	כִּידוֹן (ז)
pedal (m)	davʃa	דַּווְשָׁה (נ)
freios (m pl)	blamim	בְּלָמִים (ז"ר)
banco, selim (m)	ukaf	אוּכָּף (ז)

bomba (f)	maʃeva	מַשְׁאֵבָה (נ)
bagageiro (m) de teto	sabal	סַבָּל (ז)
lanterna (f)	panas kidmi	פָּנָס קִדְמִי (ז)
capacete (m)	kasda	קַסְדָּה (נ)

roda (f)	galgal	גַּלְגַּל (ז)
para-choque (m)	kanaf	כָּנָף (נ)
aro (m)	χiʃuk	חִישׁוּק (ז)
raio (m)	χiʃur	חִישׁוּר (ז)

Carros

174. Tipos de carros

carro, automóvel (m)	meχonit	מְכוֹנִית (נ)
carro (m) esportivo	meχonit sport	מְכוֹנִית סְפּוֹרְט (נ)
limusine (f)	limu'zina	לִימוּזִינָה (נ)
todo o terreno (m)	'reχev 'ʃetaχ	רֶכֶב שֶׁטַח (ז)
conversível (m)	meχonit gag niftaχ	מְכוֹנִית גַג נִפְתָּח (נ)
minibus (m)	'minibus	מִינִיבּוּס (ז)
ambulância (f)	'ambulans	אַמְבּוּלָנְס (ז)
limpa-neve (m)	maf'leset 'ʃeleg	מַפְלֶסֶת שֶׁלֶג (נ)
caminhão (m)	masa'it	מַשָּׂאִית (נ)
caminhão-tanque (m)	meχalit 'delek	מֵיכָלִית דֶלֶק (נ)
perua, van (f)	masa'it kala	מַשָּׂאִית קַלָה (נ)
caminhão-trator (m)	gorer	גוֹרֵר (ז)
reboque (m)	garur	גָרוּר (ז)
confortável (adj)	'noaχ	נוֹחַ
usado (adj)	meʃumaʃ	מְשׁוּמָשׁ

175. Carros. Carroçaria

capô (m)	miχse hama'no'a	מִכְסֶה הַמָנוֹעַ (ז)
para-choque (m)	kanaf	כָּנָף (נ)
teto (m)	gag	גַג (ז)
para-brisa (m)	ʃimʃa kidmit	שִׁמְשָׁה קִדְמִית (נ)
retrovisor (m)	mar'a aχorit	מַרְאָה אֲחוֹרִית (נ)
esguicho (m)	mataz	מַתָז (ז)
limpadores (m) de para-brisas	magev	מַגֵב (ז)
vidro (m) lateral	ʃimʃat tsad	שִׁמְשַׁת צַד (נ)
elevador (m) do vidro	χalon χaʃmali	חַלוֹן חַשְׁמַלִי (ז)
antena (f)	an'tena	אַנְטֶנָה (נ)
teto (m) solar	χalon gag	חַלוֹן גַג (ז)
para-choque (m)	pagoʃ	פָּגוֹשׁ (ז)
porta-malas (f)	ta mit'an	תָא מִטְעָן (ז)
bagageira (f)	gagon	גָגוֹן (ז)
porta (f)	'delet	דֶלֶת (נ)
maçaneta (f)	yadit	יָדִית (נ)
fechadura (f)	man'ul	מַנְעוֹל (ז)
placa (f)	luχit riʃui	לוֹחִית רִישׁוּי (נ)
silenciador (m)	am'am	עַמְעָם (ז)

tanque (m) de gasolina	meiχal 'delek	מֵיכָל דֶּלֶק (ז)
tubo (m) de exaustão	maflet	מַפְלֵט (ז)

acelerador (m)	gaz	גָּז (ז)
pedal (m)	davʃa	דַּוְושָׁה (נ)
pedal (m) do acelerador	davʃat gaz	דַּוְושַׁת גָּז (נ)

freio (m)	'belem	בֶּלֶם (ז)
pedal (m) do freio	davʃat hablamim	דַּוְושַׁת הַבְּלָמִים (נ)
frear (vt)	livlom	לִבְלֹם
freio (m) de mão	'belem χaniya	בֶּלֶם חֲנִיָּה (ז)

embreagem (f)	matsmed	מַצְמֵד (ז)
pedal (m) da embreagem	davʃat hamatsmed	דַּוְושַׁת הַמַּצְמֵד (נ)
disco (m) de embreagem	luχit hamatsmed	לוּחִית הַמַּצְמֵד (נ)
amortecedor (m)	bolem za'a'zu'a	בּוֹלֵם זַעֲזוּעִים (ז)

roda (f)	galgal	גַּלְגַּל (ז)
pneu (m) estepe	galgal χilufi	גַּלְגַּל חִילוּפִי (ז)
pneu (m)	tsmig	צְמִיג (ז)
calota (f)	tsa'laχat galgal	צַלַּחַת גַּלְגַּל (נ)

rodas (f pl) motrizes	galgalim meni'im	גַּלְגַּלִּים מְנִיעִים (ז"ר)
de tração dianteira	shel hana'a kidmit	שֶׁל הֲנָעָה קִדְמִית
de tração traseira	shel hana'a aχorit	שֶׁל הֲנָעָה אֲחוֹרִית
de tração às 4 rodas	shel hana'a male'a	שֶׁל הֲנָעָה מְלֵאָה

caixa (f) de mudanças	teivat hiluχim	תֵּיבַת הִילּוּכִים (נ)
automático (adj)	oto'mati	אוֹטוֹמָטִי
mecânico (adj)	me'χani	מֶכָנִי
alavanca (f) de câmbio	yadit hiluχim	יָדִית הִילּוּכִים (נ)

farol (m)	panas kidmi	פָּנַס קִדְמִי (ז)
faróis (m pl)	panasim	פָּנָסִים (ז"ר)

farol (m) baixo	or namuχ	אוֹר נָמוּך (ז)
farol (m) alto	or ga'voha	אוֹר גָּבוֹהַּ (ז)
luzes (f pl) de parada	or 'belem	אוֹר בֶּלֶם (ז)

luzes (f pl) de posição	orot χanaya	אוֹרוֹת חֲנִיָּה (ז"ר)
luzes (f pl) de emergência	orot χerum	אוֹרוֹת חֵירוּם (ז"ר)
faróis (m pl) de neblina	orot arafel	אוֹרוֹת עֲרָפֶל (ז"ר)
pisca-pisca (m)	panas itut	פָּנַס אִיתּוּת (ז)
luz (f) de marcha ré	orot revers	אוֹרוֹת רֶבֶרְס (ז"ר)

176. Carros. Habitáculo

interior (do carro)	ta hanos'im	תָּא הַנּוֹסְעִים (ז)
de couro	asui me'or	עָשׂוּי מֵעוֹר
de veludo	ktifati	קְטִיפָתִי
estofamento (m)	ripud	רִיפּוּד (ז)

indicador (m)	maχven	מַכְוֵון (ז)
painel (m)	'luaχ maχvenim	לוּחַ מַכְוֵונִים (ז)

velocímetro (m)	mad mehirut	מַד מְהִירוּת (ז)
ponteiro (m)	'maxat	מַחַט (נ)
hodômetro, odômetro (m)	mad merxak	מַד מֶרְחָק (ז)
indicador (m)	xaiʃan	חַיְשָׁן (ז)
nível (m)	ramat mi'lui	רָמַת מִילוּי (נ)
luz (f) de aviso	nurat azhara	נוּרַת אַזְהָרָה (נ)
volante (m)	'hege	הֶגֶה (ז)
buzina (f)	tsofar	צוֹפָר (ז)
botão (m)	kaftor	כַּפְתּוֹר (ז)
interruptor (m)	'meteg	מֶתֶג (ז)
assento (m)	moʃav	מוֹשָׁב (ז)
costas (f pl) do assento	miʃ'enet	מִשְׁעֶנֶת (נ)
cabeceira (f)	miʃ'enet roʃ	מִשְׁעֶנֶת רֹאשׁ (נ)
cinto (m) de segurança	xagorat betixut	חָגוֹרַת בְּטִיחוּת (נ)
apertar o cinto	lehadek xagora	לְהַדֵּק חֲגוֹרָה
ajuste (m)	kivnun	כִּיווּנוּן (ז)
airbag (m)	karit avir	כָּרִית אֲווִיר (נ)
ar (m) condicionado	mazgan	מַזְגָּן (ז)
rádio (m)	'radyo	רַדְיוֹ (ז)
leitor (m) de CD	'diskmen	דִיסְקְמֶן (ז)
ligar (vt)	lehadlik	לְהַדְלִיק
antena (f)	an'tena	אַנְטֶנָה (נ)
porta-luvas (m)	ta kfafot	תָּא כְּפָפוֹת (ז)
cinzeiro (m)	ma'afera	מַאֲפֵרָה (נ)

177. Carros. Motor

motor (m)	ma'no'a	מָנוֹעַ (ז)
a diesel	shel 'dizel	שֶׁל דִיזֶל
a gasolina	'delek	דֶּלֶק
cilindrada (f)	'nefax ma'no'a	נֶפַח מָנוֹעַ (ז)
potência (f)	otsma	עוֹצְמָה (נ)
cavalo (m) de potência	'koax sus	כּוֹחַ סוּס (ז)
pistão (m)	buxna	בּוּכְנָה (נ)
cilindro (m)	tsi'linder	צִילִינְדָּר (ז)
válvula (f)	ʃastom	שַׁסְתּוֹם (ז)
injetor (m)	mazrek	מַזְרֵק (ז)
gerador (m)	mexolel	מְחוֹלֵל (ז)
carburador (m)	me'ayed	מְאַייֵד (ז)
óleo (m) de motor	'ʃemen mano'im	שֶׁמֶן מָנוֹעִים (ז)
radiador (m)	matsnen	מַצְנֵן (ז)
líquido (m) de arrefecimento	nozel kirur	נוֹזֵל קִירוּר (ז)
ventilador (m)	me'avrer	מְאַווְרֵר (ז)
bateria (f)	matsber	מַצְבֵּר (ז)
dispositivo (m) de arranque	mat'ne'a	מַתְנֵעַ (ז)

ignição (f)	hatsata	הַצָּתָה (נ)
vela (f) de ignição	matset	מַצֵּת (ז)

terminal (m)	'hedek	הֶדֵק (ז)
terminal (m) positivo	'hedek χiyuvi	הֶדֵק חִיּוּבִי (ז)
terminal (m) negativo	'hedek ʃlili	הֶדֵק שְׁלִילִי (ז)
fusível (m)	natiχ	נָתִיךְ (ז)

filtro (m) de ar	masnen avir	מַסְנֵן אֲוִיר (ז)
filtro (m) de óleo	masnen 'ʃemen	מַסְנֵן שֶׁמֶן (ז)
filtro (m) de combustível	masnen 'delek	מַסְנֵן דֶּלֶק (ז)

178. Carros. Batidas. Reparação

acidente (m) de carro	te'una	תְּאוּנָה (נ)
acidente (m) rodoviário	te'unat draχim	תְּאוּנַת דְּרָכִים (נ)
bater (~ num muro)	lehitnageʃ	לְהִתְנַגֵּשׁ
sofrer um acidente	lehima'eχ	לְהֵימָעֵךְ
dano (m)	'nezek	נֶזֶק (ז)
intato	ʃalem	שָׁלֵם

pane (f)	takala	תַּקָּלָה (נ)
avariar (vi)	lehitkalkel	לְהִתְקַלְקֵל
cabo (m) de reboque	'χevel grar	חֶבֶל גְּרָר (ז)

furo (m)	'teker	תֶּקֶר (ז)
estar furado	lehitpantʃer	לְהִתְפַּנְצֵ'ר
encher (vt)	lena'peaχ	לְנַפֵּחַ
pressão (f)	'laχats	לַחַץ (ז)
verificar (vt)	livdok	לִבְדֹּק

reparo (m)	ʃiputs	שִׁיפּוּץ (ז)
oficina (f) automotiva	musaχ	מוּסָךְ (ז)
peça (f) de reposição	'χelek χiluf	חֵלֶק חִילּוּף (ז)
peça (f)	'χelek	חֵלֶק (ז)

parafuso (com porca)	'boreg	בֹּורֶג (ז)
parafuso (m)	'boreg	בֹּורֶג (ז)
porca (f)	om	אֹם (ז)
arruela (f)	diskit	דִּיסְקִית (נ)
rolamento (m)	mesav	מֵסַב (ז)

tubo (m)	tsinorit	צִינֹורִית (נ)
junta, gaxeta (f)	'etem	אֶטֶם (ז)
fio, cabo (m)	χut	חוּט (ז)

macaco (m)	dʒek	גֵ'ק (ז)
chave (f) de boca	maf'teaχ bragim	מַפְתֵּחַ בְּרָגִים (ז)
martelo (m)	patiʃ	פַּטִּישׁ (ז)
bomba (f)	maʃeva	מַשְׁאֵבָה (נ)
chave (f) de fenda	mavreg	מַבְרֵג (ז)

extintor (m)	mataf	מַטָּף (ז)
triângulo (m) de emergência	meʃulaʃ χirum	מְשׁוּלַשׁ חֵירוּם (ז)

morrer (motor)	ledomem	לְדוֹמֵם
paragem, "morte" (f)	hadmama	הַדְמָמָה (נ)
estar quebrado	lihyot ʃavur	לִהְיוֹת שָׁבוּר
superaquecer-se (vr)	lehitχamem yoter midai	לְהִתְחַמֵם יוֹתֵר מִדַי
entupir-se (vr)	lehisatem	לְהֵיסָתֵם
congelar-se (vr)	likpo	לִקְפּוֹא
rebentar (vi)	lehitpa'keʻa	לְהִתְפַּקֵעַ
pressão (f)	'laχats	לַחַץ (ז)
nível (m)	ramat mi'lui	רָמַת מִילוּי (נ)
frouxo (adj)	rafe	רָפֶה
batida (f)	dfika	דְפִיקָה (נ)
ruído (m)	'raʻaʃ	רַעַשׁ (ז)
fissura (f)	'sedek	סֶדֶק (ז)
arranhão (m)	srita	שְׂרִיטָה (נ)

179. Carros. Estrada

estrada (f)	'dereχ	דֶרֶךְ (נ)
autoestrada (f)	kviʃ mahir	כְּבִישׁ מָהִיר (ז)
rodovia (f)	kviʃ mahir	כְּבִישׁ מָהִיר (ז)
direção (f)	kivun	כִּיווּן (ז)
distância (f)	merχak	מֶרְחָק (ז)
ponte (f)	'geʃer	גֶשֶׁר (ז)
parque (m) de estacionamento	χanaya	חֲנָיָה (נ)
praça (f)	kikar	כִּיכָּר (נ)
nó (m) rodoviário	meχlaf	מֶחְלָף (ז)
túnel (m)	minhara	מִנְהָרָה (נ)
posto (m) de gasolina	taχanat 'delek	תַחֲנַת דֶלֶק (נ)
parque (m) de estacionamento	migraʃ χanaya	מִגְרַשׁ חֲנָיָה (ז)
bomba (f) de gasolina	maʃʻevat 'delek	מַשְׁאֵבַת דֶלֶק (נ)
oficina (f) automotiva	musaχ	מוּסָךְ (ז)
abastecer (vt)	letadlek	לְתַדְלֵק
combustível (m)	'delek	דֶלֶק (ז)
galão (m) de gasolina	'dʒerikan	גֶ'רִיקָן (ז)
asfalto (m)	asfalt	אַסְפַלְט (ז)
marcação (f) de estradas	simun	סִימוּן (ז)
meio-fio (m)	sfat midraχa	שְׂפַת מִדְרָכָה (נ)
guard-rail (m)	maʻake betiχut	מַעֲקֶה בְּטִיחוּת (ז)
valeta (f)	teʻala	תְעָלָה (נ)
acostamento (m)	ʃulei ha'dereχ	שׁוּלֵי הַדֶרֶךְ (ז"ר)
poste (m) de luz	amud te'ura	עַמוּד תְאוּרָה (ז)
dirigir (vt)	linhog	לִנְהוֹג
virar (~ para a direita)	lifnot	לִפְנוֹת
dar retorno	leva'tseʻa pniyat parsa	לְבַצֵעַ פְּנִיַת פַּרְסָה
ré (f)	hiluχ aχori	הִילוּךְ אֲחוֹרִי (ז)
buzinar (vi)	liʦpor	לִצְפּוֹר
buzina (f)	ʦfira	צְפִירָה (נ)

atolar-se (vr)	lehitaka	לְהִיתָקַע
patinar (na lama)	lesovev et hagalgal al rek	לְסוֹבֵב אֶת הַגַּלְגַּלִים עַל רֵיק
desligar (vt)	ledomem	לְדוֹמֵם
velocidade (f)	mehirut	מְהִירוּת (נ)
exceder a velocidade	linhog bemehirut muf'rezet	לִנְהוֹג בְּמְהִירוּת מוּפְרֶזֶת
multar (vt)	liknos	לִקְנוֹס
semáforo (m)	ramzor	רַמְזוֹר (ז)
carteira (f) de motorista	riʃyon nehiga	רִשְׁיוֹן נְהִיגָה (ז)
passagem (f) de nível	ma'avar pasei ra'kevet	מַעֲבָר פַּסֵּי רַכֶּבֶת (ז)
cruzamento (m)	'tsomet	צוֹמֶת (ז)
faixa (f)	ma'avar xatsaya	מַעֲבָר חֲצָיָה (ז)
curva (f)	pniya	פְּנִיָּה (נ)
zona (f) de pedestres	midrexov	מִדְרְחוֹב (ז)

180. Sinais de trânsito

código (m) de trânsito	xukei hatnu'a	חוּקֵי הַתְּנוּעָה (ז"ר)
sinal (m) de trânsito	tamrur	תַּמְרוּר (ז)
ultrapassagem (f)	akifa	עֲקִיפָה (נ)
curva (f)	pniya	פְּנִיָּה (נ)
retorno (m)	sivuv parsa	סִיבוּב פַּרְסָה (ז)
rotatória (f)	ma'agal tnu'a	מַעֲגַל תְּנוּעָה (ז)
sentido proibido	ein knisa	אֵין כְּנִיסָה
trânsito proibido	ein knisat rexavim	אֵין כְּנִיסַת רְכָבִים
proibido de ultrapassar	akifa asura	עֲקִיפָה אֲסוּרָה
estacionamento proibido	xanaya asura	חֲנָיָה אֲסוּרָה
paragem proibida	atsira asura	עֲצִירָה אֲסוּרָה
curva (f) perigosa	sivuv xad	סִיבוּב חַד (ז)
descida (f) perigosa	yerida tlula	יְרִידָה תְּלוּלָה (נ)
trânsito de sentido único	tnu'a xad sitrit	תְּנוּעָה חַד-סִטְרִית (נ)
faixa (f)	ma'avar xatsaya	מַעֲבָר חֲצָיָה (ז)
pavimento (m) escorregadio	kviʃ xalaklak	כְּבִישׁ חֲלַקְלַק (ז)
conceder passagem	zxut kdima	זְכוּת קְדִימָה

PESSOAS. EVENTOS

Eventos

181. Férias. Evento

festa (f)	χagiga	חֲגִיגָה (נ)
feriado (m) nacional	χag le'umi	חַג לְאוּמִי (ז)
feriado (m)	yom χag	יוֹם חַג (ז)
festejar (vt)	laχgog	לַחְגוֹג
evento (festa, etc.)	hitraχaʃut	הִתְרַחֲשׁוּת (נ)
evento (banquete, etc.)	ei'ru'a	אֵירוּעַ (ז)
banquete (m)	se'uda χagigit	סְעוּדָה חֲגִיגִית (נ)
recepção (f)	ei'ruaχ	אֵירוּחַ (ז)
festim (m)	miʃte	מִשְׁתֶּה (ז)
aniversário (m)	yom haʃana	יוֹם הַשָּׁנָה (ז)
jubileu (m)	χag hayovel	חַג הַיּוֹבֵל (ז)
celebrar (vt)	laχgog	לַחְגוֹג
Ano (m) Novo	ʃana χadaʃa	שָׁנָה חֲדָשָׁה (נ)
Feliz Ano Novo!	ʃana tova!	שָׁנָה טוֹבָה!
Papai Noel (m)	'santa 'kla'us	סַנְטָה קְלָאוּס
Natal (m)	χag hamolad	חַג הַמּוֹלָד (ז)
Feliz Natal!	χag hamolad sa'meaχ!	חַג הַמּוֹלָד שָׂמֵחַ!
árvore (f) de Natal	ets χag hamolad	עֵץ חַג הַמּוֹלָד (ז)
fogos (m pl) de artifício	zikukim	זִיקּוּקִים (ז"ר)
casamento (m)	χatuna	חֲתוּנָה (נ)
noivo (m)	χatan	חָתָן (ז)
noiva (f)	kala	כַּלָּה (נ)
convidar (vt)	lehazmin	לְהַזְמִין
convite (m)	hazmana	הַזְמָנָה (נ)
convidado (m)	o'reaχ	אוֹרֵחַ (ז)
visitar (vt)	levaker	לְבַקֵּר
receber os convidados	lekabel orχim	לְקַבֵּל אוֹרְחִים
presente (m)	matana	מַתָּנָה (נ)
oferecer, dar (vt)	latet matana	לָתֵת מַתָּנָה
receber presentes	lekabel matanot	לְקַבֵּל מַתָּנוֹת
buquê (m) de flores	zer	זֵר (ז)
felicitações (f pl)	braχa	בְּרָכָה (נ)
felicitar (vt)	levareχ	לְבָרֵךְ
cartão (m) de parabéns	kartis braχa	כַּרְטִיס בְּרָכָה (ז)

enviar um cartão postal	liʃloaχ gluya	לִשְׁלוֹחַ גְּלוּיָה
receber um cartão postal	lekabel gluya	לְקַבֵּל גְּלוּיָה
brinde (m)	leharim kosit	לְהָרִים כּוֹסִית
oferecer (vt)	leχabed	לְכַבֵּד
champanhe (m)	ʃam'panya	שַׁמְפַּנְיָה (נ)
divertir-se (vr)	lehanot	לֵיהָנוֹת
diversão (f)	alitsut	עֲלִיצוּת (נ)
alegria (f)	simχa	שִׂמְחָה (נ)
dança (f)	rikud	רִיקוּד (ז)
dançar (vi)	lirkod	לִרְקוֹד
valsa (f)	vals	וָלְס (ז)
tango (m)	'tango	טַנְגּוֹ (ז)

182. Funerais. Enterro

cemitério (m)	beit kvarot	בֵּית קְבָרוֹת (ז)
sepultura (f), túmulo (m)	'kever	קֶבֶר (ז)
cruz (f)	tslav	צְלָב (ז)
lápide (f)	matseva	מַצֵּבָה (נ)
cerca (f)	gader	גָּדֵר (נ)
capela (f)	beit tfila	בֵּית תְּפִילָה (ז)
morte (f)	'mavet	מָוֶות (ז)
morrer (vi)	lamut	לָמוּת
defunto (m)	niftar	נִפְטָר (ז)
luto (m)	'evel	אֵבֶל (ז)
enterrar, sepultar (vt)	likbor	לִקְבּוֹר
funerária (f)	beit levayot	בֵּית לְוָיוֹת (ז)
funeral (m)	levaya	לְוָיָה (נ)
coroa (f) de flores	zer	זֵר (ז)
caixão (m)	aron metim	אֲרוֹן מֵתִים (ז)
carro (m) funerário	kron hamet	קְרוֹן הַמֵּת (ז)
mortalha (f)	taχriχim	תַּכְרִיכִים (ז"ר)
procissão (f) funerária	tahaluχat 'evel	תַּהֲלוּכַת אֵבֶל (נ)
urna (f) funerária	kad 'efer	כַּד אֵפֶר (ז)
crematório (m)	misrafa	מִשְׂרָפָה (נ)
obituário (m), necrologia (f)	moda'at 'evel	מוֹדָעַת אֵבֶל (נ)
chorar (vi)	livkot	לִבְכּוֹת
soluçar (vi)	lehitya'peaχ	לְהִתְיַפֵּחַ

183. Guerra. Soldados

pelotão (m)	maχlaka	מַחְלָקָה (נ)
companhia (f)	pluga	פְּלוּגָה (נ)

regimento (m)	χativa	חֲטִיבָה (נ)
exército (m)	tsava	צָבָא (ז)
divisão (f)	ugda	אוּגְדָה (נ)

esquadrão (m)	kita	כִּיתָה (נ)
hoste (f)	'χayil	חַיִל (ז)

soldado (m)	χayal	חַיָּל (ז)
oficial (m)	katsin	קָצִין (ז)

soldado (m) raso	turai	טוּרַאי (ז)
sargento (m)	samal	סַמָּל (ז)
tenente (m)	'segen	סֶגֶן (ז)
capitão (m)	'seren	סֶרֶן (ז)
major (m)	rav 'seren	רַב־סֶרֶן (ז)
coronel (m)	aluf miʃne	אַלּוּף מִשְׁנֶה (ז)
general (m)	aluf	אַלּוּף (ז)

marujo (m)	yamai	יַמַּאי (ז)
capitão (m)	rav χovel	רַב־חוֹבֵל (ז)
contramestre (m)	rav malaχim	רַב־מַלָּחִים (ז)

artilheiro (m)	totχan	תּוֹתְחָן (ז)
soldado (m) paraquedista	tsanχan	צַנְחָן (ז)
piloto (m)	tayas	טַיָּס (ז)
navegador (m)	navat	נַוָּט (ז)
mecânico (m)	meχonai	מְכוֹנַאי (ז)

sapador-mineiro (m)	χablan	חַבְּלָן (ז)
paraquedista (m)	tsanχan	צַנְחָן (ז)
explorador (m)	iʃ modi'in kravi	אִישׁ מוֹדִיעִין קְרָבִי (ז)
atirador (m) de tocaia	tsalaf	צַלָּף (ז)

patrulha (f)	siyur	סִיּוּר (ז)
patrulhar (vt)	lefatrel	לְפַטְרֵל
sentinela (f)	zakif	זָקִיף (ז)

guerreiro (m)	loχem	לוֹחֵם (ז)
patriota (m)	patriyot	פַּטְרִיּוֹט (ז)

herói (m)	gibor	גִּיבּוֹר (ז)
heroína (f)	gibora	גִּיבּוֹרָה (נ)

traidor (m)	boged	בּוֹגֵד (ז)
trair (vt)	livgod	לִבְגוֹד

desertor (m)	arik	עָרִיק (ז)
desertar (vt)	la'arok	לַעֲרוֹק

mercenário (m)	sχir 'χerev	שְׂכִיר חֶרֶב (ז)
recruta (m)	tiron	טִירוֹן (ז)
voluntário (m)	mitnadev	מִתְנַדֵּב (ז)

morto (m)	harug	הָרוּג (ז)
ferido (m)	pa'tsu'a	פָּצוּעַ (ז)
prisioneiro (m) de guerra	ʃavui	שָׁבוּי (ז)

184. Guerra. Ações militares. Parte 1

guerra (f)	milχama	מִלְחָמָה (נ)
guerrear (vt)	lehilaχem	לְהִילָחֵם
guerra (f) civil	mil'χemet ezraχim	מִלְחֶמֶת אֶזְרָחִים (נ)
perfidamente	bogdani	בּוֹגְדָנִי
declaração (f) de guerra	haχrazat milχama	הַכְרָזַת מִלְחָמָה (נ)
declarar guerra	lehaχriz	לְהַכְרִיז
agressão (f)	tokfanut	תוֹקְפָנוּת (נ)
atacar (vt)	litkof	לִתְקוֹף
invadir (vt)	liχboʃ	לִכְבּוֹש
invasor (m)	koveʃ	כּוֹבֵש (ז)
conquistador (m)	koveʃ	כּוֹבֵש (ז)
defesa (f)	hagana	הֲגָנָה (נ)
defender (vt)	lehagen al	לְהָגֵן עַל
defender-se (vr)	lehitgonen	לְהִתְגוֹנֵן
inimigo (m)	oyev	אוֹיֵב (ז)
adversário (m)	yariv	יָרִיב (ז)
inimigo (adj)	ʃel oyev	שֶל אוֹיֵב
estratégia (f)	astra'tegya	אַסְטְרָטֶגְיָה (נ)
tática (f)	'taktika	טַקְטִיקָה (נ)
ordem (f)	pkuda	פְקוּדָה (נ)
comando (m)	pkuda	פְקוּדָה (נ)
ordenar (vt)	lifkod	לִפְקוֹד
missão (f)	mesima	מְשִׂימָה (נ)
secreto (adj)	sodi	סוֹדִי
batalha (f)	ma'araχa	מַעֲרָכָה (נ)
combate (m)	krav	קְרָב (ז)
ataque (m)	hatkafa	הַתְקָפָה (נ)
assalto (m)	hista'arut	הִסְתָעֲרוּת (נ)
assaltar (vt)	lehista'er	לְהִסְתָעֵר
assédio, sítio (m)	matsor	מָצוֹר (ז)
ofensiva (f)	mitkafa	מִתְקָפָה (נ)
tomar à ofensiva	latset lemitkafa	לָצֵאת לְמִתְקָפָה
retirada (f)	nesiga	נְסִיגָה (נ)
retirar-se (vr)	la'seget	לָסֶגֶת
cerco (m)	kitur	כִּיתוּר (ז)
cercar (vt)	leχater	לְכַתֵר
bombardeio (m)	haftsatsa	הַפְצָצָה (נ)
lançar uma bomba	lehatil ptsatsa	לְהָטִיל פְצָצָה
bombardear (vt)	lehaftsits	לְהַפְצִיץ
explosão (f)	pitsuts	פִּיצוּץ (ז)
tiro (m)	yeriya	יְרִיָה (נ)

dar um tiro	lirot	לִירוֹת
tiroteio (m)	'yeri	יְרִי (ז)

apontar para ...	leχaven 'neʃek	לְכַוֵּון נֶשֶׁק
apontar (vt)	leχaven	לְכַוֵּון
acertar (vt)	lik'lo'a	לִקְלוֹעַ

afundar (~ um navio, etc.)	lehat'bi'a	לְהַטְבִּיעַ
brecha (f)	pirtsa	פִּרְצָה (נ)
afundar-se (vr)	lit'bo'a	לִטְבּוֹעַ

frente (m)	χazit	חָזִית (נ)
evacuação (f)	pinui	פִּינוּי (ז)
evacuar (vt)	lefanot	לְפַנּוֹת

trincheira (f)	te'ala	תְּעָלָה (נ)
arame (m) enfarpado	'tayil dokrani	חַיִל דּוֹקְרָנִי (ז)
barreira (f) anti-tanque	maχsom	מַחְסוֹם (ז)
torre (f) de vigia	migdal ʃmira	מִגְדַל שְׁמִירָה (ז)

hospital (m) militar	beit χolim tsva'i	בֵּית חוֹלִים צְבָאִי (ז)
ferir (vt)	lif'tso'a	לִפְצוֹעַ
ferida (f)	'petsa	פֶּצַע (ז)
ferido (m)	pa'tsu'a	פָּצוּעַ (ז)
ficar ferido	lehipatsa	לְהִיפָּצַע
grave (ferida ~)	kaʃe	קָשֶׁה

185. Guerra. Ações militares. Parte 2

cativeiro (m)	'ʃevi	שְׁבִי (ז)
capturar (vt)	la'kaχat be'ʃevi	לָקַחַת בְּשֶׁבִי
estar em cativeiro	lihyot be'ʃevi	לִהְיוֹת בְּשֶׁבִי
ser aprisionado	lipol be'ʃevi	לִיפּוֹל בְּשֶׁבִי

campo (m) de concentração	maχane rikuz	מַחֲנֶה רִיכּוּז (ז)
prisioneiro (m) de guerra	ʃavui	שָׁבוּי (ז)
escapar (vi)	liv'roaχ	לִבְרוֹחַ

trair (vt)	livgod	לִבְגּוֹד
traidor (m)	boged	בּוֹגֵד (ז)
traição (f)	bgida	בְּגִידָה (נ)

fuzilar, executar (vt)	lehotsi la'horeg	לְהוֹצִיא לָהוֹרֵג
fuzilamento (m)	hotsa'a le'horeg	הוֹצָאָה לָהוֹרֵג (נ)

equipamento (m)	tsiyud	צִיּוּד (ז)
insígnia (f) de ombro	ko'tefet	כּוֹתֶפֶת (נ)
máscara (f) de gás	maseχat 'abaχ	מַסֵיכַת אַבָּ"ךְ (נ)

rádio (m)	maχʃir 'keʃer	מַכְשִׁיר קֶשֶׁר (ז)
cifra (f), código (m)	'tsofen	צוֹפֶן (ז)
conspiração (f)	χaʃa'iut	חֲשָׁאִיּוּת (נ)
senha (f)	sisma	סִיסְמָה (נ)
mina (f)	mokeʃ	מוֹקֵשׁ (ז)

minar (vt)	lemakeʃ	לְמַקֵּשׁ
campo (m) minado	sde mokʃim	שְׂדֵה מוֹקְשִׁים (ז)

alarme (m) aéreo	az'aka	אַזְעָקָה (נ)
alarme (m)	az'aka	אַזְעָקָה (נ)
sinal (m)	ot	אוֹת (ז)
sinalizador (m)	zikuk az'aka	זִיקוּק אַזְעָקָה (ז)

quartel-general (m)	mifkada	מִפְקָדָה (נ)
reconhecimento (m)	isuf modi'in	אִיסוּף מוֹדִיעִין (ז)
situação (f)	matsav	מַצָּב (ז)
relatório (m)	doχ	דוֹחַ (ז)
emboscada (f)	ma'arav	מַאֲרָב (ז)
reforço (m)	tig'boret	תִּגְבּוֹרֶת (נ)

alvo (m)	matara	מַטָּרָה (נ)
campo (m) de tiro	sde imunim	שְׂדֵה אִימּוּנִים (ז)
manobras (f pl)	timronim	תִּמְרוֹנִים (ז"ר)

pânico (m)	behala	בֶּהָלָה (נ)
devastação (f)	'heres	הֶרֶס (ז)
ruínas (f pl)	harisot	הֲרִיסוֹת (נ"ר)
destruir (vt)	laharos	לַהֲרוֹס

sobreviver (vi)	lisrod	לִשְׂרוֹד
desarmar (vt)	lifrok mi'neʃek	לִפְרוֹק מִנֶּשֶׁק
manusear (vt)	lehiʃtameʃ be...	לְהִשְׁתַּמֵּשׁ בְּ...

Sentido!	amod dom!	עֲמוֹד דּוֹם!
Descansar!	amod 'noaχ!	עֲמוֹד נוֹחַ!

façanha (f)	ma'ase gvura	מַעֲשֵׂה גְבוּרָה (ז)
juramento (m)	ʃvu'a	שְׁבוּעָה (נ)
jurar (vi)	lehiʃava	לְהִישָּׁבַע

condecoração (f)	itur	עִיטּוּר (ז)
condecorar (vt)	leha'anik	לְהַעֲנִיק
medalha (f)	me'dalya	מֶדַלְיָה (נ)
ordem (f)	ot hitstainut	אוֹת הִצְטַיְּינוּת (ז)

vitória (f)	nitsaχon	נִיצָּחוֹן (ז)
derrota (f)	tvusa	תְּבוּסָה (נ)
armistício (m)	hafsakat eʃ	הַפְסָקַת אֵשׁ (נ)

bandeira (f)	'degel	דֶּגֶל (ז)
glória (f)	tehila	תְּהִילָה (נ)
parada (f)	mits'ad	מִצְעָד (ז)
marchar (vi)	lits'od	לִצְעוֹד

186. Armas

arma (f)	'neʃek	נֶשֶׁק (ז)
arma (f) de fogo	'neʃek χam	נֶשֶׁק חַם (ז)
arma (f) branca	'neʃek kar	נֶשֶׁק קַר (ז)

arma (f) química	'neʃek 'χimi	נֶשֶק כִימִי (ז)
nuclear (adj)	gar'ini	גַרעִינִי
arma (f) nuclear	'neʃek gar'ini	נֶשֶק גַרעִינִי (ז)
bomba (f)	ptsatsa	פּצָצָה (נ)
bomba (f) atômica	ptsatsa a'tomit	פּצָצָה אָטוֹמִית (נ)
pistola (f)	ekdaχ	אֶקדָח (ז)
rifle (m)	rove	רוֹבֶה (ז)
semi-automática (f)	tat mak'le'a	תַת-מַקלֵעַ (ז)
metralhadora (f)	mak'le'a	מַקלֵעַ (ז)
boca (f)	kane	קָנֶה (ז)
cano (m)	kane	קָנֶה (ז)
calibre (m)	ka'liber	קָלִיבֶּר (ז)
gatilho (m)	'hedek	הֶדֶק (ז)
mira (f)	ka'venet	כַוֶנֶת (נ)
carregador (m)	maχsanit	מַחסָנִית (נ)
coronha (f)	kat	קַת (נ)
granada (f) de mão	rimon	רִימוֹן (ז)
explosivo (m)	'χomer 'nefets	חוֹמֶר נֶפֶץ (ז)
bala (f)	ka'li'a	קָלִיעַ (ז)
cartucho (m)	kadur	כַּדוּר (ז)
carga (f)	te'ina	טעִינָה (נ)
munições (f pl)	taχ'moʃet	תַחמוֹשֶת (נ)
bombardeiro (m)	maftsits	מַפצִיץ (ז)
avião (m) de caça	metos krav	מְטוֹס קרָב (ז)
helicóptero (m)	masok	מָסוֹק (ז)
canhão (m) antiaéreo	totaχ 'neged metosim	תוֹתָח נֶגֶד מְטוֹסִים (ז)
tanque (m)	tank	טַנק (ז)
canhão (de um tanque)	totaχ	תוֹתָח (ז)
artilharia (f)	arti'lerya	אַרטִילֶריָה (נ)
canhão (m)	totaχ	תוֹתָח (ז)
fazer a pontaria	leχaven	לְכַוֵון
projétil (m)	pagaz	פֶּגֶז (ז)
granada (f) de morteiro	ptsatsat margema	פּצָצַת מַרגֵמָה (נ)
morteiro (m)	margema	מַרגֵמָה (נ)
estilhaço (m)	resis	רְסִיס (ז)
submarino (m)	tso'lelet	צוֹלֶלֶת (נ)
torpedo (m)	tor'pedo	טוֹרפֶּדוֹ (ז)
míssil (m)	til	טִיל (ז)
carregar (uma arma)	lit'on	לִטעוֹן
disparar, atirar (vi)	lirot	לִירוֹת
apontar para ...	leχaven	לְכַוֵון
baioneta (f)	kidon	כִּידוֹן (ז)
espada (f)	'χerev	חֶרֶב (נ)
sabre (m)	'χerev paraʃim	חֶרֶב פָּרָשִים (ז)

lança (f)	χanit	חֲנִית (נ)
arco (m)	'keʃet	קֶשֶׁת (נ)
flecha (f)	χets	חֵץ (ז)
mosquete (m)	musket	מוּסְקֶט (ז)
besta (f)	'keʃet metsu'levet	קֶשֶׁת מְצוּלֶבֶת (נ)

187. Povos da antiguidade

primitivo (adj)	kadmon	קַדְמוֹן
pré-histórico (adj)	prehis'tori	פְּרֶהִיסְטוֹרִי
antigo (adj)	atik	עַתִּיק

Idade (f) da Pedra	idan ha''even	עִידָן הָאֶבֶן (ז)
Idade (f) do Bronze	idan ha'arad	עִידָן הָאָרָד (ז)
Era (f) do Gelo	idan ha'keraχ	עִידָן הַקֶּרַח (ז)

tribo (f)	'ʃevet	שֵׁבֶט (ז)
canibal (m)	oχel adam	אוֹכֵל אָדָם (ז)
caçador (m)	tsayad	צַיָּיד (ז)
caçar (vi)	latsud	לָצוּד
mamute (m)	ma'muta	מָמוּטָה (נ)

caverna (f)	me'ara	מְעָרָה (נ)
fogo (m)	eʃ	אֵשׁ (נ)
fogueira (f)	medura	מְדוּרָה (נ)
pintura (f) rupestre	pet'roglif	פֶּטְרוֹגְלִיף (ז)

ferramenta (f)	kli	כְּלִי (ז)
lança (f)	χanit	חֲנִית (נ)
machado (m) de pedra	garzen ha'even	גַּרְזֶן הָאֶבֶן (ז)

| guerrear (vt) | lehilaχem | לְהִילָחֵם |
| domesticar (vt) | levayet | לְבַיֵּית |

| ídolo (m) | 'pesel | פֶּסֶל (ז) |
| adorar, venerar (vt) | la'avod et | לַעֲבוֹד אֶת |

| superstição (f) | emuna tfela | אֱמוּנָה תְּפֵלָה (נ) |
| ritual (m) | 'tekes | טֶקֶס (ז) |

| evolução (f) | evo'lutsya | אֶבוֹלוּצְיָה (נ) |
| desenvolvimento (m) | hitpatχut | הִתְפַּתְּחוּת (נ) |

| extinção (f) | he'almut | הֵיעָלְמוּת (נ) |
| adaptar-se (vr) | lehistagel | לְהִסְתַּגֵּל |

arqueologia (f)	arχe'o'logya	אַרְכֵיאוֹלוֹגְיָה (נ)
arqueólogo (m)	arχe'olog	אַרְכֵיאוֹלוֹג (ז)
arqueológico (adj)	arχe'o'logi	אַרְכֵיאוֹלוֹגִי

escavação (sítio)	atar χafirot	אֲתַר חֲפִירוֹת (ז)
escavações (f pl)	χafirot	חֲפִירוֹת (נ"ר)
achado (m)	mimtsa	מִמְצָא (ז)
fragmento (m)	resis	רְסִיס (ז)

188. Idade média

povo (m)	am	עַם (ז)
povos (m pl)	amim	עַמִים (ז"ר)
tribo (f)	ʃevet	שֵׁבֶט (ז)
tribos (f pl)	ʃvatim	שְׁבָטִים (ז"ר)

bárbaros (pl)	bar'barim	בַּרְבָּרִים (ז"ר)
galeses (pl)	'galim	גָּאלִים (ז"ר)
godos (pl)	'gotim	גּוֹתִים (ז"ר)
eslavos (pl)	'slavim	סְלָאבִים (ז"ר)
viquingues (pl)	'vikingim	וִיקִינגִים (ז"ר)

| romanos (pl) | roma'im | רוֹמָאִים (ז"ר) |
| romano (adj) | 'romi | רוֹמִי |

bizantinos (pl)	bi'zantim	בִּיזַנטִים (ז"ר)
Bizâncio	bizantion, bizants	בִּיזַנטִיוֹן, בִּיזַנץ (נ)
bizantino (adj)	bi'zanti	בִּיזַנטִי

imperador (m)	keisar	קֵיסָר (ז)
líder (m)	manhig	מַנהִיג (ז)
poderoso (adj)	rav 'koaχ	רַב־כּוֹחַ
rei (m)	'meleχ	מֶלֶךְ (ז)
governante (m)	ʃalit	שַׁלִיט (ז)

cavaleiro (m)	abir	אַבִּיר (ז)
senhor feudal (m)	fe'odal	פִיאוֹדָל (ז)
feudal (adj)	fe'o'dali	פִיאוֹדָלִי
vassalo (m)	vasal	וַסָל (ז)

duque (m)	dukas	דוּכָּס (ז)
conde (m)	rozen	רוֹזֵן (ז)
barão (m)	baron	בָּרוֹן (ז)
bispo (m)	'biʃof	בִּישׁוֹף (ז)

armadura (f)	ʃiryon	שִׁריוֹן (ז)
escudo (m)	magen	מָגֵן (ז)
espada (f)	'χerev	חֶרֶב (נ)
viseira (f)	magen panim	מָגֵן פָּנִים (ז)
cota (f) de malha	ʃiryon kaskasim	שִׁריוֹן קַשׂקַשִׂים (ז)

| cruzada (f) | masa tslav | מַסָע צְלָב (ז) |
| cruzado (m) | tsalban | צַלבָּן (ז) |

território (m)	'ʃetaχ	שֶׁטַח (ז)
atacar (vt)	litkof	לִתקוֹף
conquistar (vt)	liχboʃ	לִכבּוֹשׁ
ocupar, invadir (vt)	lehiʃtalet	לְהִשׁתַלֵט

assédio, sítio (m)	matsor	מָצוֹר (ז)
sitiado (adj)	natsur	נָצוּר
assediar, sitiar (vt)	latsur	לָצוּר
inquisição (f)	inkvi'zitsya	אִינקוּוִיזִיצִיָה (נ)
inquisidor (m)	inkvi'zitor	אִינקוּוִיזִיטוֹר (ז)

tortura (f)	inui	עִינוּי (ז)
cruel (adj)	aχzari	אַכְזָרִי
herege (m)	kofer	כּוֹפֵר (ז)
heresia (f)	kfira	כְּפִירָה (נ)

navegação (f) marítima	haflaga bayam	הַפְלָגָה בַיָם (נ)
pirata (m)	ʃoded yam	שׁוֹדֵד יָם (ז)
pirataria (f)	pi'ratiyut	פִּירָטִיוּת (נ)
abordagem (f)	la'alot al	לַעֲלוֹת עַל
presa (f), butim (m)	ʃalal	שָׁלָל (ז)
tesouros (m pl)	oʦarot	אוֹצָרוֹת (ז"ר)

descobrimento (m)	taglit	תַגְלִית (נ)
descobrir (novas terras)	legalot	לְגַלוֹת
expedição (f)	miʃ'laχat	מִשְׁלַחַת (נ)

mosqueteiro (m)	musketer	מוּסְקֶטֵר (ז)
cardeal (m)	χaʃman	חַשְׁמָן (ז)
heráldica (f)	he'raldika	הֶכַלְדִיקָה (נ)
heráldico (adj)	he'raldi	הֶכַלְדִי

189. Líder. Chefe. Autoridades

rei (m)	'meleχ	מֶלֶךְ (ז)
rainha (f)	malka	מַלְכָּה (נ)
real (adj)	malχuti	מַלְכוּתִי
reino (m)	mamlaχa	מַמְלָכָה (נ)

| príncipe (m) | nasiχ | נָסִיךְ (ז) |
| princesa (f) | nesiχa | נְסִיכָה (נ) |

presidente (m)	nasi	נָשִׂיא (ז)
vice-presidente (m)	sgan nasi	סְגַן נָשִׂיא (ז)
senador (m)	se'nator	סֶנָאטוֹר (ז)

monarca (m)	'meleχ	מֶלֶךְ (ז)
governante (m)	ʃalit	שַׁלִיט (ז)
ditador (m)	rodan	רוֹדָן (ז)
tirano (m)	aruʦ	עָרוּץ (ז)
magnata (m)	eil hon	אֵיל הוֹן (ז)

diretor (m)	menahel	מְנַהֵל (ז)
chefe (m)	menahel, roʃ	מְנַהֵל (ז), רֹאשׁ (ז)
gerente (m)	menahel	מְנַהֵל (ז)
patrão (m)	bos	בּוֹס (ז)
dono (m)	'ba'al	בַּעַל (ז)

líder (m)	manhig	מַנְהִיג (ז)
chefe (m)	roʃ	רֹאשׁ (ז)
autoridades (f pl)	ʃiltonot	שִׁלְטוֹנוֹת (ז"ר)
superiores (m pl)	memunim	מְמוּנִים (ז"ר)

| governador (m) | moʃel | מוֹשֵׁל (ז) |
| cônsul (m) | 'konsul | קוֹנְסוּל (ז) |

diplomata (m)	diplomat	דִּיפּלוֹמָט (ז)
Presidente (m) da Câmara	roʃ ha'ir	רֹאשׁ הָעִיר (ז)
xerife (m)	ʃerif	שֶׁרִיף (ז)

imperador (m)	keisar	קֵיסָר (ז)
czar (m)	tsar	צָאר (ז)
faraó (m)	par'o	פַּרְעֹה (ז)
cã, khan (m)	χan	חָאן (ז)

190. Estrada. Caminho. Direções

| estrada (f) | 'dereχ | דֶּרֶךְ (נ) |
| via (f) | kivun | כִּיווּן (ז) |

rodovia (f)	kviʃ mahir	כְּבִישׁ מָהִיר (ז)
autoestrada (f)	kviʃ mahir	כְּבִישׁ מָהִיר (ז)
estrada (f) nacional	kviʃ le'umi	כְּבִישׁ לְאוּמִי (ז)

| estrada (f) principal | kviʃ raʃi | כביש רָאשִׁי (ז) |
| estrada (f) de terra | 'dereχ afar | דֶּרֶךְ עָפָר (נ) |

| trilha (f) | ʃvil | שְׁבִיל (ז) |
| pequena trilha (f) | ʃvil | שְׁבִיל (ז) |

Onde?	'eifo?	אֵיפֹה?
Para onde?	le'an?	לְאָן?
De onde?	me''eifo?	מֵאֵיפֹה?

| direção (f) | kivun | כִּיווּן (ז) |
| indicar (~ o caminho) | lenatev | לְנַתֵּב |

para a esquerda	'smola	שְׂמֹאלָה
para a direita	ya'mina	יָמִינָה
em frente	yaʃar	יָשָׁר
para trás	a'χora	אֲחוֹרָה

curva (f)	ikul	עִיקּוּל (ז)
virar (~ para a direita)	lifnot	לִפְנוֹת
dar retorno	leva'tse'a pniyat parsa	לְבַצֵּעַ פְּנִיַּת פַּרְסָה

| estar visível | lihyot nir'a | לִהְיוֹת נִרְאֶה |
| aparecer (vi) | leho'fi'a | לְהוֹפִיעַ |

paragem (pausa)	taχana	תַּחֲנָה (נ)
descansar (vi)	la'nuaχ	לָנוּחַ
descanso, repouso (m)	menuχa	מְנוּחָה (נ)

perder-se (vr)	lit'ot	לִתְעוֹת
conduzir a … (caminho)	lehovil le…	לְהוֹבִיל לְ…
chegar a …	latset le…	לָצֵאת לְ…
trecho (m)	'keta	קֶטַע (ז)

| asfalto (m) | asfalt | אַסְפַלְט (ז) |
| meio-fio (m) | sfat midraχa | שְׂפַת מִדְרָכָה (נ) |

valeta (f)	te'ala	תְּעָלָה (נ)
tampa (f) de esgoto	bor	בּוֹר (ז)
acostamento (m)	ʃulei ha'derex	שׁוּלֵי הַדֶּרֶךְ (ז"ר)
buraco (m)	bor	בּוֹר (ז)

| ir (a pé) | la'lexet | לָלֶכֶת |
| ultrapassar (vt) | la'akof | לַעֲקוֹף |

| passo (m) | 'tsaʻad | צַעַד (ז) |
| a pé | ba'regel | בְּרֶגֶל |

bloquear (vt)	laxsom	לַחְסוֹם
cancela (f)	maxsom	מַחְסוֹם (ז)
beco (m) sem saída	mavoi satum	מָבוֹי סָתוּם (ז)

191. Violação da lei. Criminosos. Parte 1

bandido (m)	ʃoded	שׁוֹדֵד (ז)
crime (m)	'peʃa	פֶּשַׁע (ז)
criminoso (m)	po'ʃeʻa	פּוֹשֵׁעַ (ז)

ladrão (m)	ganav	גַּנָּב (ז)
roubar (vt)	lignov	לִגְנוֹב
furto, roubo (m)	gneva	גְּנֵיבָה (נ)

raptar, sequestrar (vt)	laxatof	לַחֲטוֹף
sequestro (m)	xatifa	חֲטִיפָה (נ)
sequestrador (m)	xotef	חוֹטֵף (ז)

| resgate (m) | 'kofer | כּוֹפֶר (ז) |
| pedir resgate | lidroʃ 'kofer | לִדְרוֹשׁ כּוֹפֶר |

roubar (vt)	liʃdod	לִשְׁדוֹד
assalto, roubo (m)	ʃod	שׁוֹד (ז)
assaltante (m)	ʃoded	שׁוֹדֵד (ז)

extorquir (vt)	lisxot	לִסְחוֹט
extorsionário (m)	saxtan	סַחְטָן (ז)
extorsão (f)	saxtanut	סַחְטָנוּת (נ)

matar, assassinar (vt)	lir'tsoax	לִרְצוֹחַ
homicídio (m)	'retsax	רֶצַח (ז)
homicida, assassino (m)	ro'tseax	רוֹצֵחַ (ז)

tiro (m)	yeriya	יְרִיָּה (נ)
dar um tiro	lirot	לִירוֹת
matar a tiro	lirot la'mavet	לִירוֹת לַמָּוֶת
disparar, atirar (vi)	lirot	לִירוֹת
tiroteio (m)	'yeri	יְרִי (ז)

incidente (m)	takrit	תַּקְרִית (נ)
briga (~ de rua)	ktata	קְטָטָה (נ)
Socorro!	ha'tsilu!	הַצִּילוּ!
vítima (f)	nifga	נִפְגָּע (ז)

danificar (vt)	lekalkel	לְקַלְקֵל
dano (m)	'nezek	נֶזֶק (ז)
cadáver (m)	gufa	גּוּפָה (נ)
grave (adj)	χamur	חָמוּר

atacar (vt)	litkof	לִתְקוֹף
bater (espancar)	lehakot	לְהַכּוֹת
espancar (vt)	lehakot	לְהַכּוֹת
tirar, roubar (dinheiro)	la'kaχat be'koaχ	לָקַחַת בְּכוֹחַ
esfaquear (vt)	lidkor le'mavet	לִדְקוֹר לָמָוֶת
mutilar (vt)	lehatil mum	לְהָטִיל מוּם
ferir (vt)	lif'tso'a	לִפְצוֹעַ

chantagem (f)	saχtanut	סַחְטָנוּת (נ)
chantagear (vt)	lisχot	לִסְחוֹט
chantagista (m)	saχtan	סַחְטָן (ז)

extorsão (f)	dmei χasut	דְּמֵי חָסוּת (ז"ר)
extorsionário (m)	gove χasut	גּוֹבֶה חָסוּת (ז)
gângster (m)	'gangster	גַּנְגְּסְטֶר (ז)
máfia (f)	'mafya	מָאפְיָה (נ)

punguista (m)	kayas	כַּיָּס (ז)
assaltante, ladrão (m)	porets	פּוֹרֵץ (ז)
contrabando (m)	havraχa	הַבְרָחָה (נ)
contrabandista (m)	mav'riaχ	מַבְרִיחַ (ז)

falsificação (f)	ziyuf	זִיּוּף (ז)
falsificar (vt)	lezayef	לְזַיֵּף
falsificado (adj)	mezuyaf	מְזוּיָּף

192. Violação da lei. Criminosos. Parte 2

estupro (m)	'ones	אוֹנֶס (ז)
estuprar (vt)	le'enos	לֶאֱנוֹס
estuprador (m)	anas	אַנָּס (ז)
maníaco (m)	'manyak	מַנְיָאק (ז)

prostituta (f)	zona	זוֹנָה (נ)
prostituição (f)	znut	זְנוּת (נ)
cafetão (m)	sarsur	סַרְסוּר (ז)

| drogado (m) | narkoman | נַרְקוֹמָן (ז) |
| traficante (m) | soχer samim | סוֹחֵר סַמִּים (ז) |

explodir (vt)	lefotsets	לְפוֹצֵץ
explosão (f)	pitsuts	פִּיצוּץ (ז)
incendiar (vt)	lehatsit	לְהַצִּית
incendiário (m)	matsit	מַצִּית (ז)

terrorismo (m)	terorizm	טֶרוֹרִיזְם (ז)
terrorista (m)	meχabel	מְחַבֵּל (ז)
refém (m)	ben aruba	בֶּן עֲרוּבָּה (ז)
enganar (vt)	lehonot	לְהוֹנוֹת

| engano (m) | hona'a | הוֹנָאָה (נ) |
| vigarista (m) | ramai | רַמַאי (ז) |

subornar (vt)	lefaxed	לְשַׁחֵד
suborno (atividade)	'foxad	שׁוֹחַד (ז)
suborno (dinheiro)	'foxad	שׁוֹחַד (ז)

veneno (m)	'ra'al	רַעַל (ז)
envenenar (vt)	lehar'il	לְהַרְעִיל
envenenar-se (vr)	lehar'il et atsmo	לְהַרְעִיל אֶת עַצְמוֹ

| suicídio (m) | hit'abdut | הִתְאַבְּדוּת (נ) |
| suicida (m) | mit'abed | מִתְאַבֵּד (ז) |

ameaçar (vt)	le'ayem	לְאַיֵּם
ameaça (f)	iyum	אִיּוּם (ז)
atentar contra a vida de ...	lehitnakef	לְהִתְנַקֵּשׁ
atentado (m)	nisayon hitnakfut	נִיסָיוֹן הִתְנַקְּשׁוּת (ז)

| roubar (um carro) | lignov | לִגְנוֹב |
| sequestrar (um avião) | laxatof matos | לַחֲטוֹף מָטוֹס |

| vingança (f) | nekama | נְקָמָה (נ) |
| vingar (vt) | linkom | לִנְקוֹם |

torturar (vt)	la'anot	לְעַנּוֹת
tortura (f)	inui	עִינּוּי (ז)
atormentar (vt)	leyaser	לְיַיסֵר

pirata (m)	foded yam	שׁוֹדֵד יָם (ז)
desordeiro (m)	xuligan	חוּלִיגָאן (ז)
armado (adj)	mezuyan	מְזוּיָן
violência (f)	alimut	אַלִּימוּת (נ)
ilegal (adj)	'bilti le'gali	בִּלְתִּי לֶגָלִי

| espionagem (f) | rigul | רִיגוּל (ז) |
| espionar (vi) | leragel | לְרַגֵּל |

193. Polícia. Lei. Parte 1

| justiça (sistema de ~) | 'tsedek | צֶדֶק (ז) |
| tribunal (m) | beit mifpat | בֵּית מִשְׁפָּט (ז) |

juiz (m)	fofet	שׁוֹפֵט (ז)
jurados (m pl)	mufba'im	מוּשְׁבָּעִים (ז"ר)
tribunal (m) do júri	xaver mufba'im	חֶבֶר מוּשְׁבָּעִים (ז)
julgar (vt)	lifpot	לִשְׁפּוֹט

advogado (m)	orex din	עוֹרֵךְ דִּין (ז)
réu (m)	omed lemifpat	עוֹמֵד לְמִשְׁפָּט (ז)
banco (m) dos réus	safsal ne'efamim	סַפְסַל נֶאֱשָׁמִים (ז)

| acusação (f) | ha'afama | הַאֲשָׁמָה (נ) |
| acusado (m) | ne'efam | נֶאֱשָׁם (ז) |

sentença (f)	gzar din	גְּזַר דִּין (ז)
sentenciar (vt)	lifsok	לִפְסוֹק
culpado (m)	aʃem	אָשֵׁם (ז)
punir (vt)	leha'aniʃ	לְהַעֲנִישׁ
punição (f)	'oneʃ	עוֹנֶשׁ (ז)
multa (f)	knas	קְנָס (ז)
prisão (f) perpétua	ma'asar olam	מַאֲסָר עוֹלָם (ז)
pena (f) de morte	'oneʃ 'mavet	עוֹנֶשׁ מָוֶת (ז)
cadeira (f) elétrica	kise χaʃmali	כִּיסֵא חַשְׁמַלִּי (ז)
forca (f)	gardom	גַּרְדּוֹם (ז)
executar (vt)	lehotsi la'horeg	לְהוֹצִיא לַהוֹרֵג
execução (f)	hatsa'a le'horeg	הוֹצָאָה לַהוֹרֵג (ז)
prisão (f)	beit 'sohar	בֵּית סוֹהַר (ז)
cela (f) de prisão	ta	תָּא (ז)
escolta (f)	miʃmar livui	מִשְׁמָר לִיווּי (ז)
guarda (m) prisional	soher	סוֹהֵר (ז)
preso, prisioneiro (m)	asir	אָסִיר (ז)
algemas (f pl)	azikim	אֲזִיקִים (ז"ר)
algemar (vt)	liχbol be'azikim	לִכְבּוֹל בְּאֲזִיקִים
fuga, evasão (f)	briχa	בְּרִיחָה (נ)
fugir (vi)	liv'roaχ	לִבְרוֹחַ
desaparecer (vi)	lehe'alem	לְהֵיעָלֵם
soltar, libertar (vt)	leʃaχrer	לְשַׁחְרֵר
anistia (f)	χanina	חֲנִינָה (נ)
polícia (instituição)	miʃtara	מִשְׁטָרָה (נ)
polícia (m)	ʃoter	שׁוֹטֵר (ז)
delegacia (f) de polícia	taχanat miʃtara	תַּחֲנַת מִשְׁטָרָה (נ)
cassetete (m)	ala	אַלָּה (נ)
megafone (m)	megafon	מֶגָפוֹן (ז)
carro (m) de patrulha	na'yedet	נַיֶּדֶת (נ)
sirene (f)	tsofar	צוֹפָר (ז)
ligar a sirene	lehaf'il tsofar	לְהַפְעִיל צוֹפָר
toque (m) da sirene	tsfira	צְפִירָה (נ)
cena (f) do crime	zirat 'peʃa	זִירַת פֶּשַׁע (נ)
testemunha (f)	ed	עֵד (ז)
liberdade (f)	'χofeʃ	חוֹפֶשׁ (ז)
cúmplice (m)	ʃutaf	שׁוּתָף (ז)
escapar (vi)	lehiχave	לְהֵיחָבֵא
traço (não deixar ~s)	akev	עָקֵב (ז)

194. Polícia. Lei. Parte 2

procura (f)	χipus	חִיפּוּשׂ (ז)
procurar (vt)	leχapes	לְחַפֵּשׂ

suspeita (f)	χaʃad	חָשָׁד (ז)
suspeito (adj)	χaʃud	חָשׁוּד
parar (veículo, etc.)	la'atsor	לַעֲצוֹר
deter (fazer parar)	la'atsor	לַעֲצוֹר
caso (~ criminal)	tik	תִּיק (ז)
investigação (f)	χakira	חֲקִירָה (נ)
detetive (m)	balaʃ	בַּלָּשׁ (ז)
investigador (m)	χoker	חוֹקֵר (ז)
versão (f)	haʃʼara	הַשְׁעָרָה (נ)
motivo (m)	meʼniʻa	מֵנִיעַ (ז)
interrogatório (m)	χakira	חֲקִירָה (נ)
interrogar (vt)	laχkor	לַחֲקוֹר
questionar (vt)	letaʃʼel	לְתַשְׁאֵל
verificação (f)	bdika	בְּדִיקָה (נ)
batida (f) policial	matsod	מָצוֹד (ז)
busca (f)	χipus	חִיפּוּשׂ (ז)
perseguição (f)	mirdaf	מִרְדָּף (ז)
perseguir (vt)	lirdof aχarei	לִרְדּוֹף אַחֲרֵי
seguir, rastrear (vt)	laʻakov aχarei	לַעֲקוֹב אַחֲרֵי
prisão (f)	maʼasar	מַאֲסָר (ז)
prender (vt)	leʼesor	לֶאֱסוֹר
pegar, capturar (vt)	lilkod	לִלְכּוֹד
captura (f)	leχida	לְכִידָה (נ)
documento (m)	mismaχ	מִסְמָךְ (ז)
prova (f)	hoχaχa	הוֹכָחָה (נ)
provar (vt)	lehoʼχiaχ	לְהוֹכִיחַ
pegada (f)	akev	עָקֵב (ז)
impressões (f pl) digitais	tviʼot etsbaʻot	טְבִיעוֹת אֶצְבָּעוֹת (נ"ר)
prova (f)	reʼaya	רְאָיָה (נ)
álibi (m)	ʼalibi	אָלִיבִּי (ז)
inocente (adj)	χaf miʼpeʃa	חַף מִפֶּשַׁע
injustiça (f)	i ʼtsedek	אִי צֶדֶק (ז)
injusto (adj)	lo tsodek	לֹא צוֹדֵק
criminal (adj)	plili	פְּלִילִי
confiscar (vt)	lehaχrim	לְהַחְרִים
droga (f)	sam	סַם (ז)
arma (f)	ʼneʃek	נֶשֶׁק (ז)
desarmar (vt)	lifrok miʼneʃek	לְפָרֵק מִנֶּשֶׁק
ordenar (vt)	lifkod	לִפְקוֹד
desaparecer (vi)	leheʻalem	לְהֵיעָלֵם
lei (f)	χok	חוֹק (ז)
legal (adj)	χuki	חוּקִי
ilegal (adj)	ʼbilti χuki	בָּלְתִּי חוּקִי
responsabilidade (f)	aχrayut	אַחְרָיוּת (נ)
responsável (adj)	aχrai	אַחְרָאִי

NATUREZA

A Terra. Parte 1

195. Espaço sideral

espaço, cosmo (m)	χalal	חָלָל (ז)
espacial, cósmico (adj)	ʃel χalal	שֶׁל חָלָל
espaço (m) cósmico	χalal χitson	חָלָל חִיצוֹן (ז)
mundo (m)	olam	עוֹלָם (ז)
universo (m)	yekum	יְקוּם (ז)
galáxia (f)	ga'laksya	גָלַקְסְיָה (נ)
estrela (f)	koχav	כּוֹכָב (ז)
constelação (f)	tsvir koχavim	צְבִיר כּוֹכָבִים (ז)
planeta (m)	koχav 'leχet	כּוֹכָב לֶכֶת (ז)
satélite (m)	lavyan	לָוְיָן (ז)
meteorito (m)	mete'orit	מֶטֶאוֹרִיט (ז)
cometa (m)	koχav ʃavit	כּוֹכָב שָׁבִיט (ז)
asteroide (m)	aste'ro'id	אַסְטֶרוֹאִיד (ז)
órbita (f)	maslul	מַסְלוּל (ז)
girar (vi)	lesovev	לְסוֹבֵב
atmosfera (f)	atmos'fera	אַטְמוֹסְפֶרָה (נ)
Sol (m)	'ʃemeʃ	שֶׁמֶשׁ (נ)
Sistema (m) Solar	ma'a'reχet ha'ʃemeʃ	מַעֲרֶכֶת הַשֶׁמֶשׁ (נ)
eclipse (m) solar	likui χama	לִיקּוּי חַמָה (ז)
Terra (f)	kadur ha''arets	כַּדוּר הָאָרֶץ (ז)
Lua (f)	ya'reaχ	יָרֵחַ (ז)
Marte (m)	ma'adim	מַאֲדִים (ז)
Vênus (f)	'noga	נוֹגַה (ז)
Júpiter (m)	'tsedek	צֶדֶק (ז)
Saturno (m)	ʃabtai	שַׁבְּתַאי (ז)
Mercúrio (m)	koχav χama	כּוֹכָב חַמָה (ז)
Urano (m)	u'ranus	אוּרָנוּס (ז)
Netuno (m)	neptun	נֶפְּטוּן (ז)
Plutão (m)	'pluto	פְּלוּטוֹ (ז)
Via Láctea (f)	ʃvil haχalav	שְׁבִיל הֶחָלָב (ז)
Ursa Maior (f)	duba gdola	דוּבָּה גְדוֹלָה (נ)
Estrela Polar (f)	koχav hatsafon	כּוֹכָב הַצָפוֹן (ז)
marciano (m)	toʃav ma'adim	תוֹשָׁב מַאֲדִים (ז)
extraterrestre (m)	χutsan	חוּצָן (ז)

alienígena (m)	χaizar	חַייָזָר (ז)
disco (m) voador	tsa'laχat me'o'fefet	צַלַחַת מְעוֹפֶפֶת (נ)
espaçonave (f)	χalalit	חָלָלִית (נ)
estação (f) orbital	taχanat χalal	תַחֲנַת חָלָל (נ)
lançamento (m)	hamra'a	הַמרָאָה (נ)
motor (m)	ma'no'a	מָנוֹעַ (ז)
bocal (m)	neχir	נְחִיר (ז)
combustível (m)	'delek	דֶלֶק (ז)
cabine (f)	'kokpit	קוֹקפִּיט (ז)
antena (f)	an'tena	אַנטֶנָה (נ)
vigia (f)	eʃnav	אֶשנָב (ז)
bateria (f) solar	'luaχ so'lari	לוּחַ סוֹלָרִי (ז)
traje (m) espacial	χalifat χalal	חֲלִיפַת חָלָל (נ)
imponderabilidade (f)	'χoser miʃkal	חוֹסֶר מִשקָל (ז)
oxigênio (m)	χamtsan	חַמצָן (ז)
acoplagem (f)	agina	עֲגִינָה (נ)
fazer uma acoplagem	la'agon	לַעֲגוֹן
observatório (m)	mitspe koχavim	מִצפֵּה כּוֹכָבִים (ז)
telescópio (m)	teleskop	טֶלֶסקוֹפּ (ז)
observar (vt)	litspot, lehaʃkif	לִצפּוֹת, לְהַשקִיף
explorar (vt)	laχkor	לַחקוֹר

196. A Terra

Terra (f)	kadur ha''arets	כַּדוּר הָאָרֶץ (ז)
globo terrestre (Terra)	kadur ha''arets	כַּדוּר הָאָרֶץ (ז)
planeta (m)	koχav 'leχet	כּוֹכַב לֶכֶת (ז)
atmosfera (f)	atmos'fera	אַטמוֹספֶרָה (נ)
geografia (f)	ge'o'grafya	גִיאוֹגרַפיָה (נ)
natureza (f)	'teva	טֶבַע (ז)
globo (mapa esférico)	'globus	גלוֹבּוּס (ז)
mapa (m)	mapa	מַפָּה (נ)
atlas (m)	'atlas	אַטלָס (ז)
Europa (f)	ei'ropa	אֵירוֹפָּה (נ)
Ásia (f)	'asya	אַסיָה (נ)
África (f)	'afrika	אַפרִיקָה (נ)
Austrália (f)	ost'ralya	אוֹסטרַליָה (נ)
América (f)	a'merika	אָמֶרִיקָה (נ)
América (f) do Norte	a'merika hatsfonit	אָמֶרִיקָה הַצפוֹנִית (נ)
América (f) do Sul	a'merika hadromit	אָמֶרִיקָה הַדרוֹמִית (נ)
Antártida (f)	ya'beʃet an'tarktika	יַבֶּשֶת אַנטָארקטִיקָה (נ)
Ártico (m)	'arktika	אַרקטִיקָה (נ)

197. Pontos cardeais

norte (m)	tsafon	צָפוֹן (ז)
para norte	tsa'fona	צָפוֹנָה
no norte	batsafon	בַּצָּפוֹן
do norte (adj)	tsfoni	צפוֹנִי
sul (m)	darom	דָרוֹם (ז)
para sul	da'roma	דָרוֹמָה
no sul	badarom	בַּדָרוֹם
do sul (adj)	dromi	דרוֹמִי
oeste, ocidente (m)	ma'arav	מַעֲרָב (ז)
para oeste	ma'a'rava	מַעֲרָבָה
no oeste	bama'arav	בַּמַעֲרָב
ocidental (adj)	ma'aravi	מַעֲרָבִי
leste, oriente (m)	mizrax	מִזרָח (ז)
para leste	miz'raxa	מִזרָחָה
no leste	bamizrax	בַּמִזרָח
oriental (adj)	mizraxi	מִזרָחִי

198. Mar. Oceano

mar (m)	yam	יָם (ז)
oceano (m)	ok'yanos	אוֹקיָאנוֹס (ז)
golfo (m)	mifrats	מִפרָץ (ז)
estreito (m)	meitsar	מֵיצָר (ז)
terra (f) firme	yabaʃa	יַבָּשָה (נ)
continente (m)	ya'beʃet	יַבֶּשֶת (נ)
ilha (f)	i	אִי (ז)
península (f)	xatsi i	חֲצִי אִי (ז)
arquipélago (m)	arxipelag	אַרכִיפֶּלָג (ז)
baía (f)	mifrats	מִפרָץ (ז)
porto (m)	namal	נָמֵל (ז)
lagoa (f)	la'guna	לָגוֹנָה (נ)
cabo (m)	kef	כֵּף (ז)
atol (m)	atol	אָטוֹל (ז)
recife (m)	ʃunit	שוֹנִית (נ)
coral (m)	almog	אַלמוֹג (ז)
recife (m) de coral	ʃunit almogim	שוֹנִית אַלמוֹגִים (נ)
profundo (adj)	amok	עָמוֹק
profundidade (f)	'omek	עוֹמֶק (ז)
abismo (m)	tehom	תהוֹם (נ)
fossa (f) oceânica	maxteʃ	מַכתֵש (ז)
corrente (f)	'zerem	זֶרֶם (ז)
banhar (vt)	lehakif	לְהַקִיף
litoral (m)	xof	חוֹף (ז)

costa (f)	χof yam	חוֹף יָם (ז)
maré (f) alta	ge'ut	גֵּאוּת (נ)
refluxo (m)	ʃefel	שֵׁפֶל (ז)
restinga (f)	sirton	שִׂרְטוֹן (ז)
fundo (m)	karka'it	קַרְקָעִית (נ)

onda (f)	gal	גַּל (ז)
crista (f) da onda	pisgat hagal	פִּסְגַּת הַגַּל (נ)
espuma (f)	'ketsef	קֶצֶף (ז)

tempestade (f)	sufa	סוּפָה (נ)
furacão (m)	hurikan	הוֹרִיקָן (ז)
tsunami (m)	tsu'nami	צוּנָאמִי (ז)
calmaria (f)	'roga	רוֹגַע (ז)
calmo (adj)	ʃalev	שָׁלֵו

| polo (m) | 'kotev | קוֹטֶב (ז) |
| polar (adj) | kotbi | קוֹטְבִּי |

latitude (f)	kav 'roχav	קַו רוֹחַב (ז)
longitude (f)	kav 'oreχ	קַו אוֹרֶךְ (ז)
paralela (f)	kav 'roχav	קַו רוֹחַב (ז)
equador (m)	kav hamaʃve	קַו הַמַּשְׁוֶה (ז)

céu (m)	ʃa'mayim	שָׁמַיִם (ז״ר)
horizonte (m)	'ofek	אוֹפֶק (ז)
ar (m)	avir	אֲוִיר (ז)

farol (m)	migdalor	מִגְדַּלוֹר (ז)
mergulhar (vi)	litslol	לִצְלוֹל
afundar-se (vr)	lit'bo'a	לִטְבּוֹעַ
tesouros (m pl)	otsarot	אוֹצָרוֹת (ז״ר)

199. Nomes de Mares e Oceanos

Oceano (m) Atlântico	ha'ok'yanus ha'at'lanti	הָאוֹקְיָנוֹס הָאַטְלַנְטִי (ז)
Oceano (m) Índico	ha'ok'yanus ha'hodi	הָאוֹקְיָנוֹס הַהוֹדִי (ז)
Oceano (m) Pacífico	ha'ok'yanus haʃaket	הָאוֹקְיָנוֹס הַשָּׁקֵט (ז)
Oceano (m) Ártico	ok'yanos ha'keraχ hatsfoni	אוֹקְיָנוֹס הַקֶּרַח הַצְּפוֹנִי (ז)

Mar (m) Negro	hayam haʃaχor	הַיָּם הַשָּׁחוֹר (ז)
Mar (m) Vermelho	yam suf	יַם סוּף (ז)
Mar (m) Amarelo	hayam hatsahov	הַיָּם הַצָּהוֹב (ז)
Mar (m) Branco	hayam halavan	הַיָּם הַלָּבָן (ז)

Mar (m) Cáspio	hayam ha'kaspi	הַיָּם הַכַּסְפִּי (ז)
Mar (m) Morto	yam ha'melaχ	יַם הַמֶּלַח (ז)
Mar (m) Mediterrâneo	hayam hatiχon	הַיָּם הַתִּיכוֹן (ז)

| Mar (m) Egeu | hayam ha'e'ge'i | הַיָּם הָאֶגֵאִי (ז) |
| Mar (m) Adriático | hayam ha'adri'yati | הַיָּם הָאַדְרִיָאתִי (ז) |

| Mar (m) Arábico | hayam ha'aravi | הַיָּם הָעֲרָבִי (ז) |
| Mar (m) do Japão | hayam haya'pani | הַיָּם הַיַּפָּנִי (ז) |

Mar (m) de Bering	yam 'bering	יָם בֶּרִינג (ז)
Mar (m) da China Meridional	yam sin hadromi	יָם סִין הַדְּרוֹמִי (ז)
Mar (m) de Coral	yam ha'almogim	יָם הָאַלְמוֹגִים (ז)
Mar (m) de Tasman	yam tasman	יָם טַסְמַן (ז)
Mar (m) do Caribe	hayam haka'ribi	הַיָּם הַקָּרִיבִּי (ז)
Mar (m) de Barents	yam 'barents	יָם בָּרֶנְץ (ז)
Mar (m) de Kara	yam 'kara	יָם קָאְרָה (ז)
Mar (m) do Norte	hayam hatsfoni	הַיָּם הַצְּפוֹנִי (ז)
Mar (m) Báltico	hayam ha'balti	הַיָּם הַבַּלְטִי (ז)
Mar (m) da Noruega	hayam hanor'vegi	הַיָּם הַנּוֹרְבֵגִי (ז)

200. Montanhas

montanha (f)	har	הַר (ז)
cordilheira (f)	'reхes harim	רֶכֶס הָרִים (ז)
serra (f)	'reхes har	רֶכֶס הַר (ז)
cume (m)	pisga	פִּסְגָּה (נ)
pico (m)	pisga	פִּסְגָּה (נ)
pé (m)	margelot	מַרְגְּלוֹת (נ"ר)
declive (m)	midron	מִדְרוֹן (ז)
vulcão (m)	har 'ga‘aʃ	הַר גַּעַשׁ (ז)
vulcão (m) ativo	har 'ga‘aʃ pa‘il	הַר גַּעַשׁ פָּעִיל (ז)
vulcão (m) extinto	har 'ga‘aʃ radum	הַר גַּעַשׁ רָדוּם (ז)
erupção (f)	hitpartsut	הִתְפָּרְצוּת (נ)
cratera (f)	lo‘a	לוֹעַ (ז)
magma (m)	megama	מַגְמָה (נ)
lava (f)	'lava	לָאבָה (נ)
fundido (lava ~a)	lohet	לוֹהֵט
cânion, desfiladeiro (m)	kanyon	קַנְיוֹן (ז)
garganta (f)	gai	גַּיְא (ז)
fenda (f)	'beka	בֶּקַע (ז)
precipício (m)	tehom	תְּהוֹם (נ)
passo, colo (m)	ma‘avar harim	מַעֲבַר הָרִים (ז)
planalto (m)	rama	רָמָה (נ)
falésia (f)	tsuk	צוּק (ז)
colina (f)	giv‘a	גִּבְעָה (נ)
geleira (f)	karхon	קַרְחוֹן (ז)
cachoeira (f)	mapal 'mayim	מַפַּל מַיִם (ז)
gêiser (m)	'geizer	גֵּייְזֶר (ז)
lago (m)	agam	אֲגַם (ז)
planície (f)	miʃor	מִישׁוֹר (ז)
paisagem (f)	nof	נוֹף (ז)
eco (m)	hed	הֵד (ז)
alpinista (m)	metapes harim	מְטַפֵּס הָרִים (ז)

escalador (m)	metapes sla'im	מְטַפֵּס סְלָעִים (ז)
conquistar (vt)	liχboʃ	לִכְבּוֹשׁ
subida, escalada (f)	tipus	טִיפּוּס (ז)

201. Nomes de montanhas

Alpes (m pl)	harei ha"alpim	הָרֵי הָאָלְפִּים (ז"ר)
Monte Branco (m)	mon blan	מוֹן בְּלָאן (ז)
Pirineus (m pl)	pire'ne'im	פִּירֶנֶאִים (ז"ר)
Cárpatos (m pl)	kar'patim	קַרְפָּטִים (ז"ר)
Urais (m pl)	harei ural	הָרֵי אוּרַל (ז"ר)
Cáucaso (m)	harei hakavkaz	הָרֵי הַקַּוְקָז (ז"ר)
Elbrus (m)	elbrus	אֶלְבְּרוּס (ז)
Altai (m)	harei altai	הָרֵי אַלְטַאי (ז"ר)
Tian Shan (m)	tyan ʃan	טִיאָן שָׁאן (ז)
Pamir (m)	harei pamir	הָרֵי פָּאמִיר (ז"ר)
Himalaia (m)	harei hehima'laya	הָרֵי הַהִימָלָאיָה (ז"ר)
monte Everest (m)	everest	אֶוֶרֶסְט (ז)
Cordilheira (f) dos Andes	harei ha"andim	הָרֵי הָאָנְדִים (ז"ר)
Kilimanjaro (m)	kiliman'dʒaro	קִילִימַנְג'רוֹ (ז)

202. Rios

rio (m)	nahar	נָהָר (ז)
fonte, nascente (f)	ma'ayan	מַעְיָן (ז)
leito (m) de rio	afik	אָפִיק (ז)
bacia (f)	agan nahar	אֲגַן נָהָר (ז)
desaguar no ...	lehiʃapeχ	לְהִישָׁפֵךְ
afluente (m)	yuval	יוּבָל (ז)
margem (do rio)	χof	חוֹף (ז)
corrente (f)	'zerem	זֶרֶם (ז)
rio abaixo	bemorad hanahar	בְּמוֹרַד הַנָּהָר
rio acima	bema'ale hanahar	בְּמַעֲלֵה הַנָּהָר
inundação (f)	hatsafa	הַצָּפָה (נ)
cheia (f)	ʃitafon	שִׁיטָפוֹן (ז)
transbordar (vi)	la'alot al gdotav	לַעֲלוֹת עַל גְּדוֹתָיו
inundar (vt)	lehatsif	לְהָצִיף
banco (m) de areia	sirton	שִׂרְטוֹן (ז)
corredeira (f)	'eʃed	אֶשֶׁד (ז)
barragem (f)	'seχer	סֶכֶר (ז)
canal (m)	te'ala	תְּעָלָה (נ)
reservatório (m) de água	ma'agar 'mayim	מַאֲגַר מַיִם (ז)
eclusa (f)	ta 'ʃayit	תָּא שַׁיִט (ז)
corpo (m) de água	ma'agar 'mayim	מַאֲגַר מַיִם (ז)

pântano (m)	bitsa	בִּיצָה (נ)
lamaçal (m)	bitsa	בִּיצָה (נ)
redemoinho (m)	me'ar'bolet	מְעַרְבּוֹלֶת (נ)

riacho (m)	'naχal	נַחַל (ז)
potável (adj)	ʃel ʃtiya	שֶׁל שתִייָה
doce (água)	metukim	מְתוּקִים

| gelo (m) | 'keraχ | קֶרַח (ז) |
| congelar-se (vr) | likpo | לִקפוֹא |

203. Nomes de rios

| rio Sena (m) | hasen | הַסֶן (ז) |
| rio Loire (m) | lu'ar | לוּאָר (ז) |

rio Tâmisa (m)	'temza	תָמזָה (ז)
rio Reno (m)	hrain	הרַיין (ז)
rio Danúbio (m)	da'nuba	דָנוּבָּה (ז)

rio Volga (m)	'volga	וֹולגָה (ז)
rio Don (m)	nahar don	נָהָר דוֹן (ז)
rio Lena (m)	'lena	לֶנָה (ז)

rio Amarelo (m)	hvang ho	הוֹאַנג הוֹ (ז)
rio Yangtzé (m)	yangtse	יַאנגצֶה (ז)
rio Mekong (m)	mekong	מֶקוֹנג (ז)
rio Ganges (m)	'ganges	גנגֶס (ז)

rio Nilo (m)	'nilus	נִילוּס (ז)
rio Congo (m)	'kongo	קוֹנגוֹ (ז)
rio Cubango (m)	ok'vango	אוֹקָבַנגוֹ (ז)
rio Zambeze (m)	zam'bezi	זַמבֶּזִי (ז)
rio Limpopo (m)	limpopo	לִימפוֹפוֹ (ז)
rio Mississippi (m)	misi'sipi	מִיסִיסִיפִּי (ז)

204. Floresta

| floresta (f), bosque (m) | 'ya'ar | יַעַר (ז) |
| florestal (adj) | ʃel 'ya'ar | שֶׁל יַעַר |

mata (f) fechada	avi ha'ya'ar	עֲבִי הַיַעַר (ז)
arvoredo (m)	χurʃa	חוּרשָׁה (נ)
clareira (f)	ka'raχat 'ya'ar	קָרַחַת יַעַר (נ)

| matagal (m) | svaχ | סבַךְ (ז) |
| mato (m), caatinga (f) | 'siaχ | שִׂיחַ (ז) |

pequena trilha (f)	ʃvil	שבִיל (ז)
ravina (f)	'emek tsar	עֵמֶק צַר (ז)
árvore (f)	ets	עֵץ (ז)
folha (f)	ale	עָלֶה (ז)

folhagem (f)	alva	עָלְוָה (נ)
queda (f) das folhas	ʃa'leχet	שַׁלֶּכֶת (נ)
cair (vi)	linʃor	לִנְשׁוֹר
topo (m)	tsa'meret	צַמֶּרֶת (נ)

ramo (m)	anaf	עָנָף (ז)
galho (m)	anaf ave	עָנָף עָבֶה (ז)
botão (m)	nitsan	נִיצָן (ז)
agulha (f)	'maχat	מַחַט (נ)
pinha (f)	itstrubal	אָצְטְרוּבָּל (ז)

buraco (m) de árvore	χor ba'ets	חוֹר בָּעֵץ (ז)
ninho (m)	ken	קֵן (ז)
toca (f)	meχila	מְחִילָה (נ)

tronco (m)	'geza	גֶּזַע (ז)
raiz (f)	'ʃoreʃ	שׁוֹרֶשׁ (ז)
casca (f) de árvore	klipa	קְלִיפָּה (נ)
musgo (m)	taχav	טַחַב (ז)

arrancar pela raiz	la'akor	לַעֲקוֹר
cortar (vt)	liχrot	לִכְרוֹת
desflorestar (vt)	levare	לְבָרֵא
toco, cepo (m)	'gedem	גֶּדֶם (ז)

fogueira (f)	medura	מְדוּרָה (נ)
incêndio (m) florestal	srefa	שְׂרֵיפָה (נ)
apagar (vt)	leχabot	לְכַבּוֹת

guarda-parque (m)	ʃomer 'ya'ar	שׁוֹמֵר יַעַר (ז)
proteção (f)	ʃmira	שְׁמִירָה (נ)
proteger (a natureza)	liʃmor	לִשְׁמוֹר
caçador (m) furtivo	tsayad lelo reʃut	צַיָּד לְלֹא רְשׁוּת (ז)
armadilha (f)	mal'kodet	מַלְכּוֹדֶת (נ)

| colher (cogumelos, bagas) | lelaket | לְלַקֵּט |
| perder-se (vr) | lit'ot | לִתְעוֹת |

205. Recursos naturais

recursos (m pl) naturais	otsarot 'teva	אוֹצְרוֹת טֶבַע (ז"ר)
minerais (m pl)	mine'ralim	מִינֶרָלִים (ז"ר)
depósitos (m pl)	mirbats	מִרְבָּץ (ז)
jazida (f)	mirbats	מִרְבָּץ (ז)

extrair (vt)	liχrot	לִכְרוֹת
extração (f)	kriya	כְּרִיָּה (נ)
minério (m)	afra	עַפְרָה (נ)
mina (f)	miχre	מִכְרֶה (ז)
poço (m) de mina	pir	פִּיר (ז)
mineiro (m)	kore	כּוֹרֶה (ז)

| gás (m) | gaz | גָּז (ז) |
| gasoduto (m) | tsinor gaz | צִינוֹר גָּז (ז) |

petróleo (m)	neft	נֶפְט (ז)
oleoduto (m)	tsinor neft	צִינוֹר נֶפְט (ז)
poço (m) de petróleo	be'er neft	בְּאֵר נֶפְט (נ)
torre (f) petrolífera	migdal ki'duax	מִגְדַל קִידוּחַ (ז)
petroleiro (m)	mexalit	מֵיכָלִית (נ)
areia (f)	xol	חוֹל (ז)
calcário (m)	'even gir	אֶבֶן גִיר (נ)
cascalho (m)	xatsats	חָצָץ (ז)
turfa (f)	kavul	כָּבוּל (ז)
argila (f)	tit	טִיט (ז)
carvão (m)	pexam	פֶּחָם (ז)
ferro (m)	barzel	בַּרְזֶל (ז)
ouro (m)	zahav	זָהָב (ז)
prata (f)	'kesef	כֶּסֶף (ז)
níquel (m)	'nikel	נִיקֶל (ז)
cobre (m)	ne'xoʃet	נְחוֹשֶׁת (נ)
zinco (m)	avats	אָבָץ (ז)
manganês (m)	mangan	מַנְגָן (ז)
mercúrio (m)	kaspit	כַּסְפִית (נ)
chumbo (m)	o'feret	עוֹפֶרֶת (נ)
mineral (m)	mineral	מִינְרָל (ז)
cristal (m)	gaviʃ	גָבִיש (ז)
mármore (m)	'ʃayiʃ	שַׁיִש (ז)
urânio (m)	u'ranyum	אוּרָנִיוּם (ז)

A Terra. Parte 2

206. Tempo

tempo (m)	'mezeg avir	מֶזֶג אֲוֹוִיר (ז)
previsão (f) do tempo	taχazit 'mezeg ha'avir	תַּחֲזִית מֶזֶג הָאֲוֹוִיר (נ)
temperatura (f)	tempera'tura	טֶמפֶּרָטוּרָה (נ)
termômetro (m)	madχom	מַדחוֹם (ז)
barômetro (m)	ba'rometer	בָּרוֹמֶטֶר (ז)
úmido (adj)	laχ	לַח
umidade (f)	laχut	לַחוּת (נ)
calor (m)	χom	חוֹם (ז)
tórrido (adj)	χam	חַם
está muito calor	χam	חַם
está calor	χamim	חָמִים
quente (morno)	χamim	חָמִים
está frio	kar	קַר
frio (adj)	kar	קַר
sol (m)	'ʃemeʃ	שֶׁמֶשׁ (נ)
brilhar (vi)	lizhor	לִזהוֹר
de sol, ensolarado	ʃimʃi	שִׁמשִׁי
nascer (vi)	liz'roaχ	לִזרוֹחַ
pôr-se (vr)	liʃ'ko‘a	לִשׁקוֹעַ
nuvem (f)	anan	עָנָן (ז)
nublado (adj)	me'unan	מְעוֹנָן
nuvem (f) preta	av	עָב (ז)
escuro, cinzento (adj)	sagriri	סַגרִירִי
chuva (f)	'geʃem	גֶּשֶׁם (ז)
está a chover	yored 'geʃem	יוֹרֵד גֶּשֶׁם
chuvoso (adj)	gaʃum	גָּשׁוּם
chuviscar (vi)	letaftef	לְטַפטֵף
chuva (f) torrencial	matar	מָטָר (ז)
aguaceiro (m)	mabul	מַבּוּל (ז)
forte (chuva, etc.)	χazak	חָזָק
poça (f)	ʃlulit	שׁלוּלִית (נ)
molhar-se (vr)	lehitratev	לְהִתרַטֵב
nevoeiro (m)	arapel	עֲרָפֶל (ז)
de nevoeiro	me'urpal	מְעוּרפָּל
neve (f)	'ʃeleg	שֶׁלֶג (ז)
está nevando	yored 'ʃeleg	יוֹרֵד שֶׁלֶג

207. Tempo extremo. Catástrofes naturais

trovoada (f)	sufat re'amim	סוּפַת רְעָמִים (נ)
relâmpago (m)	barak	בָּרָק (ז)
relampejar (vi)	livhok	לִבְהוֹק
trovão (m)	'ra'am	רַעַם (ז)
trovejar (vi)	lir'om	לִרְעוֹם
está trovejando	lir'om	לִרְעוֹם
granizo (m)	barad	בָּרָד (ז)
está caindo granizo	yored barad	יוֹרֵד בָּרָד
inundar (vt)	lehatsif	לְהָצִיף
inundação (f)	ʃitafon	שִׁיטָפוֹן (ז)
terremoto (m)	re'idat adama	רְעִידַת אֲדָמָה (נ)
abalo, tremor (m)	re'ida	רְעִידָה (נ)
epicentro (m)	moked	מוֹקֵד (ז)
erupção (f)	hitpartsut	הִתְפָּרְצוּת (נ)
lava (f)	'lava	לָאבָה (נ)
tornado (m)	hurikan	הוֹרִיקָן (ז)
tornado (m)	tor'nado	טוֹרְנָדוֹ (ז)
tufão (m)	taifun	טַייפוּן (ז)
furacão (m)	hurikan	הוֹרִיקָן (ז)
tempestade (f)	sufa	סוּפָה (נ)
tsunami (m)	tsu'nami	צוּנָאמִי (ז)
ciclone (m)	tsiklon	צִיקְלוֹן (ז)
mau tempo (m)	sagrir	סַגְרִיר (ז)
incêndio (m)	srefa	שְׂרֵיפָה (נ)
catástrofe (f)	ason	אָסוֹן (ז)
meteorito (m)	mete'orit	מֶטָאוֹרִיט (ז)
avalanche (f)	ma'polet ʃlagim	מַפּוֹלֶת שְׁלָגִים (נ)
deslizamento (m) de neve	ma'polet ʃlagim	מַפּוֹלֶת שְׁלָגִים (נ)
nevasca (f)	sufat ʃlagim	סוּפַת שְׁלָגִים (נ)
tempestade (f) de neve	sufat ʃlagim	סוּפַת שְׁלָגִים (נ)

208. Ruídos. Sons

silêncio (m)	'ʃeket	שֶׁקֶט (ז)
som (m)	tslil	צְלִיל (ז)
ruído, barulho (m)	'ra'aʃ	רַעַשׁ (ז)
fazer barulho	lir'oʃ	לִרְעוֹשׁ
ruidoso, barulhento (adj)	ro'eʃ	רוֹעֵשׁ
alto	bekol	בְּקוֹל
alto (ex. voz ~a)	ram	רָם
constante (ruído, etc.)	ka'vu'a	קָבוּעַ

grito (m)	tse'aka	צְעָקָה (נ)
gritar (vi)	lits'ok	לִצְעוֹק
sussurro (m)	lexiʃa	לְחִישָׁה (נ)
sussurrar (vi, vt)	lilxoʃ	לִלְחוֹשׁ

| latido (m) | nevixa | נְבִיחָה (נ) |
| latir (vi) | lin'boax | לִנְבּוֹחַ |

gemido (m)	anaka	אֲנָקָה (נ)
gemer (vi)	lehe'anek	לְהֵיאָנֵק
tosse (f)	ʃi'ul	שִׁיעוּל (ז)
tossir (vi)	lehiʃta'el	לְהִשְׁתַּעֵל

assobio (m)	ʃrika	שְׁרִיקָה (נ)
assobiar (vi)	liʃrok	לִשְׁרוֹק
batida (f)	hakaʃa	הַקָּשָׁה (נ)
bater (à porta)	lidfok	לִדְפּוֹק

| estalar (vi) | lehitba'ke'a | לְהִתְבַּקֵּעַ |
| estalido (m) | naftsuts | נַפְצוּץ (ז) |

sirene (f)	tsofar	צוֹפָר (ז)
apito (m)	tsfira	צְפִירָה (נ)
apitar (vi)	litspor	לִצְפּוֹר
buzina (f)	tsfira	צְפִירָה (נ)
buzinar (vi)	litspor	לִצְפּוֹר

209. Inverno

inverno (m)	'xoref	חוֹרֶף (ז)
de inverno	xorpi	חוֹרְפִּי
no inverno	ba'xoref	בַּחוֹרֶף

neve (f)	'ʃeleg	שֶׁלֶג (ז)
está nevando	yored 'ʃeleg	יוֹרֵד שֶׁלֶג
queda (f) de neve	yeridat 'ʃeleg	יְרִידַת שֶׁלֶג (נ)
amontoado (m) de neve	aremat 'ʃeleg	עֲרֵימַת שֶׁלֶג (נ)

floco (m) de neve	ptit 'ʃeleg	פְּתִית שֶׁלֶג (ז)
bola (f) de neve	kadur 'ʃeleg	כַּדּוּר שֶׁלֶג (ז)
boneco (m) de neve	iʃ 'ʃeleg	אִישׁ שֶׁלֶג (ז)
sincelo (m)	netif 'kerax	נְטִיף קֶרַח (ז)

dezembro (m)	de'tsember	דֶּצֶמְבֶּר (ז)
janeiro (m)	'yanu'ar	יָנוּאָר (ז)
fevereiro (m)	'febru'ar	פֶבְּרוּאָר (ז)

| gelo (m) | kfor | כְּפוֹר (ז) |
| gelado (tempo ~) | kfori | כְּפוֹרִי |

abaixo de zero	mi'taxat la''efes	מִתַּחַת לָאֶפֶס
primeira geada (f)	kara	קָרָה (נ)
geada (f) branca	kfor	כְּפוֹר (ז)
frio (m)	kor	קוֹר (ז)

está frio	kar	קַר
casaco (m) de pele	me'il parva	מְעִיל פַּרְוָה (ז)
mitenes (f pl)	kfafot	כְּפָפוֹת (נ"ר)
adoecer (vi)	laχalot	לַחֲלוֹת
resfriado (m)	hitstanenut	הִצְטַנְּנוּת (נ)
ficar resfriado	lehitstanen	לְהִצְטַנֵּן
gelo (m)	'keraχ	קֶרַח (ז)
gelo (m) na estrada	ʃiχvat 'keraχ	שִׁכְבַת קֶרַח (נ)
congelar-se (vr)	likpo	לִקְפּוֹא
bloco (m) de gelo	karχon	קַרְחוֹן (ז)
esqui (m)	ski	סְקִי (ז)
esquiador (m)	goleʃ	גּוֹלֵשׁ (ז)
esquiar (vi)	la'asot ski	לַעֲשׂוֹת סְקִי
patinar (vi)	lehaχlik	לְהַחֲלִיק

Fauna

210. Mamíferos. Predadores

predador (m)	χayat 'teref	חַיַּת טֶרֶף (נ)
tigre (m)	'tigris	טִיגְרִיס (ז)
leão (m)	arye	אַרְיֵה (ז)
lobo (m)	ze'ev	זְאֵב (ז)
raposa (f)	ʃu'al	שׁוּעָל (ז)
jaguar (m)	yagu'ar	יָגוּאָר (ז)
leopardo (m)	namer	נָמֵר (ז)
chita (f)	bardelas	בַּרְדְּלָס (ז)
pantera (f)	panter	פַּנְתֵּר (ז)
puma (m)	'puma	פּוּמָה (נ)
leopardo-das-neves (m)	namer 'ʃeleg	נָמֵר שֶׁלֶג (ז)
lince (m)	ʃunar	שׁוּנָר (ז)
coiote (m)	ze'ev ha'aravot	זְאֵב הָעֲרָבוֹת (ז)
chacal (m)	tan	תַּן (ז)
hiena (f)	tsa'vo'a	צָבוֹעַ (ז)

211. Animais selvagens

animal (m)	'ba'al χayim	בַּעַל חַיִּים (ז)
besta (f)	χaya	חַיָּה (נ)
esquilo (m)	sna'i	סְנָאִי (ז)
ouriço (m)	kipod	קִיפּוֹד (ז)
lebre (f)	arnav	אַרְנָב (ז)
coelho (m)	ʃafan	שָׁפָן (ז)
texugo (m)	girit	גִּירִית (נ)
guaxinim (m)	dvivon	דְּבִיבוֹן (ז)
hamster (m)	oger	אוֹגֵר (ז)
marmota (f)	mar'mita	מַרְמִיטָה (נ)
toupeira (f)	χafar'peret	חֲפַרְפֶּרֶת (נ)
rato (m)	aχbar	עַכְבָּר (ז)
ratazana (f)	χulda	חוּלְדָּה (נ)
morcego (m)	atalef	עֲטַלֵּף (ז)
arminho (m)	hermin	הֶרְמִין (ז)
zibelina (f)	tsobel	צוֹבֵל (ז)
marta (f)	dalak	דָּלָק (ז)
doninha (f)	χamus	חָמוּס (ז)
visom (m)	χorfan	חוֹרְפָן (ז)

| castor (m) | bone | בּוֹנֶה (ז) |
| lontra (f) | lutra | לוּטְרָה (נ) |

cavalo (m)	sus	סוּס (ז)
alce (m)	ayal hakore	אַיָּל הַקּוֹרֵא (ז)
veado (m)	ayal	אַיָּל (ז)
camelo (m)	gamal	גָּמָל (ז)

bisão (m)	bizon	בִּיזוֹן (ז)
auroque (m)	bizon ei'ropi	בִּיזוֹן אֵירוֹפִּי (ז)
búfalo (m)	te'o	תְּאוֹ (ז)

zebra (f)	'zebra	זֶבְּרָה (נ)
antílope (m)	anti'lopa	אַנְטִילוֹפָּה (ז)
corça (f)	ayal hakarmel	אַיָּל הַכַּרְמֶל (ז)
gamo (m)	yaχmur	יַחְמוּר (ז)
camurça (f)	ya'el	יָעֵל (ז)
javali (m)	χazir bar	חֲזִיר בָּר (ז)

baleia (f)	livyatan	לִוְיָתָן (ז)
foca (f)	'kelev yam	כֶּלֶב יָם (ז)
morsa (f)	sus yam	סוּס יָם (ז)
urso-marinho (m)	dov yam	דֹּב יָם (ז)
golfinho (m)	dolfin	דּוֹלְפִין (ז)

urso (m)	dov	דֹּב (ז)
urso (m) polar	dov 'kotev	דֹּב קוֹטֶב (ז)
panda (m)	'panda	פַּנְדָה (נ)

macaco (m)	kof	קוֹף (ז)
chimpanzé (m)	ʃimpanze	שִׁימְפַּנְזֶה (נ)
orangotango (m)	orang utan	אוֹרַנְג־אוּטָן (ז)
gorila (m)	go'rila	גּוֹרִילָה (נ)
macaco (m)	makak	מָקָק (ז)
gibão (m)	gibon	גִּיבּוֹן (ז)

elefante (m)	pil	פִּיל (ז)
rinoceronte (m)	karnaf	קַרְנַף (ז)
girafa (f)	dʒi'rafa	גִ'ירָפָה (נ)
hipopótamo (m)	hipopotam	הִיפּוֹפּוֹטָם (ז)

| canguru (m) | 'kenguru | קֶנְגּוּרוּ (ז) |
| coala (m) | ko''ala | קוֹאָלָה (ז) |

mangusto (m)	nemiya	נְמִיָּה (נ)
chinchila (f)	tʃin'tʃila	צִ'ינְצִ'ילָה (נ)
cangambá (f)	bo'eʃ	בּוֹאֵשׁ (ז)
porco-espinho (m)	darban	דַּרְבָּן (ז)

212. Animais domésticos

gata (f)	χatula	חֲתוּלָה (נ)
gato (m) macho	χatul	חָתוּל (ז)
cão (m)	'kelev	כֶּלֶב (ז)

cavalo (m)	sus	סוּס (ז)
garanhão (m)	sus harba'a	סוּס הַרבָּעָה (ז)
égua (f)	susa	סוּסָה (נ)
vaca (f)	para	פָּרָה (נ)
touro (m)	ʃor	שׁוֹר (ז)
boi (m)	ʃor	שׁוֹר (ז)
ovelha (f)	kivsa	כְּבשָׂה (נ)
carneiro (m)	'ayil	אַיִל (ז)
cabra (f)	ez	עֵז (נ)
bode (m)	'tayiʃ	תַּיִשׁ (ז)
burro (m)	χamor	חֲמוֹר (ז)
mula (f)	'pered	פֶּרֶד (ז)
porco (m)	χazir	חֲזִיר (ז)
leitão (m)	χazarzir	חֲזַרזִיר (ז)
coelho (m)	arnav	אַרנָב (ז)
galinha (f)	tarne'golet	תַּרנְגוֹלֶת (נ)
galo (m)	tarnegol	תַּרנְגוֹל (ז)
pata (f), pato (m)	barvaz	בַּרוָז (ז)
pato (m)	barvaz	בַּרוָז (ז)
ganso (m)	avaz	אַוָז (ז)
peru (m)	tarnegol 'hodu	תַּרנְגוֹל הוֹדוּ (ז)
perua (f)	tarne'golet 'hodu	תַּרנְגוֹלֶת הוֹדוּ (נ)
animais (m pl) domésticos	χayot 'bayit	חַיוֹת בַּיִת (נ"ר)
domesticado (adj)	mevuyat	מְבוּיָת
domesticar (vt)	levayet	לְבַיֵת
criar (vt)	lehar'bi'a	לְהַרבִּיעַ
fazenda (f)	χava	חַוָה (נ)
aves (f pl) domésticas	ofot 'bayit	עוֹפוֹת בַּיִת (נ"ר)
gado (m)	bakar	בָּקָר (ז)
rebanho (m), manada (f)	'eder	עֵדֶר (ז)
estábulo (m)	urva	אוּרוָה (נ)
chiqueiro (m)	dir χazirim	דִיר חֲזִירִים (ז)
estábulo (m)	'refet	רֶפֶת (נ)
coelheira (f)	arnaviya	אַרנָבִּיָה (נ)
galinheiro (m)	lul	לוּל (ז)

213. Cães. Raças de cães

cão (m)	'kelev	כֶּלֶב (ז)
cão pastor (m)	'kelev ro'e	כֶּלֶב רוֹעֶה (ז)
pastor-alemão (m)	ro'e germani	רוֹעֶה גֶרמָנִי (ז)
poodle (m)	'pudel	פּוּדֶל (ז)
linguicinha (m)	'taχaʃ	תַּחַשׁ (ז)
buldogue (m)	buldog	בּוּלדוֹג (ז)

boxer (m)	'bokser	בּוֹקְסֶר (ז)
mastim (m)	mastif	מַסְטִיף (ז)
rottweiler (m)	rot'vailer	רוֹטְוַוייּלֶר (ז)
dóberman (m)	'doberman	דוֹבֶּרְמָן (ז)

basset (m)	'baset 'ha'und	בָּאסֶט־הָאוּנד (ז)
pastor inglês (m)	bobteil	בּוֹבְּטֵייל (ז)
dálmata (m)	dal'mati	דַלְמָטִי (ז)
cocker spaniel (m)	'koker 'spani'el	קוֹקֶר סְפָּנִיאֶל (ז)

| terra-nova (m) | nyu'fa'undlend | נְיוּפָאוּנדְלֶנד (ז) |
| são-bernardo (m) | sen bernard | סֶן בֶּרְנָרד (ז) |

husky (m) siberiano	'haski	הָאסקִי (ז)
Chow-chow (m)	'ʧa'u 'ʧa'u	צָ'אוּ צָ'אוּ (ז)
spitz alemão (m)	ʃpits	שׁפִּיץ (ז)
pug (m)	pag	פָּאג (ז)

214. Sons produzidos pelos animais

latido (m)	neviχa	נְבִיחָה (נ)
latir (vi)	lin'boaχ	לִנבּוֹחַ
miar (vi)	leyalel	לְיַלֵל
ronronar (vi)	legarger	לְגַרגֵר

mugir (vaca)	lig'ot	לִגעוֹת
bramir (touro)	lig'ot	לִגעוֹת
rosnar (vi)	linhom	לִנהוֹם

uivo (m)	yelala	יְלָלָה (נ)
uivar (vi)	leyalel	לְיַלֵל
ganir (vi)	leyabev	לְיַבֵּב

balir (vi)	lif'ot	לִפעוֹת
grunhir (vi)	leχarχer	לְחַרחֵר
guinchar (vi)	lits'voaχ	לִצווֹחַ

coaxar (sapo)	lekarker	לְקַרקֵר
zumbir (inseto)	lezamzem	לְזַמזֵם
ziziar (vi)	letsartser	לְצַרצֵר

215. Animais jovens

cria (f), filhote (m)	gur	גוּר (ז)
gatinho (m)	χataltul	חֲתַלתוּל (ז)
ratinho (m)	aχbaron	עַכבָּרוֹן (ז)
cachorro (m)	klavlav	כְּלַבלַב (ז)

filhote (m) de lebre	arnavon	אַרנָבוֹן (ז)
coelhinho (m)	ʃfanfan	שׁפַנפַן (ז)
lobinho (m)	gur ze'evim	גוּר זְאֵבִים (ז)
filhote (m) de raposa	ʃu'alon	שׁוּעָלוֹן (ז)

filhote (m) de urso	dubon	דֻּבּוֹן (ז)
filhote (m) de leão	gur arye	גּוּר אַרְיֵה (ז)
filhote (m) de tigre	gur namerim	גּוּר נְמֵרִים (ז)
filhote (m) de elefante	pilon	פִּילוֹן (ז)

leitão (m)	χazarzir	חֲזַרְזִיר (ז)
bezerro (m)	'egel	עֵגֶל (ז)
cabrito (m)	gdi	גְּדִי (ז)
cordeiro (m)	tale	טָלֶה (ז)
filhote (m) de veado	'ofer	עוֹפֶר (ז)
cria (f) de camelo	'beχer	בֶּכֶר (ז)

| filhote (m) de serpente | gur naχaʃim | גּוּר נְחָשִׁים (ז) |
| filhote (m) de rã | tsfarde'on | צְפַרְדְעוֹן (ז) |

cria (f) de ave	gozal	גּוֹזָל (ז)
pinto (m)	ef'roaχ	אֶפְרוֹחַ (ז)
patinho (m)	barvazon	בַּרְוָזוֹן (ז)

216. Pássaros

pássaro (m), ave (f)	tsipor	צִיפּוֹר (נ)
pombo (m)	yona	יוֹנָה (נ)
pardal (m)	dror	דְּרוֹר (ז)
chapim-real (m)	yargazi	יַרְגָּזִי (ז)
pega-rabuda (f)	orev neχalim	עוֹרֵב נְחָלִים (ז)

corvo (m)	orev ʃaχor	עוֹרֵב שָׁחוֹר (ז)
gralha-cinzenta (f)	orev afor	עוֹרֵב אָפוֹר (ז)
gralha-de-nuca-cinzenta (f)	ka'ak	קָאָק (ז)
gralha-calva (f)	orev hamizra	עוֹרֵב הַמִּזְרָע (ז)

pato (m)	barvaz	בַּרְוָז (ז)
ganso (m)	avaz	אַוָּז (ז)
faisão (m)	pasyon	פַּסְיוֹן (ז)

águia (f)	'ayit	עַיִט (ז)
açor (m)	nets	נֵץ (ז)
falcão (m)	baz	בַּז (ז)
abutre (m)	oznia	עוֹזְנִיָּה (ז)
condor (m)	kondor	קוֹנְדוֹר (ז)

cisne (m)	barbur	בַּרְבּוּר (ז)
grou (m)	agur	עָגוּר (ז)
cegonha (f)	χasida	חֲסִידָה (נ)

papagaio (m)	'tuki	תֻּכִּי (ז)
beija-flor (m)	ko'libri	קוֹלִיבְּרִי (ז)
pavão (m)	tavas	טַוָּס (ז)

avestruz (m)	bat ya'ana	בַּת יַעֲנָה (נ)
garça (f)	anafa	אֲנָפָה (נ)
flamingo (m)	fla'mingo	פְלָמִינְגוֹ (ז)
pelicano (m)	saknai	שַׂקְנַאי (ז)

rouxinol (m)	zamir	זָמִיר (ז)
andorinha (f)	snunit	סְנוּנִית (נ)

tordo-zornal (m)	kiχli	קִיכְלִי (ז)
tordo-músico (m)	kiχli mezamer	קִיכְלִי מְזַמֵּר (ז)
melro-preto (m)	kiχli ʃaχor	קִיכְלִי שָׁחֹר (ז)

andorinhão (m)	sis	סִיס (ז)
cotovia (f)	efroni	עֶפְרוֹנִי (ז)
codorna (f)	slav	שְׂלָיו (ז)

pica-pau (m)	'neker	נֶקֶר (ז)
cuco (m)	kukiya	קוּקִיָּה (נ)
coruja (f)	yanʃuf	יַנְשׁוּף (ז)
bufo-real (m)	'oaχ	אוֹחַ (ז)
tetraz-grande (m)	seχvi 'ya'ar	שְׂכְוִי יַעַר (ז)
tetraz-lira (m)	seχvi	שְׂכְוִי (ז)
perdiz-cinzenta (f)	χogla	חָגְלָה (נ)

estorninho (m)	zarzir	זַרְזִיר (ז)
canário (m)	ka'narit	קָנָרִית (נ)
galinha-do-mato (f)	seχvi haya'arot	שְׂכְוִי הַיְּעָרוֹת (ז)
tentilhão (m)	paroʃ	פָּרוֹשׁ (ז)
dom-fafe (m)	admonit	אֲדֻמּוֹנִית (נ)

gaivota (f)	ʃaχaf	שַׁחַף (ז)
albatroz (m)	albatros	אַלְבַּטְרוֹס (ז)
pinguim (m)	pingvin	פִּינְגְּוִין (ז)

217. Pássaros. Canto e sons

cantar (vi)	laʃir	לָשִׁיר
gritar, chamar (vi)	lits'ok	לִצְעוֹק
cantar (o galo)	lekarker	לְקַרְקֵר
cocorocó (m)	kuku'riku	קוּקוּרִיקוּ

cacarejar (vi)	lekarker	לְקַרְקֵר
crocitar (vi)	lits'roaχ	לִצְרוֹחַ
grasnar (vi)	lega'a'ge'a	לְגַעְגֵּעַ
piar (vi)	letsayets	לְצַיֵּץ
chilrear, gorjear (vi)	letsaftsef, letsayets	לְצַפְצֵף, לְצַיֵּץ

218. Peixes. Animais marinhos

brema (f)	avroma	אַבְרוֹמָה (נ)
carpa (f)	karpiyon	קַרְפִּיוֹן (ז)
perca (f)	'okunus	אוֹקוּנוּס (ז)
siluro (m)	sfamnun	שְׂפַמְנוּן (ז)
lúcio (m)	ze'ev 'mayim	זְאֵב מַיִם (ז)

salmão (m)	'salmon	סַלְמוֹן (ז)
esturjão (m)	χidkan	חִדְקָן (ז)

arenque (m)	ma'liax	מָלִיחַ (ז)
salmão (m) do Atlântico	iltit	אִילתִית (נ)
cavala, sarda (f)	makarel	מָקָרֶל (ז)
solha (f), linguado (m)	dag moʃe ra'benu	דַג מֹשֶה רַבֵּנוּ (ז)

lúcio perca (m)	amnun	אַמנוּן (ז)
bacalhau (m)	ʃibut	שִיבּוּט (ז)
atum (m)	'tuna	טוּנָה (נ)
truta (f)	forel	פוֹרֶל (ז)

enguia (f)	tslofax	צלוֹפָח (ז)
raia (f) elétrica	trisanit	תרִיסָנִית (נ)
moreia (f)	mo'rena	מוֹרֶנָה (נ)
piranha (f)	pi'ranya	פִּירָניָה (נ)

tubarão (m)	kariʃ	כָּרִיש (ז)
golfinho (m)	dolfin	דוֹלפִין (ז)
baleia (f)	livyatan	לוִויָתָן (ז)

caranguejo (m)	sartan	סַרטָן (ז)
água-viva (f)	me'duza	מֶדוּזָה (נ)
polvo (m)	tamnun	תַמנוּן (ז)

estrela-do-mar (f)	koxav yam	כּוֹכַב יָם (ז)
ouriço-do-mar (m)	kipod yam	קִיפּוֹד יָם (ז)
cavalo-marinho (m)	suson yam	סוּסוֹן יָם (ז)

ostra (f)	tsidpa	צִדפָּה (נ)
camarão (m)	xasilon	חֲסִילוֹן (ז)
lagosta (f)	'lobster	לוֹבּסטֶר (ז)
lagosta (f)	'lobster kotsani	לוֹבּסטֶר קוֹצָנִי (ז)

219. Anfíbios. Répteis

cobra (f)	naxaʃ	נָחָש (ז)
venenoso (adj)	arsi	אַרסִי

víbora (f)	'tsefa	צֶפַע (ז)
naja (f)	'peten	פֶּתֶן (ז)
píton (m)	piton	פִּיתוֹן (ז)
jiboia (f)	xanak	חַנָק (ז)

cobra-de-água (f)	naxaʃ 'mayim	נָחָש מַיִם (ז)
cascavel (f)	ʃfifon	שפִיפוֹן (ז)
anaconda (f)	ana'konda	אָנָקוֹנדָה (נ)

lagarto (m)	leta'a	לטָאָה (נ)
iguana (f)	igu"ana	אִיגוּאָנָה (נ)
varano (m)	'koax	כּוֹחַ (ז)
salamandra (f)	sala'mandra	סָלָמַנדרָה (נ)
camaleão (m)	zikit	זִיקִית (נ)
escorpião (m)	akrav	עַקרָב (ז)
tartaruga (f)	tsav	צָב (ז)
rã (f)	tsfar'de'a	צפַרדֵעַ (נ)

| sapo (m) | karpada | קַרְפָּדָה (נ) |
| crocodilo (m) | tanin | תַּנִין (ז) |

220. Insetos

inseto (m)	xarak	חָרָק (ז)
borboleta (f)	parpar	פַּרְפַּר (ז)
formiga (f)	nemala	נְמָלָה (נ)
mosca (f)	zvuv	זְבוּב (ז)
mosquito (m)	yatuʃ	יַתּוּש (ז)
escaravelho (m)	xipuʃit	חִיפּוּשִׁית (נ)
vespa (f)	tsir'a	צִרְעָה (נ)
abelha (f)	dvora	דְבוֹרָה (נ)
mamangaba (f)	dabur	דַּבּוּר (ז)
moscardo (m)	zvuv hasus	זְבוּב הַסוּס (ז)
aranha (f)	akaviʃ	עַכָּבִיש (ז)
teia (f) de aranha	kurei akaviʃ	קוּרֵי עַכָּבִיש (ז"ר)
libélula (f)	ʃapirit	שְׁפִירִית (נ)
gafanhoto (m)	xagav	חָגָב (ז)
traça (f)	aʃ	עָש (ז)
barata (f)	makak	מָקָק (ז)
carrapato (m)	kartsiya	קַרְצִייָה (נ)
pulga (f)	par'oʃ	פַּרְעוֹש (ז)
borrachudo (m)	yavxuʃ	יַבחוש (ז)
gafanhoto (m)	arbe	אַרְבֶּה (ז)
caracol (m)	xilazon	חִילָזוֹן (ז)
grilo (m)	tsartsar	צְרָצַר (ז)
pirilampo, vaga-lume (m)	gaxlilit	גַחְלִילִית (נ)
joaninha (f)	parat moʃe ra'benu	פָּרַת מֹשֶׁה רַבֵּנוּ (נ)
besouro (m)	xipuʃit aviv	חִיפּוּשִׁית אָבִיב (נ)
sanguessuga (f)	aluka	עֲלוּקָה (נ)
lagarta (f)	zaxal	זַחַל (ז)
minhoca (f)	to'la'at	תוֹלַעַת (נ)
larva (f)	'deren	דֶּרֶן (ז)

221. Animais. Partes do corpo

bico (m)	makor	מָקוֹר (ז)
asas (f pl)	kna'fayim	כְּנָפַיִם (נ"ר)
pata (f)	'regel	רֶגֶל (נ)
plumagem (f)	pluma	פְּלוּמָה (נ)
pena, pluma (f)	notsa	נוֹצָה (נ)
crista (f)	tsitsa	צִיצָה (נ)
brânquias, guelras (f pl)	zimim	זִימִים (ז"ר)
ovas (f pl)	beitsei dagim	בֵּיצֵי דָגִים (נ"ר)

larva (f)	'deren	דֶּרֶן (ז)
barbatana (f)	snapir	סְנַפִּיר (ז)
escama (f)	kaskasim	קַשְׂקַשִּׂים (ז"ר)

presa (f)	niv	נִיב (ז)
pata (f)	'regel	רֶגֶל (נ)
focinho (m)	partsuf	פַּרְצוּף (ז)
boca (f)	loʻa	לוֹעַ (ז)
cauda (f), rabo (m)	zanav	זָנָב (ז)
bigodes (m pl)	safam	שָׂפָם (ז)

| casco (m) | parsa | פַּרְסָה (נ) |
| corno (m) | 'keren | קֶרֶן (נ) |

carapaça (f)	ʃiryon	שִׁרְיוֹן (ז)
concha (f)	konχiya	קוֹנְכִיָּה (נ)
casca (f) de ovo	klipa	קְלִיפָּה (נ)

| pelo (m) | parva | פַּרְוָה (נ) |
| pele (f), couro (m) | or | עוֹר (ז) |

222. Ações dos animais

| voar (vi) | laʻuf | לָעוּף |
| dar voltas | laχug | לָחוּג |

| voar (para longe) | laʻuf | לָעוּף |
| bater as asas | lenafnef | לְנַפְנֵף |

| bicar (vi) | lenaker | לְנַקֵּר |
| incubar (vt) | lidgor | לִדְגֹּר |

| sair do ovo | livʼkoʻa | לִבְקוֹעַ |
| fazer o ninho | lekanen | לְקַנֵּן |

rastejar (vi)	lizχol	לִזְחֹל
picar (vt)	laʻakots	לַעֲקֹץ
morder (cachorro, etc.)	linʃoχ	לִנְשֹׁךְ

cheirar (vt)	leraχ'reaχ	לְרַחְרֵחַ
latir (vi)	linʼboaχ	לִנְבֹּחַ
silvar (vi)	lirʃof	לִרְשֹׁף

| assustar (vt) | lehafχid | לְהַפְחִיד |
| atacar (vt) | litkof | לִתְקֹף |

roer (vt)	leχarsem	לְכַרְסֵם
arranhar (vt)	lisrot	לִשְׂרֹט
esconder-se (vr)	lehistater	לְהִסְתַּתֵּר

brincar (vi)	lesaχek	לְשַׂחֵק
caçar (vi)	latsud	לָצוּד
hibernar (vi)	laχrof	לַחֲרֹף
extinguir-se (vr)	lehikaχed	לְהִיכָחֵד

223. Animais. Habitats

hábitat (m)	beit gidul	בֵּית גִידוּל (ז)
migração (f)	hagira	הֲגִירָה (נ)
montanha (f)	har	הַר (ז)
recife (m)	ʃunit	שוֹנִית (נ)
falésia (f)	'sela	סֶלַע (ז)
floresta (f)	'ya'ar	יַעַר (ז)
selva (f)	'dʒungel	ג'וּנגֶל (ז)
savana (f)	sa'vana	סָוָונָה (נ)
tundra (f)	'tundra	טוּנדרָה (נ)
estepe (f)	arava	עֲרָבָה (נ)
deserto (m)	midbar	מִדבָּר (ז)
oásis (m)	neve midbar	נְוֵוה מִדבָּר (ז)
mar (m)	yam	יָם (ז)
lago (m)	agam	אֲגַם (ז)
oceano (m)	ok'yanos	אוֹקיָאנוֹס (ז)
pântano (m)	biʦa	בִּיצָה (נ)
de água doce	ʃel 'mayim metukim	שֶל מַיִם מְתוּקִים
lagoa (f)	breχa	בְּרֵיכָה (נ)
rio (m)	nahar	נָהָר (ז)
toca (f) do urso	me'ura	מְאוּרָה (נ)
ninho (m)	ken	קֵן (ז)
buraco (m) de árvore	χor ba'eʦ	חוֹר בָּעֵץ (ז)
toca (f)	meχila	מְחִילָה (נ)
formigueiro (m)	kan nemalim	קַן נְמָלִים (ז)

224. Cuidados com os animais

jardim (m) zoológico	gan hayot	גַן חַיוֹת (ז)
reserva (f) natural	ʃmurat 'teva	שמוּרַת טָבַע (נ)
viveiro (m)	beit gidul	בֵּית גִידוּל (ז)
jaula (f) de ar livre	kluv	כלוּב (ז)
jaula, gaiola (f)	kluv	כלוּב (ז)
casinha (f) de cachorro	meluna	מְלוּנָה (נ)
pombal (m)	ʃovaχ	שוֹבָךְ (ז)
aquário (m)	ak'varyum	אָקוָוריוּם (ז)
delfinário (m)	dolfi'naryum	דוֹלפִינָריוּם (ז)
criar (vt)	legadel	לְגַדֵל
cria (f)	ʦe'eʦa'im	צֶאֱצָאִים (ז"ר)
domesticar (vt)	levayet	לְבַיֵית
adestrar (vt)	le'alef	לְאַלֵף
ração (f)	mazon, mispo	מָזוֹן (ז), מִספּוֹא (ז)
alimentar (vt)	leha'aχil	לְהַאֲכִיל

loja (f) de animais	χanut χayot	חֲנוּת חַיּוֹת (נ)
focinheira (m)	maχsom	מַחְסוֹם (ז)
coleira (f)	kolar	קוֹלָר (ז)
nome (do animal)	kinui	כִּינּוּי (ז)
pedigree (m)	ʃal'ʃelet yuχsin	שַׁלְשֶׁלֶת יוֹחֲסִין (נ)

225. Animais. Diversos

alcateia (f)	lahaka	לַהֲקָה (נ)
bando (pássaros)	lahaka	לַהֲקָה (נ)
cardume (peixes)	lahaka	לַהֲקָה (נ)
manada (cavalos)	'eder	עֵדֶר (ז)
macho (m)	zaχar	זָכָר (ז)
fêmea (f)	nekeva	נְקֵבָה (נ)
faminto (adj)	ra'ev	רָעֵב
selvagem (adj)	pra'i	פְּרָאִי
perigoso (adj)	mesukan	מְסוּכָּן

226. Cavalos

cavalo (m)	sus	סוּס (ז)
raça (f)	'geza	גֶּזַע (ז)
potro (m)	syaχ	סְיָח (ז)
égua (f)	susa	סוּסָה (נ)
mustangue (m)	mustang	מוּסְטַנְג (ז)
pônei (m)	'poni	פּוֹנִי (ז)
cavalo (m) de tiro	sus avoda	סוּס עֲבוֹדָה (ז)
crina (f)	ra'ama	רַעֲמָה (נ)
rabo (m)	zanav	זָנָב (ז)
casco (m)	parsa	פַּרְסָה (נ)
ferradura (f)	parsa	פַּרְסָה (נ)
ferrar (vt)	lefarzel	לְפַרְזֵל
ferreiro (m)	'nefaχ	נַפָּח (ז)
sela (f)	ukaf	אוּכָּף (ז)
estribo (m)	arkuba	אַרְכּוּבָּה (נ)
brida (f)	'resen	רֶסֶן (ז)
rédeas (f pl)	moʃχot	מוֹשְׁכוֹת (נ"ר)
chicote (m)	ʃot	שׁוֹט (ז)
cavaleiro (m)	roχev	רוֹכֵב (ז)
colocar sela	le'akef	לְאַכֵּף
montar no cavalo	la'alot al sus	לַעֲלוֹת עַל סוּס
galope (m)	dehira	דְּהִירָה (נ)
galopar (vi)	lidhor	לִדְהוֹר

trote (m)	tfifa	טְפִיפָה (נ)
a trote	bidhira	בִּדְהִירָה
ir a trote	litpof	לִטְפּוֹף
cavalo (m) de corrida	sus merots	סוּס מֵירוֹץ (ז)
corridas (f pl)	merots susim	מֵירוֹץ סוּסִים (ז)
estábulo (m)	urva	אוּרְוָה (נ)
alimentar (vt)	leha'axil	לְהַאֲכִיל
feno (m)	xatsil	חָצִיל (ז)
dar água	lehaʃkot	לְהַשְׁקוֹת
limpar (vt)	lirxots	לִרְחוֹץ
carroça (f)	agala	עֲגָלָה (נ)
pastar (vi)	lir'ot	לִרְעוֹת
relinchar (vi)	litshol	לִצְהוֹל
dar um coice	liv'ot	לִבְעוֹט

Flora

227. Árvores

árvore (f)	ets	עֵץ (ז)
decídua (adj)	naʃir	נָשִׁיר
conífera (adj)	maχtani	מַחְטָנִי
perene (adj)	yarok ad	יָרוֹק עַד
macieira (f)	ta'puaχ	תַּפּוּחַ (ז)
pereira (f)	agas	אַגָּס (ז)
cerejeira (f)	gudgedan	גֻּדְגְּדָן (ז)
ginjeira (f)	duvdevan	דֻּבְדְּבָן (ז)
ameixeira (f)	ʃezif	שְׁזִיף (ז)
bétula (f)	ʃadar	שָׁדָר (ז)
carvalho (m)	alon	אַלּוֹן (ז)
tília (f)	'tilya	טִילְיָה (נ)
choupo-tremedor (m)	aspa	אַסְפָּה (נ)
bordo (m)	'eder	אֶדֶר (ז)
espruce (m)	a'ʃuaχ	אַשּׁוּחַ (ז)
pinheiro (m)	'oren	אֹרֶן (ז)
alerce, lariço (m)	arzit	אַרְזִית (נ)
abeto (m)	a'ʃuaχ	אַשּׁוּחַ (ז)
cedro (m)	'erez	אֶרֶז (ז)
choupo, álamo (m)	tsaftsefa	צַפְצָפָה (נ)
tramazeira (f)	ben χuzrar	בֶּן־חֻזְרָר (ז)
salgueiro (m)	arava	עֲרָבָה (נ)
amieiro (m)	alnus	אַלְנוּס (ז)
faia (f)	aʃur	אָשׁוּר (ז)
ulmeiro, olmo (m)	bu'kitsa	בּוּקִיצָה (נ)
freixo (m)	mela	מֵילָה (נ)
castanheiro (m)	armon	עַרְמוֹן (ז)
magnólia (f)	mag'nolya	מַגְנוֹלְיָה (נ)
palmeira (f)	'dekel	דֶּקֶל (ז)
cipreste (m)	broʃ	בְּרוֹשׁ (ז)
mangue (m)	mangrov	מַנְגְּרוֹב (ז)
embondeiro, baobá (m)	ba'obab	בָּאוֹבָּב (ז)
eucalipto (m)	eika'liptus	אֵיקָלִיפְּטוּס (ז)
sequoia (f)	sek'voya	סְקוֹוֹיָה (נ)

228. Arbustos

arbusto (m)	'siaχ	שִׂיחַ (ז)
arbusto (m), moita (f)	'siaχ	שִׂיחַ (ז)

videira (f)	'gefen	גֶּפֶן (ז)
vinhedo (m)	'kerem	כֶּרֶם (ז)
framboeseira (f)	'petel	פֶּטֶל (ז)
groselheira-negra (f)	'siax dumdemaniyot ʃxorot	שִׂיחַ דּוּמְדְּמָנִיּוֹת שְׁחוֹרוֹת (ז)
groselheira-vermelha (f)	'siax dumdemaniyot adumot	שִׂיחַ דּוּמְדְּמָנִיּוֹת אֲדוּמּוֹת (ז)
groselheira (f) espinhosa	xazarzar	חֲזַרְזַר (ז)
acácia (f)	ʃita	שִׁיטָה (נ)
bérberis (f)	berberis	בַּרְבָּרִיס (ז)
jasmim (m)	yasmin	יַסְמִין (ז)
junípero (m)	ar'ar	עַרְעָר (ז)
roseira (f)	'siax vradim	שִׂיחַ וְרָדִים (ז)
roseira (f) brava	'vered bar	וֶרֶד בָּר (ז)

229. Cogumelos

cogumelo (m)	pitriya	פִּטְרִיָּה (נ)
cogumelo (m) comestível	pitriya ra'uya lema'axal	פִּטְרִיָּה רְאוּיָה לְמַאֲכָל
cogumelo (m) venenoso	pitriya ra'ila	פִּטְרִיָּה רְעִילָה (נ)
chapéu (m)	kipat pitriya	כִּיפַּת פִּטְרִיָּה (נ)
pé, caule (m)	'regel	רֶגֶל (נ)
boleto, porcino (m)	por'tʃini	פּוֹרְצִ׳ינִי (ז)
boleto (m) alaranjado	pitriyat 'kova aduma	פִּטְרִיַּת כּוֹבַע אֲדוּמָּה (נ)
boleto (m) de bétula	pitriyat 'ya'ar	פִּטְרִיַּת יַעַר (נ)
cantarelo (m)	gvi'onit ne'e'xelet	גְּבִיעוֹנִית נֶאֱכֶלֶת (נ)
rússula (f)	xarifit	חֲרִיפִית (נ)
morchella (f)	gamtsuts	גַּמְצוּץ (ז)
agário-das-moscas (m)	zvuvanit	זְבוּבָנִית (נ)
cicuta (f) verde	pitriya ra'ila	פִּטְרִיָּה רְעִילָה (נ)

230. Frutos. Bagas

fruta (f)	pri	פְּרִי (ז)
frutas (f pl)	perot	פֵּירוֹת (ז"ר)
maçã (f)	ta'puax	תַּפּוּחַ (ז)
pera (f)	agas	אַגָּס (ז)
ameixa (f)	ʃezif	שְׁזִיף (ז)
morango (m)	tut sade	תּוּת שָׂדֶה (ז)
ginja (f)	duvdevan	דּוּבְדְּבָן (ז)
cereja (f)	gudgedan	גּוּדְגְּדָן (ז)
uva (f)	anavim	עֲנָבִים (ז"ר)
framboesa (f)	'petel	פֶּטֶל (ז)
groselha (f) negra	dumdemanit ʃxora	דּוּמְדְּמָנִית שְׁחוֹרָה (נ)
groselha (f) vermelha	dumdemanit aduma	דּוּמְדְּמָנִית אֲדוּמָּה (נ)
groselha (f) espinhosa	xazarzar	חֲזַרְזַר (ז)
oxicoco (m)	xamutsit	חֲמוּצִית (נ)

203

laranja (f)	tapuz	תַּפּוּז (ז)
tangerina (f)	klemen'tina	קְלֶמֶנְטִינָה (נ)
abacaxi (m)	'ananas	אֲנָנָס (ז)
banana (f)	ba'nana	בָּנָנָה (נ)
tâmara (f)	tamar	תָּמָר (ז)
limão (m)	limon	לִימוֹן (ז)
damasco (m)	'miʃmeʃ	מִשְׁמֵשׁ (ז)
pêssego (m)	afarsek	אֲפַרְסֵק (ז)
quiuí (m)	'kivi	קִיוִוי (ז)
toranja (f)	eʃkolit	אֶשְׁכּוֹלִית (נ)
baga (f)	garger	גַּרְגֵּר (ז)
bagas (f pl)	gargerim	גַּרְגְּרִים (ז"ר)
arando (m) vermelho	uχmanit aduma	אוּכְמָנִית אֲדוּמָה (נ)
morango-silvestre (m)	tut 'ya'ar	תּוּת יַעַר (ז)
mirtilo (m)	uχmanit	אוּכְמָנִית (נ)

231. Flores. Plantas

flor (f)	'peraχ	פֶּרַח (ז)
buquê (m) de flores	zer	זֵר (ז)
rosa (f)	'vered	וֶרֶד (ז)
tulipa (f)	tsiv'oni	צִבְעוֹנִי (ז)
cravo (m)	tsi'poren	צִיפּוֹרֶן (ז)
gladíolo (m)	glad'yola	גְּלַדִיוֹלָה (נ)
centáurea (f)	dganit	דְּגָנִיָּה (נ)
campainha (f)	pa'amonit	פַּעֲמוֹנִית (נ)
dente-de-leão (m)	ʃinan	שִׁנָּן (ז)
camomila (f)	kamomil	קָמוֹמִיל (ז)
aloé (m)	alvai	אַלְוַי (ז)
cacto (m)	'kaktus	קַקְטוּס (ז)
fícus (m)	'fikus	פִיקוּס (ז)
lírio (m)	ʃoʃana	שׁוֹשַׁנָּה (נ)
gerânio (m)	ge'ranyum	גֶּרַנְיוּם (ז)
jacinto (m)	yakinton	יָקִינְטוֹן (ז)
mimosa (f)	mi'moza	מִימוֹזָה (נ)
narciso (m)	narkis	נַרְקִיס (ז)
capuchinha (f)	'kova hanazir	כּוֹבַע הַנָּזִיר (ז)
orquídea (f)	saχlav	סַחְלָב (ז)
peônia (f)	admonit	אַדְמוֹנִית (נ)
violeta (f)	sigalit	סִיגָּלִית (נ)
amor-perfeito (m)	amnon vetamar	אַמְנוֹן וְתָמָר (ז)
não-me-esqueças (m)	ziχ'rini	זִכְרִינִי (ז)
margarida (f)	marganit	מַרְגָּנִית (נ)
papoula (f)	'pereg	פֶּרֶג (ז)
cânhamo (m)	ka'nabis	קָנַאבִּיס (ז)

hortelã, menta (f)	'menta	מֶנְתָּה (נ)
lírio-do-vale (m)	zivanit	זִיוָנִית (נ)
campânula-branca (f)	ga'lantus	גָּלְנְטוּס (ז)

urtiga (f)	sirpad	סִרְפָּד (ז)
azedinha (f)	χum'a	חוּמְעָה (נ)
nenúfar (m)	nufar	נוּפָר (ז)
samambaia (f)	ʃaraχ	שֶׁרֶךְ (ז)
líquen (m)	χazazit	חֲזָזִית (נ)

estufa (f)	χamama	חֲמָמָה (נ)
gramado (m)	midʃa'a	מִדְשָׁאָה (נ)
canteiro (m) de flores	arugat praχim	עֲרוּגַת פְּרָחִים (נ)

planta (f)	'tsemaχ	צֶמַח (ז)
grama (f)	'deʃe	דֶּשֶׁא (ז)
folha (f) de grama	givʻol 'esev	גִּבְעוֹל עֵשֶׂב (ז)

folha (f)	ale	עָלֶה (ז)
pétala (f)	ale ko'teret	עָלֶה כּוֹתֶרֶת (ז)
talo (m)	givʻol	גִּבְעוֹל (ז)
tubérculo (m)	'pkaʻat	פְּקַעַת (נ)

| broto, rebento (m) | 'nevet | נֶבֶט (ז) |
| espinho (m) | kots | קוֹץ (ז) |

florescer (vi)	lif'roaχ	לִפְרוֹחַ
murchar (vi)	linbol	לִנְבּוֹל
cheiro (m)	'reaχ	רֵיחַ (ז)
cortar (flores)	ligzom	לִגְזוֹם
colher (uma flor)	liktof	לִקְטוֹף

232. Cereais, grãos

grão (m)	tvu'a	תְּבוּאָה (נ)
cereais (plantas)	dganim	דְּגָנִים (ז"ר)
espiga (f)	ʃi'bolet	שִׁיבּוֹלֶת (נ)

trigo (m)	χita	חִיטָּה (נ)
centeio (m)	ʃifon	שִׁיפוֹן (ז)
aveia (f)	ʃi'bolet ʃu'al	שִׁיבּוֹלֶת שׁוּעָל (נ)

| painço (m) | 'doχan | דּוֹחַן (ז) |
| cevada (f) | se'ora | שְׂעוֹרָה (נ) |

milho (m)	'tiras	תִּירָס (ז)
arroz (m)	'orez	אוֹרֶז (ז)
trigo-sarraceno (m)	ku'semet	כּוּסֶמֶת (נ)

ervilha (f)	afuna	אֲפוּנָה (נ)
feijão (m) roxo	ʃu'it	שְׁעוּעִית (נ)
soja (f)	'soya	סוֹיָה (נ)
lentilha (f)	adaʃim	עֲדָשִׁים (נ"ר)
feijão (m)	pol	פּוֹל (ז)

233. Vegetais. Verduras

vegetais (m pl)	yerakot	יְרָקוֹת (ז״ר)
verdura (f)	'yerek	יָרָק (ז)
tomate (m)	agvaniya	עַגְבָנִיָה (נ)
pepino (m)	melafefon	מְלָפְפוֹן (ז)
cenoura (f)	'gezer	גֶזֶר (ז)
batata (f)	ta'puaχ adama	תַפּוּחַ אֲדָמָה (ז)
cebola (f)	batsal	בָּצָל (ז)
alho (m)	ʃum	שׁוּם (ז)
couve (f)	kruv	כְּרוּב (ז)
couve-flor (f)	kruvit	כְּרוּבִית (נ)
couve-de-bruxelas (f)	kruv nitsanim	כְּרוּב נִצָנִים (ז)
brócolis (m pl)	'brokoli	בְּרוֹקוֹלִי (ז)
beterraba (f)	'selek	סֶלֶק (ז)
berinjela (f)	χatsil	חָצִיל (ז)
abobrinha (f)	kiʃu	קִישׁוּא (ז)
abóbora (f)	'dla'at	דְלַעַת (נ)
nabo (m)	'lefet	לֶפֶת (נ)
salsa (f)	petro'zilya	פֶּטְרוֹזִילְיָה (נ)
endro, aneto (m)	ʃamir	שָׁמִיר (ז)
alface (f)	'χasa	חַסָה (נ)
aipo (m)	'seleri	סֶלֶרִי (ז)
aspargo (m)	aspa'ragos	אַסְפָּרָגוֹס (ז)
espinafre (m)	'tered	תֶרֶד (ז)
ervilha (f)	afuna	אֲפוּנָה (נ)
feijão (~ soja, etc.)	pol	פּוֹל (ז)
milho (m)	'tiras	תִירָס (ז)
feijão (m) roxo	ʃu'it	שְׁעוּעִית (נ)
pimentão (m)	'pilpel	פִּלְפֵּל (ז)
rabanete (m)	tsnonit	צְנוֹנִית (נ)
alcachofra (f)	artiʃok	אַרְטִישׁוֹק (ז)

GEOGRAFIA REGIONAL

Países. Nacionalidades

. **Europa Ocidental**

Europa (f)	ei'ropa	אֵירוֹפָּה (נ)
União (f) Europeia	ha'ixud ha'eiro'pe'i	הָאִיחוּד הָאֵירוֹפִּי (ז)
europeu (m)	eiro'pe'i	אֵירוֹפָּאִי (ז)
europeu (adj)	eiro'pe'i	אֵירוֹפָּאִי
Áustria (f)	'ostriya	אוֹסְטְרְיָה (נ)
austríaco (m)	'ostri	אוֹסְטְרִי (ז)
austríaca (f)	'ostrit	אוֹסְטְרִית (נ)
austríaco (adj)	'ostri	אוֹסְטְרִי
Grã-Bretanha (f)	bri'tanya hagdola	בְּרִיטַנְיָה הַגְדוֹלָה (נ)
Inglaterra (f)	'angliya	אַנְגְלִיָה (נ)
inglês (m)	'briti	בְּרִיטִי (ז)
inglesa (f)	'btitit	בְּרִיטִית (נ)
inglês (adj)	angli	אַנְגְלִי
Bélgica (f)	'belgya	בֶּלְגִיָה (נ)
belga (m)	'belgi	בֶּלְגִי (ז)
belga (f)	'belgit	בֶּלְגִית (נ)
belga (adj)	'belgi	בֶּלְגִי
Alemanha (f)	ger'manya	גֶרְמַנְיָה (נ)
alemão (m)	germani	גֶרְמָנִי (ז)
alemã (f)	germaniya	גֶרְמָנְיָה (נ)
alemão (adj)	germani	גֶרְמָנִי
Países Baixos (m pl)	'holand	הוֹלַנְד (נ)
Holanda (f)	'holand	הוֹלַנְד (נ)
holandês (m)	ho'landi	הוֹלַנְדִי (ז)
holandesa (f)	ho'landit	הוֹלַנְדִית (נ)
holandês (adj)	ho'landi	הוֹלַנְדִי
Grécia (f)	yavan	יָוָן (נ)
grego (m)	yevani	יְוָנִי (ז)
grega (f)	yevaniya	יְוָנְיָה (נ)
grego (adj)	yevani	יְוָנִי
Dinamarca (f)	'denemark	דֶנֶמַרְק (נ)
dinamarquês (m)	'deni	דֶנִי (ז)
dinamarquesa (f)	'denit	דֶנִית (נ)
dinamarquês (adj)	'deni	דֶנִי
Irlanda (f)	'irland	אִירְלַנְד (נ)
irlandês (m)	'iri	אִירִי (ז)

irlandesa (f)	ir'landit	אִירְלַנְדִּית (נ)
irlandês (adj)	'iri	אִירִי
Islândia (f)	'island	אִיסְלַנְד (נ)
islandês (m)	is'landi	אִיסְלַנְדִּי (ז)
islandesa (f)	is'landit	אִיסְלַנְדִּית (נ)
islandês (adj)	is'landi	אִיסְלַנְדִּי
Espanha (f)	sfarad	סְפָרַד (נ)
espanhol (m)	sfaradi	סְפָרַדִּי (ז)
espanhola (f)	sfaradiya	סְפָרַדִּיָה (נ)
espanhol (adj)	sfaradi	סְפָרַדִּי
Itália (f)	i'talya	אִיטַלְיָה (נ)
italiano (m)	italki	אִיטַלְקִי (ז)
italiana (f)	italkiya	אִיטַלְקִיָה (נ)
italiano (adj)	italki	אִיטַלְקִי
Chipre (m)	kafrisin	קַפְרִיסִין (נ)
cipriota (m)	kafri'sa'i	קַפְרִיסָאִי (ז)
cipriota (f)	kafri'sa'it	קַפְרִיסָאִית (נ)
cipriota (adj)	kafri'sa'i	קַפְרִיסָאִי
Malta (f)	'malta	מַלְטָה (נ)
maltês (m)	'malti	מַלְטִי (ז)
maltesa (f)	'maltit	מַלְטִית (נ)
maltês (adj)	'malti	מַלְטִי
Noruega (f)	nor'vegya	נוֹרְבֶּגְיָה (נ)
norueguês (m)	nor'vegi	נוֹרְבֶּגִי (ז)
norueguesa (f)	nor'vegit	נוֹרְבֶּגִית (נ)
norueguês (adj)	nor'vegi	נוֹרְבֶּגִי
Portugal (m)	portugal	פּוֹרְטוּגָל (נ)
português (m)	portu'gali	פּוֹרְטוּגָלִי (ז)
portuguesa (f)	portu'galit	פּוֹרְטוּגָלִית (נ)
português (adj)	portu'gezi	פּוֹרְטוּגֵזִי
Finlândia (f)	'finland	פִינְלַנְד (נ)
finlandês (m)	'fini	פִינִי (ז)
finlandesa (f)	'finit	פִינִית (נ)
finlandês (adj)	'fini	פִינִי
França (f)	tsarfat	צָרְפַת (נ)
francês (m)	tsarfati	צָרְפָתִי (ז)
francesa (f)	tsarfatiya	צָרְפָתִיָה (נ)
francês (adj)	tsarfati	צָרְפָתִי
Suécia (f)	'ʃvedya	שְבֶדְיָה (נ)
sueco (m)	'ʃvedi	שְבֶדִי (ז)
sueca (f)	'ʃvedit	שְבֶדִית (נ)
sueco (adj)	'ʃvedi	שְבֶדִי
Suíça (f)	'ʃvaits	שְוַויִץ (נ)
suíço (m)	ʃvei'tsari	שְווַיִצָרִי (ז)
suíça (f)	ʃvei'tsarit	שְווַיִצָרִית (נ)

suíço (adj)	ʃveˈtsari	שׁוַיְצָרִי
Escócia (f)	ˈskotland	סְקוֹטְלַנד (נ)
escocês (m)	ˈskoti	סְקוֹטִי (ז)
escocesa (f)	ˈskotit	סְקוֹטִית (נ)
escocês (adj)	ˈskoti	סְקוֹטִי
Vaticano (m)	vatikan	וָתִיקָן (ז)
Liechtenstein (m)	liχtenʃtain	לִיכְטֶנשְׁטַיין (נ)
Luxemburgo (m)	luksemburg	לוּקסֶמְבּוּרג (נ)
Mônaco (m)	moˈnako	מוֹנָקוֹ (נ)

235. Europa Central e de Leste

Albânia (f)	alˈbanya	אַלְבַּנְיָה (נ)
albanês (m)	alˈbani	אַלְבָּנִי (ז)
albanesa (f)	alˈbanit	אַלְבָּנִית (נ)
albanês (adj)	alˈbani	אַלְבָּנִי
Bulgária (f)	bulˈgarya	בּוּלגָרִיָה (נ)
búlgaro (m)	bulˈgari	בּוּלגָרִי (ז)
búlgara (f)	bulgariya	בּוּלגָרִיָה (נ)
búlgaro (adj)	bulˈgari	בּוּלגָרִי
Hungria (f)	hunˈgarya	הוּנגָרִיָה (נ)
húngaro (m)	hungari	הוּנגָרִי (ז)
húngara (f)	hungariya	הוּנגָרִיָה (נ)
húngaro (adj)	hunˈgari	הוּנגָרִי
Letônia (f)	ˈlatviya	לַטבִיָה (נ)
letão (m)	ˈlatvi	לַטבִי (ז)
letã (f)	ˈlatvit	לַטבִית (נ)
letão (adj)	ˈlatvi	לַטבִי
Lituânia (f)	ˈlita	לִיטָא (נ)
lituano (m)	litaˈi	לִיטָאִי (ז)
lituana (f)	litaˈit	לִיטָאִית (נ)
lituano (adj)	litaˈi	לִיטָאִי
Polônia (f)	polin	פּוֹלִין (נ)
polonês (m)	polani	פּוֹלָנִי (ז)
polonesa (f)	polaniya	פּוֹלָנִיָה (נ)
polonês (adj)	polani	פּוֹלָנִי
Romênia (f)	roˈmanya	רוֹמַנְיָה (נ)
romeno (m)	romani	רוֹמָנִי (ז)
romena (f)	romaniya	רוֹמָנִיָה (נ)
romeno (adj)	roˈmani	רוֹמָנִי
Sérvia (f)	ˈserbya	סָרבִּיָה (נ)
sérvio (m)	ˈserbi	סָרבִּי (ז)
sérvia (f)	ˈserbit	סָרבִּית (נ)
sérvio (adj)	ˈserbi	סָרבִּי
Eslováquia (f)	sloˈvakya	סלוֹבָקִיָה (נ)
eslovaco (m)	sloˈvaki	סלוֹבָקִי (ז)

| eslovaca (f) | slo'vakit | סלוֹבָקִית (נ) |
| eslovaco (adj) | slo'vaki | סלוֹבָקִי |

Croácia (f)	kro''atya	קרוֹאָטיָה (נ)
croata (m)	kro''ati	קרוֹאָטי (ז)
croata (f)	kro''atit	קרוֹאָטית (נ)
croata (adj)	kro''ati	קרוֹאָטי

República (f) Checa	'tʃeχya	צֶ'כיָה (נ)
checo (m)	'tʃeχi	צֶ'כִי (ז)
checa (f)	'tʃeχit	צֶ'כִית (נ)
checo (adj)	'tʃeχi	צֶ'כִי

Estônia (f)	es'tonya	אֶסטוֹניָה (נ)
estônio (m)	es'toni	אֶסטוֹנִי (ז)
estônia (f)	es'tonit	אֶסטוֹנִית (נ)
estônio (adj)	es'toni	אֶסטוֹנִי

Bósnia e Herzegovina (f)	'bosniya	בּוֹסניָה (נ)
Macedônia (f)	make'donya	מָקֶדוֹניָה (נ)
Eslovênia (f)	slo'venya	סלוֹבֶניָה (נ)
Montenegro (m)	monte'negro	מוֹנטֶנֶגרוֹ (נ)

236. Países da ex-URSS

Azerbaijão (m)	azerbaidʒan	אָזֶרבָּיי'גָ'ן (נ)
azeri (m)	azerbai'dʒani	אָזֶרבָּיי'גָ'נִי (ז)
azeri (f)	azerbai'dʒanit	אָזֶרבָּיי'גָ'נִית (נ)
azeri, azerbaijano (adj)	azerbai'dʒani	אָזֶרבָּיי'גָ'נִי

Armênia (f)	ar'menya	אַרמֶניָה (נ)
armênio (m)	ar'meni	אַרמֶנִי (ז)
armênia (f)	ar'menit	אַרמֶנִית (נ)
armênio (adj)	ar'meni	אַרמֶנִי

Belarus	'belarus	בֶּלָרוּס (נ)
bielorrusso (m)	bela'rusi	בֶּלָרוּסִי (ז)
bielorrussa (f)	bela'rusit	בֶּלָרוּסִית (נ)
bielorrusso (adj)	byelo'rusi	בּיֶלוֹרוּסִי

Geórgia (f)	'gruzya	גרוּזיָה (נ)
georgiano (m)	gru'zini	גרוּזִינִי (ז)
georgiana (f)	gru'zinit	גרוּזִינִית (נ)
georgiano (adj)	gru'zini	גרוּזִינִי

Cazaquistão (m)	kazaχstan	קָזַחסטָן (נ)
cazaque (m)	ka'zaχi	קָזָחִי (ז)
cazaque (f)	ka'zaχit	קָזָחִית (נ)
cazaque (adj)	ka'zaχi	קָזָחִי

Quirguistão (m)	kirgizstan	קירגיזסטָן (נ)
quirguiz (m)	kir'gizi	קירגיזִי (ז)
quirguiz (f)	kir'gizit	קירגיזִית (נ)
quirguiz (adj)	kir'gizi	קירגיזִי

Moldávia (f)	mol'davya	מוֹלְדַּבְיָה (נ)
moldavo (m)	mol'davi	מוֹלְדַּבִי (ז)
moldava (f)	mol'davit	מוֹלְדַּבִית (נ)
moldavo (adj)	mol'davi	מוֹלְדַּבִי

Rússia (f)	'rusya	רוּסְיָה (נ)
russo (m)	rusi	רוּסִי (ז)
russa (f)	rusiya	רוּסִיָּה (נ)
russo (adj)	rusi	רוּסִי

Tajiquistão (m)	tadʒikistan	טַגִ'יקִיסְטָן (נ)
tajique (m)	ta'dʒiki	טַגִ'יקִי (ז)
tajique (f)	ta'dʒikit	טַגִ'יקִית (נ)
tajique (adj)	ta'dʒiki	טַגִ'יקִי

Turquemenistão (m)	turkmenistan	טוּרקְמֶנִיסְטָן (נ)
turcomeno (m)	turk'meni	טוּרקְמֶנִי (ז)
turcomena (f)	turk'menit	טוּרקְמֶנִית (נ)
turcomeno (adj)	turk'meni	טוּרקְמֶנִי

Uzbequistão (f)	uzbekistan	אוּזבֶּקִיסְטָן (נ)
uzbeque (m)	uz'beki	אוּזבֶּקִי (ז)
uzbeque (f)	uz'bekit	אוּזבֶּקִית (נ)
uzbeque (adj)	uz'beki	אוּזבֶּקִי

Ucrânia (f)	uk'rayna	אוּקרָאִינָה (נ)
ucraniano (m)	ukra"ini	אוּקרָאִינִי (ז)
ucraniana (f)	ukra"init	אוּקרָאִינִית (נ)
ucraniano (adj)	ukra"ini	אוּקרָאִינִי

237. Asia

| Ásia (f) | 'asya | אַסְיָה (נ) |
| asiático (adj) | as'yati | אַסְיָתִי |

Vietnã (m)	vyetnam	וְיֶטנָאם (נ)
vietnamita (m)	vyet'nami	וְיֶטנָאמִי (ז)
vietnamita (f)	vyet'namit	וְיֶטנָאמִית (נ)
vietnamita (adj)	vyet'nami	וְיֶטנָאמִי

Índia (f)	'hodu	הוֹדוּ (נ)
indiano (m)	'hodi	הוֹדִי (ז)
indiana (f)	'hodit	הוֹדִית (נ)
indiano (adj)	'hodi	הוֹדִי

Israel (m)	yisra'el	יִשׂרָאֵל (נ)
israelense (m)	yisra'eli	יִשׂרָאֵלִי (ז)
israelita (f)	yisra'elit	יִשׂרָאֵלִית (נ)
israelense (adj)	yisra'eli	יִשׂרָאֵלִי

judeu (m)	yehudi	יְהוּדִי (ז)
judia (f)	yehudiya	יְהוּדִיָּה (נ)
judeu (adj)	yehudi	יְהוּדִי
China (f)	sin	סִין (נ)

chinês (m)	'sini	סִינִי (ז)
chinesa (f)	'sinit	סִינִית (נ)
chinês (adj)	'sini	סִינִי

coreano (m)	korei''ani	קוֹרֵיאָנִי (ז)
coreana (f)	korei''anit	קוֹרֵיאָנִית (נ)
coreano (adj)	korei''ani	קוֹרֵיאָנִי

Líbano (m)	levanon	לְבָנוֹן (נ)
libanês (m)	leva'noni	לְבָנוֹנִי (ז)
libanesa (f)	leva'nonit	לְבָנוֹנִית (נ)
libanês (adj)	leva'noni	לְבָנוֹנִי

Mongólia (f)	mon'golya	מוֹנגוֹליָה (נ)
mongol (m)	mon'goli	מוֹנגוֹלִי (ז)
mongol (f)	mon'golit	מוֹנגוֹלִית (נ)
mongol (adj)	mon'goli	מוֹנגוֹלִי

Malásia (f)	ma'lezya	מָלֵזיָה (נ)
malaio (m)	ma'la'i	מָלָאי (ז)
malaia (f)	ma'la'it	מָלָאית (נ)
malaio (adj)	ma'la'i	מָלָאי

Paquistão (m)	pakistan	פָּקִיסטָן (נ)
paquistanês (m)	pakis'tani	פָּקִיסטָנִי (ז)
paquistanesa (f)	pakis'tanit	פָּקִיסטָנִית (נ)
paquistanês (adj)	pakis'tani	פָּקִיסטָנִי

Arábia (f) Saudita	arav hasa'udit	עֲרָב הַסָעוּדִית (נ)
árabe (m)	aravi	עֲרָבִי (ז)
árabe (f)	araviya	עֲרָבִיָה (נ)
árabe (adj)	aravi	עֲרָבִי

Tailândia (f)	'tailand	תָאילַנד (נ)
tailandês (m)	tai'landi	תָאילַנדִי (ז)
tailandesa (f)	tai'landit	תָאילַנדִית (נ)
tailandês (adj)	tai'landi	תָאילַנדִי

Taiwan (m)	taivan	טַייוַון (נ)
taiwanês (m)	tai'vani	טַייוַונִי (ז)
taiwanesa (f)	tai'vanit	טַייוַונִית (נ)
taiwanês (adj)	tai'vani	טַייוַונִי

Turquia (f)	'turkiya	טוּרקִיָה (נ)
turco (m)	turki	טוּרקִי (ז)
turca (f)	turkiya	טוּרקִיָה (נ)
turco (adj)	turki	טוּרקִי

Japão (m)	yapan	יַפָּן (נ)
japonês (m)	ya'pani	יַפָּנִי (ז)
japonesa (f)	ya'panit	יַפָּנִית (נ)
japonês (adj)	ya'pani	יַפָּנִי

Afeganistão (m)	afganistan	אַפגָנִיסטָן (נ)
Bangladesh (m)	bangladeʃ	בַּנגלָדֶש (נ)
Indonésia (f)	indo'nezya	אִינדוֹנֶזיָה (נ)

Jordânia (f)	yarden	יַרְדֵן (נ)
Iraque (m)	irak	עִירָאק (נ)
Irã (m)	iran	אִירָן (נ)
Camboja (f)	kam'bodya	קַמְבּוֹדְיָה (נ)
Kuwait (m)	kuveit	כֻּוֵיית (נ)

Laos (m)	la'os	לָאוֹס (נ)
Birmânia (f)	miyanmar	מְיַאנְמָר (נ)
Nepal (m)	nepal	נֶפָּאל (נ)
Emirados Árabes Unidos	iχud ha'emi'royot ha'araviyot	אִיחוּד הָאֱמִירוּיוֹת הָעֲרָבִיוֹת (ז)

Síria (f)	'surya	סוֹרְיָה (נ)
Palestina (f)	falastin	פָּלֶסְטִין (נ)
Coreia (f) do Sul	ko'rei'a hadromit	קוֹרֵיאָה הַדְּרוֹמִית (נ)
Coreia (f) do Norte	ko'rei'a hatsfonit	קוֹרֵיאָה הַצְּפוֹנִית (נ)

238. América do Norte

Estados Unidos da América	artsot habrit	אַרְצוֹת הַבְּרִית (נ"ר)
americano (m)	ameri'ka'i	אֲמֵרִיקָאִי (ז)
americana (f)	ameri'ka'it	אֲמֵרִיקָאִית (נ)
americano (adj)	ameri'ka'i	אֲמֵרִיקָאִי

Canadá (m)	'kanada	קָנָדָה (נ)
canadense (m)	ka'nadi	קָנָדִי (ז)
canadense (f)	ka'nadit	קָנָדִית (נ)
canadense (adj)	ka'nadi	קָנָדִי

México (m)	'meksiko	מֶקְסִיקוֹ (נ)
mexicano (m)	meksi'kani	מֶקְסִיקָנִי (ז)
mexicana (f)	meksi'kanit	מֶקְסִיקָנִית (נ)
mexicano (adj)	meksi'kani	מֶקְסִיקָנִי

239. América Central do Sul

Argentina (f)	argen'tina	אַרְגֶּנְטִינָה (נ)
argentino (m)	argentinai	אַרְגֶּנְטִינָאִי (ז)
argentina (f)	argenti'na'it	אַרְגֶּנְטִינָאִית (נ)
argentino (adj)	argenti'na'it	אַרְגֶּנְטִינָאִי

Brasil (m)	brazil	בְּרָזִיל (נ)
brasileiro (m)	brazil'a'i	בְּרָזִילָאִי (ז)
brasileira (f)	brazi'la'it	בְּרָזִילָאִית (נ)
brasileiro (adj)	brazi'la'i	בְּרָזִילָאִי

Colômbia (f)	ko'lombya	קוֹלוֹמְבְּיָה (נ)
colombiano (m)	kolom'byani	קוֹלוֹמְבְּיָאנִי (ז)
colombiana (f)	kolomb'yanit	קוֹלוֹמְבְּיָאנִית (נ)
colombiano (adj)	kolom'byani	קוֹלוֹמְבְּיָאנִי

| Cuba (f) | 'kuba | קוּבָּה (נ) |
| cubano (m) | ku'bani | קוּבָּנִי (ז) |

cubana (f)	ku'banit	קוּבָּנִית (נ)
cubano (adj)	ku'bani	קוּבָּנִי

Chile (m)	'ʧile	צִ'ילֶה (נ)
chileno (m)	ʧili"ani	צִ'ילִיאָנִי (ז)
chilena (f)	ʧili"anit	צִ'ילִיאָנִית (נ)
chileno (adj)	ʧili"ani	צִ'ילִיאָנִי

Bolívia (f)	bo'livya	בּוֹלִיבְיָה (נ)
Venezuela (f)	venetsu"ela	וֶנֶצוּאֶלָה (נ)
Paraguai (m)	paragvai	פָּרָגוּאַי (נ)
Peru (m)	peru	פֶּרוּ (נ)

Suriname (m)	surinam	סוּרִינָאם (נ)
Uruguai (m)	urugvai	אוּרוּגוּאַי (נ)
Equador (m)	ekvador	אֶקוָודוֹר (נ)

Bahamas (f pl)	iyey ba'hama	אִיֵי בָּהָאמָה (ז"ר)
Haiti (m)	ha"iti	הָאִיטִי (נ)
República Dominicana	hare'publika hadomeni'kanit	הָרֶפּוּבְּלִיקָה הַדוֹמִינִיקָנִית (נ)
Panamá (m)	pa'nama	פָּנָמָה (נ)
Jamaica (f)	ʤa'maika	גָ'מַייקָה (נ)

240. Africa

Egito (m)	mits'rayim	מִצְרַיִם (נ)
egípcio (m)	mitsri	מִצְרִי (ז)
egípcia (f)	mitsriya	מִצְרִייָה (נ)
egípcio (adj)	mitsri	מִצְרִי

Marrocos	ma'roko	מָרוֹקוֹ (נ)
marroquino (m)	maro'ka'i	מָרוֹקָאִי (ז)
marroquina (f)	maro'ka'it	מָרוֹקָאִית (נ)
marroquino (adj)	maro'ka'i	מָרוֹקָאִי

Tunísia (f)	tu'nisya	טוּנִיסְיָה (נ)
tunisiano (m)	tuni'sa'i	טוּנִיסָאִי (ז)
tunisiana (f)	tuni'sa'it	טוּנִיסָאִית (נ)
tunisiano (adj)	tuni'sa'i	טוּנִיסָאִי

Gana (f)	'gana	גָאנָה (נ)
Zanzibar (m)	zanzibar	זָנְזִיבָּר (נ)
Quênia (f)	'kenya	קֶנְיָה (נ)
Líbia (f)	luv	לוּב (נ)
Madagascar (m)	madagaskar	מָדָגַסְקָר (ז)

Namíbia (f)	na'mibya	נָמִיבְּיָה (נ)
Senegal (m)	senegal	סֶנֶגָל (נ)
Tanzânia (f)	tan'zanya	טַנְזַנְיָה (נ)
África (f) do Sul	drom 'afrika	דְרוֹם אַפְרִיקָה (נ)

africano (m)	afri'ka'i	אַפְרִיקָאִי (ז)
africana (f)	afri'ka'it	אַפְרִיקָאִית (נ)
africano (adj)	afri'ka'i	אַפְרִיקָאִי

241. Austrália. Oceania

Austrália (f)	ost'ralya	אוֹסטְרַלְיָה (נ)
australiano (m)	ost'rali	אוֹסטְרַלִי (ז)
australiana (f)	ost'ralit	אוֹסטְרַלִית (נ)
australiano (adj)	ost'rali	אוֹסטְרַלִי
Nova Zelândia (f)	nyu 'ziland	נְיוּ זִילַנד (נ)
neozelandês (m)	nyu zi'landi	נְיוּ זִילַנדִי (ז)
neozelandesa (f)	nyu zi'landit	נְיוּ זִילַנדִית (נ)
neozelandês (adj)	nyu zi'landi	נְיוּ זִילַנדִי
Tasmânia (f)	tas'manya	טַסמַנְיָה (נ)
Polinésia (f) Francesa	poli'nezya hatsarfatit	פּוֹלִינֶזְיָה הַצָרְפָתִית (נ)

242. Cidades

Amesterdã, Amsterdã	'amsterdam	אַמסטֶרדָם (נ)
Ancara	ankara	אַנקָרָה (נ)
Atenas	a'tuna	אָתוּנָה (נ)
Bagdade	bagdad	בַּגדָד (נ)
Bancoque	bangkok	בַּנגקוֹק (נ)
Barcelona	bartse'lona	בַּרצֶלוֹנָה (נ)
Beirute	beirut	בֵּירוּת (נ)
Berlim	berlin	בֶּרלִין (נ)
Bonn	bon	בּוֹן (נ)
Bordéus	bordo	בּוֹרדוֹ (נ)
Bratislava	bratis'lava	בּרָטִיסלָאבָה (נ)
Bruxelas	brisel	בּרִיסֶל (נ)
Bucareste	'bukareʃt	בּוּקָרֶשט (נ)
Budapeste	'budapeʃt	בּוּדַפֶּשט (נ)
Cairo	kahir	קָהִיר (נ)
Calcutá	kol'kata	קוֹלקָטָה (נ)
Chicago	ʃi'kago	שִיקָאגוֹ (נ)
Cidade do México	'meksiko 'siti	מֶקסִיקוֹ סִיטִי (נ)
Copenhague	kopen'hagen	קוֹפֶּנהָגֶן (נ)
Dar es Salaam	dar e salam	דָאר אֶ־סָלָאם (נ)
Deli	'delhi	דֶלהִי (נ)
Dubai	dubai	דוּבַּאי (נ)
Dublim	'dablin	דַבּלִין (נ)
Düsseldorf	'diseldorf	דִיסֶלדוֹרף (נ)
Estocolmo	'stokholm	סטוֹקהוֹלם (נ)
Florença	fi'rentse	פִירֶנצֶה (נ)
Frankfurt	'frankfurt	פרַנקפוּרט (נ)
Genebra	dʒe'neva	גְ'נֶבָה (נ)
Haia	hag	הָאג (נ)
Hamburgo	'hamburg	הַמבּוּרג (נ)
Hanói	hanoi	הָאנוֹי (נ)

Havana	ha'vana	הָוַואנָה (נ)
Helsinque	'helsinki	הֶלסִינקִי (נ)
Hiroshima	hiro'ʃima	הִירוֹשִׁימָה (נ)
Hong Kong	hong kong	הוֹנג קוֹנג (נ)
Istambul	istanbul	אִיסטַנבּוּל (נ)
Jerusalém	yeruʃa'layim	יְרוּשָׁלַיִם (נ)
Kiev, Quieve	'kiyev	קִייֶב (נ)
Kuala Lumpur	ku''ala lumpur	קוּאָלָה לוּמפּוּר (נ)
Lion	li'on	לִיאוֹן (נ)
Lisboa	lisbon	לִיסבּוֹן (נ)
Londres	'london	לוֹנדוֹן (נ)
Los Angeles	los 'andʒeles	לוֹס אַנגְ'לֶס (נ)
Madrid	madrid	מַדרִיד (נ)
Marselha	marsei	מַרסֵי (נ)
Miami	ma'yami	מְיָאמִי (נ)
Montreal	montri'ol	מוֹנטרִיאוֹל (נ)
Moscou	'moskva	מוֹסקבָה (נ)
Mumbai	bombei	בּוֹמבֵּי (נ)
Munique	'minχen	מִינכֶן (נ)
Nairóbi	nai'robi	נַיירוֹבִּי (נ)
Nápoles	'napoli	נָפּוֹלִי (נ)
Nice	nis	נִיס (נ)
Nova York	nyu york	נִיוּ יוֹרק (נ)
Oslo	'oslo	אוֹסלוֹ (נ)
Ottawa	'otava	אוֹטָווָה (נ)
Paris	pariz	פָּרִיז (נ)
Pequim	beidʒing	בֵּייגְ'ינג (נ)
Praga	prag	פּרָאג (נ)
Rio de Janeiro	'riyo de ʒa'nero	רִיוֹ דָה ז'נֵרוֹ (נ)
Roma	'roma	רוֹמָא (נ)
São Petersburgo	sant 'petersburg	סַנט פֶּטרסבּוּרג (נ)
Seul	se'ul	סָאוּל (נ)
Singapura	singapur	סִינגָפּוּר (נ)
Sydney	'sidni	סִידנִי (נ)
Taipé	taipe	טַייפֶּה (נ)
Tóquio	'tokyo	טוֹקִיוֹ (נ)
Toronto	to'ronto	טוֹרוֹנטוֹ (נ)
Varsóvia	'varʃa	וַרשָׁה (נ)
Veneza	ve'netsya	וֶנֶציָה (נ)
Viena	'vina	וִינָה (נ)
Washington	'voʃington	וֹשִׁינגטוֹן (נ)
Xangai	ʃanχai	שַׁנחָאי (נ)

243. Política. Governo. Parte 1

política (f)	po'litika	פּוֹלִיטִיקָה (נ)
político (adj)	po'liti	פּוֹלִיטִי

político (m)	politikai	פּוֹלִיטִיקַאי (ז)
estado (m)	medina	מְדִינָה (נ)
cidadão (m)	ezraχ	אֶזְרָח (ז)
cidadania (f)	ezraχut	אֶזְרָחוּת (נ)

| brasão (m) de armas | 'semel le'umi | סֶמֶל לְאוּמִי (ז) |
| hino (m) nacional | himnon le'umi | הִמְנוֹן לְאוּמִי (ז) |

governo (m)	memʃala	מֶמְשָׁלָה (נ)
Chefe (m) de Estado	roʃ medina	רֹאש מְדִינָה (ז)
parlamento (m)	parlament	פַּרְלָמֶנְט (ז)
partido (m)	miflaga	מִפְלָגָה (נ)

| capitalismo (m) | kapitalizm | קָפִּיטָלִיזְם (ז) |
| capitalista (adj) | kapita'listi | קָפִּיטָלִיסְטִי |

| socialismo (m) | sotsyalizm | סוֹצְיָאלִיזְם (ז) |
| socialista (adj) | sotsya'listi | סוֹצְיָאלִיסְטִי |

comunismo (m)	komunizm	קוֹמוּנִיזְם (ז)
comunista (adj)	komu'nisti	קוֹמוּנִיסְטִי
comunista (m)	komunist	קוֹמוּנִיסְט (ז)

democracia (f)	demo'kratya	דֶמוֹקְרַטְיָה (נ)
democrata (m)	demokrat	דֶמוֹקְרָט (ז)
democrático (adj)	demo'krati	דֶמוֹקְרָטִי
Partido (m) Democrático	miflaga demo'kratit	מִפְלָגָה דֶמוֹקְרָטִית (נ)

liberal (m)	libe'rali	לִיבֵּרָלִי (ז)
liberal (adj)	libe'rali	לִיבֵּרָלִי
conservador (m)	ʃamran	שַׁמְרָן (ז)
conservador (adj)	ʃamrani	שַׁמְרָנִי

república (f)	re'publika	רֶפּוּבְּלִיקָה (נ)
republicano (m)	republi'kani	רֶפּוּבְּלִיקָנִי (ז)
Partido (m) Republicano	miflaga republi'kanit	מִפְלָגָה רֶפּוּבְּלִיקָנִית (נ)

eleições (f pl)	bχirot	בְּחִירוֹת (נ"ר)
eleger (vt)	livχor	לִבְחוֹר
eleitor (m)	mats'bi'a	מַצְבִּיעַ (ז)
campanha (f) eleitoral	masa bχirot	מַסָּע בְּחִירוֹת (ז)

votação (f)	hatsba'a	הַצְבָּעָה (נ)
votar (vi)	lehats'bi'a	לְהַצְבִּיעַ
sufrágio (m)	zχut hatsba'a	זְכוּת הַצְבָּעָה (נ)

candidato (m)	mu'amad	מוּעֲמָד (ז)
candidatar-se (vi)	lehatsig mu'amadut	לְהַצִּיג מוּעֲמָדוּת
campanha (f)	masa	מַסָּע (ז)

| da oposição | opozitsyoni | אוֹפּוֹזִיצְיוֹנִי |
| oposição (f) | opo'zitsya | אוֹפּוֹזִיצְיָה (נ) |

visita (f)	bikur	בִּיקוּר (ז)
visita (f) oficial	bikur riʃmi	בִּיקוּר רִשְׁמִי (ז)
internacional (adj)	benle'umi	בֵּינְלְאוּמִי

| negociações (f pl) | masa umatan | מַשָּׂא וּמַתָּן (ז) |
| negociar (vi) | laset velatet | לָשֵׂאת וְלָתֵת |

244. Política. Governo. Parte 2

sociedade (f)	χevra	חֶבְרָה (נ)
constituição (f)	χuka	חוּקָה (נ)
poder (ir para o ~)	ʃilton	שִׁלְטוֹן (ז)
corrupção (f)	ʃχitut	שְׁחִיתוּת (נ)

| lei (f) | χok | חוֹק (ז) |
| legal (adj) | χuki | חוּקִי |

| justeza (f) | 'tsedek | צֶדֶק (ז) |
| justo (adj) | tsodek | צוֹדֵק |

comitê (m)	'va'ad	וַעַד (ז)
projeto-lei (m)	hatsa'at χok	הַצָּעַת חוֹק (נ)
orçamento (m)	taktsiv	תַּקְצִיב (ז)
política (f)	mediniyut	מְדִינִיוּת (נ)
reforma (f)	re'forma	רֶפוֹרְמָה (נ)
radical (adj)	radi'kali	רָדִיקָלִי

força (f)	otsma	עוֹצְמָה (נ)
poderoso (adj)	rav 'koaχ	רַב־כּוֹחַ
partidário (m)	tomeχ	תּוֹמֵךְ (ז)
influência (f)	haʃpa'a	הַשְׁפָּעָה (נ)

regime (m)	miʃtar	מִשְׁטָר (ז)
conflito (m)	siχsuχ	סִכְסוּךְ (ז)
conspiração (f)	'keʃer	קֶשֶׁר (ז)
provocação (f)	provo'katsya, hitgarut	פְּרוֹבוֹקַצְיָה, הִתְגָּרוּת (נ)

derrubar (vt)	leha'diaχ	לְהַדִּיחַ
derrube (m), queda (f)	hadaχa mikes malχut	הֲדָחָה מִכֵּס מַלְכוּת (נ)
revolução (f)	mahapeχa	מַהְפֵּכָה (נ)

| golpe (m) de Estado | hafiχa | הֲפִיכָה (נ) |
| golpe (m) militar | mahapaχ tsva'i | מַהְפַּךְ צְבָאִי (ז) |

crise (f)	maʃber	מַשְׁבֵּר (ז)
recessão (f) econômica	mitun kalkali	מִיתוּן כַּלְכָּלִי (ז)
manifestante (m)	mafgin	מַפְגִּין (ז)
manifestação (f)	hafgana	הַפְגָּנָה (נ)
lei (f) marcial	miʃtar tsva'i	מִשְׁטָר צְבָאִי (ז)
base (f) militar	basis tsva'i	בָּסִיס צְבָאִי (ז)

| estabilidade (f) | yatsivut | יַצִּיבוּת (נ) |
| estável (adj) | yatsiv | יַצִּיב |

exploração (f)	nitsul	נִיצוּל (ז)
explorar (vt)	lenatsel	לְנַצֵּל
racismo (m)	giz'anut	גִּזְעָנוּת (נ)
racista (m)	giz'ani	גִּזְעָנִי (ז)

fascismo (m)	faʃizm	פָּשִיזם (ז)
fascista (m)	faʃist	פָּשִיסט (ז)

245. Países. Diversos

estrangeiro (m)	zar	זָר (ז)
estrangeiro (adj)	zar	זָר
no estrangeiro	beχul	בְּחוּ"ל
emigrante (m)	mehager	מְהַגֵר (ז)
emigração (f)	hagira	הַגִירָה (נ)
emigrar (vi)	lehager	לְהַגֵר
Ocidente (m)	ma'arav	מַעֲרָב (ז)
Oriente (m)	mizraχ	מִזרָח (ז)
Extremo Oriente (m)	hamizraχ haraχok	הַמִזרָח הָרָחוֹק (ז)
civilização (f)	tsivili'zatsya	צִיבִילִיזַציָה (נ)
humanidade (f)	enoʃut	אֱנוֹשוּת (נ)
mundo (m)	olam	עוֹלָם (ז)
paz (f)	ʃalom	שָלוֹם (ז)
mundial (adj)	olami	עוֹלָמִי
pátria (f)	mo'ledet	מוֹלֶדֶת (נ)
povo (população)	am	עַם (ז)
população (f)	oχlusiya	אוֹכלוּסִיָה (נ)
gente (f)	anaʃim	אֲנָשִים (ז"ר)
nação (f)	uma	אוּמָה (נ)
geração (f)	dor	דוֹר (ז)
território (m)	'ʃetaχ	שֶטַח (ז)
região (f)	ezor	אֵזוֹר (ז)
estado (m)	medina	מְדִינָה (נ)
tradição (f)	ma'soret	מָסוֹרֶת (נ)
costume (m)	minhag	מִנהָג (ז)
ecologia (f)	eko'logya	אֶקוֹלוֹגיָה (נ)
índio (m)	ind'yani	אִינדיָאנִי (ז)
cigano (m)	tso'ani	צוֹעֲנִי (ז)
cigana (f)	tso'aniya	צוֹעֲנִיָה (נ)
cigano (adj)	tso'ani	צוֹעֲנִי
império (m)	im'perya	אִימפֶּריָה (נ)
colônia (f)	ko'lonya	קוֹלוֹניָה (נ)
escravidão (f)	avdut	עַבדוּת (נ)
invasão (f)	pliʃa	פּלִישָה (נ)
fome (f)	'ra'av	רָעָב (ז)

246. Grupos religiosos mais importantes. Confissões

religião (f)	dat	דָת (נ)
religioso (adj)	dati	דָתִי

crença (f)	emuna	אֱמוּנָה (נ)
crer (vt)	leha'amin	לְהַאֲמִין
crente (m)	ma'amin	מַאֲמִין

| ateísmo (m) | ate'izm | אָתָאִיזם (ז) |
| ateu (m) | ate'ist | אָתָאִיסט (ז) |

cristianismo (m)	natsrut	נַצרוּת (נ)
cristão (m)	notsri	נוֹצרִי (ז)
cristão (adj)	notsri	נוֹצרִי

catolicismo (m)	ka'toliyut	קָתוֹלִיוּת (נ)
católico (m)	ka'toli	קָתוֹלִי (ז)
católico (adj)	ka'toli	קָתוֹלִי

protestantismo (m)	protes'tantiyut	פּרוֹטֶסטַנטִיוּת (נ)
Igreja (f) Protestante	knesiya protes'tantit	כּנֵסִיָה פּרוֹטֶסטַנטִית (נ)
protestante (m)	protestant	פּרוֹטֶסטַנט (ז)

ortodoxia (f)	natsrut orto'doksit	נַצרוּת אוֹרתוֹדוֹקסִית (נ)
Igreja (f) Ortodoxa	knesiya orto'doksit	כּנֵסִיָה אוֹרתוֹדוֹקסִית (נ)
ortodoxo (m)	orto'doksi	אוֹרתוֹדוֹקסִי

presbiterianismo (m)	presbiteryanizm	פּרֶסבִּיטֶריָאנִיזם (ז)
Igreja (f) Presbiteriana	knesiya presviteri"anit	כּנֵסִיָה פּרֶסבִּיטֶריָאנִית (נ)
presbiteriano (m)	presbiter'yani	פּרֶסבִּיטֶריָאנִי (ז)

| luteranismo (m) | knesiya lute'ranit | כּנֵסִיָה לוּתֶרָנִית (נ) |
| luterano (m) | lute'rani | לוּתֶרָנִי (ז) |

| Igreja (f) Batista | knesiya bap'tistit | כּנֵסִיָה בַּפּטִיסטִית (נ) |
| batista (m) | baptist | בַּפּטִיסט (ז) |

| Igreja (f) Anglicana | knesiya angli'kanit | כּנֵסִיָה אַנגלִיקָנִית (נ) |
| anglicano (m) | angli'kani | אַנגלִיקָנִי (ז) |

| mormonismo (m) | mor'monim | מוֹרמוֹנִים (ז) |
| mórmon (m) | mormon | מוֹרמוֹן (ז) |

| Judaísmo (m) | yahadut | יַהֲדוּת (נ) |
| judeu (m) | yehudi, yehudiya | יְהוּדִי (ז), יְהוּדִיָה (נ) |

| budismo (m) | budhizm | בּוּדהִיזם (ז) |
| budista (m) | budhist | בּוּדהִיסט (ז) |

| hinduísmo (m) | hindu'izm | הִינדוּאִיזם (ז) |
| hindu (m) | 'hindi | הִינדִי (ז) |

Islã (m)	islam	אִיסלָאם (ז)
muçulmano (m)	'muslemi	מוּסלְמִי (ז)
muçulmano (adj)	'muslemi	מוּסלְמִי

xiismo (m)	islam 'ʃi'i	אָסלָאם שִיעִי (ז)
xiita (m)	'ʃi'i	שִיעִי (ז)
sunismo (m)	islam 'suni	אָסלָאם סוּנִי (ז)
sunita (m)	'suni	סוּנִי (ז)

247. Religiões. Padres

padre (m)	'komer	כּוֹמֶר (ז)
Papa (m)	apifyor	אַפִּיפְיוֹר (ז)
monge (m)	nazir	נָזִיר (ז)
freira (f)	nazira	נְזִירָה (נ)
pastor (m)	'komer	כּוֹמֶר (ז)
abade (m)	roʃ minzar	רֹאשׁ מִנְזָר (ז)
vigário (m)	'komer hakehila	כּוֹמֶר הַקְּהִילָה (ז)
bispo (m)	'biʃof	בִּישׁוֹף (ז)
cardeal (m)	χaʃman	חַשְׁמָן (ז)
pregador (m)	matif	מַטִּיף (ז)
sermão (m)	hatafa, draʃa	הַטָּפָה, דְּרָשָׁה (נ)
paroquianos (pl)	χaver kehila	חֲבֵר קְהִילָה (ז)
crente (m)	ma'amin	מַאֲמִין (ז)
ateu (m)	ate'ist	אָתֵאִיסְט (ז)

248. Fé. Cristianismo. Islão

Adão	adam	אָדָם
Eva	χava	חַוָּה
Deus (m)	elohim	אֱלוֹהִים
Senhor (m)	adonai	אֲדוֹנָי
Todo Poderoso (m)	kol yaχol	כָּל יָכוֹל
pecado (m)	χet	חֵטְא (ז)
pecar (vi)	laχato	לַחֲטוֹא
pecador (m)	χote	חוֹטֵא (ז)
pecadora (f)	χo'ta'at	חוֹטֵאת (נ)
inferno (m)	gehinom	גֵּיהִינוֹם (ז)
paraíso (m)	gan 'eden	גַּן עֵדֶן (ז)
Jesus	'yeʃu	יֵשׁוּ
Jesus Cristo	'yeʃu hanotsri	יֵשׁוּ הַנּוֹצְרִי
Espírito (m) Santo	'ruaχ ha'kodeʃ	רוּחַ הַקּוֹדֶשׁ (נ)
Salvador (m)	mo'ʃi'a	מוֹשִׁיעַ (ז)
Virgem Maria (f)	'miryam hakdoʃa	מִרְיָם הַקְּדוֹשָׁה
Diabo (m)	satan	שָׂטָן (ז)
diabólico (adj)	stani	שְׂטָנִי
Satanás (m)	satan	שָׂטָן (ז)
satânico (adj)	stani	שְׂטָנִי
anjo (m)	mal'aχ	מַלְאָךְ (ז)
anjo (m) da guarda	mal'aχ ʃomer	מַלְאָךְ שׁוֹמֵר (ז)
angelical	mal'aχi	מַלְאָכִי

221

apóstolo (m)	ʃa'liaχ	שָׁלִיחַ (ז)
arcanjo (m)	arχimalaχ	אַרְכִימַלְאָךְ (ז)
anticristo (m)	an'tikrist	אַנְטִיכְּרִיסְט (ז)
Igreja (f)	knesiya	כְּנֵסִיָּה (נ)
Bíblia (f)	tanaχ	תַּנַ"ךְ (ז)
bíblico (adj)	tanaχi	תַּנַ"כִי
Velho Testamento (m)	habrit hayeʃana	הַבְּרִית הַיְשָׁנָה (נ)
Novo Testamento (m)	habrit haχadaʃa	הַבְּרִית הַחֲדָשָׁה (נ)
Evangelho (m)	evangelyon	אֱוַונְגֶּלְיוֹן (ז)
Sagradas Escrituras (f pl)	kitvei ha'kodeʃ	כִּתְבֵי הַקּוֹדֶשׁ (ז"ר)
Céu (sete céus)	malχut ʃa'mayim, gan 'eden	מַלְכוּת שָׁמַיִם (נ), גַּן עֵדֶן (ז)
mandamento (m)	mitsva	מִצְוָה (נ)
profeta (m)	navi	נָבִיא (ז)
profecia (f)	nevu'a	נְבוּאָה (נ)
Alá (m)	'alla	אַלְלָה
Maomé (m)	mu'χamad	מוּחַמַד
Alcorão (m)	kur'an	קוּרְאָן (ז)
mesquita (f)	misgad	מִסְגָּד (ז)
mulá (m)	'mula	מוּלָא (ז)
oração (f)	tfila	תְּפִילָה (נ)
rezar, orar (vi)	lehitpalel	לְהִתְפַּלֵּל
peregrinação (f)	aliya le'regel	עֲלָיָה לְרֶגֶל (נ)
peregrino (m)	tsalyan	צַלְיָן (ז)
Meca (f)	'meka	מֶכָּה (נ)
igreja (f)	knesiya	כְּנֵסִיָּה (נ)
templo (m)	mikdaʃ	מִקְדָּשׁ (ז)
catedral (f)	kated'rala	קָתֶדְרָלָה (נ)
gótico (adj)	'goti	גּוֹתִי
sinagoga (f)	beit 'kneset	בֵּית כְּנֶסֶת (ז)
mesquita (f)	misgad	מִסְגָּד (ז)
capela (f)	beit tfila	בֵּית תְּפִילָה (ז)
abadia (f)	minzar	מִנְזָר (ז)
convento (m)	minzar	מִנְזָר (ז)
monastério (m)	minzar	מִנְזָר (ז)
sino (m)	pa'amon	פַּעֲמוֹן (ז)
campanário (m)	migdal pa'amonim	מִגְדַּל פַּעֲמוֹנִים (ז)
repicar (vi)	letsaltsel	לְצַלְצֵל
cruz (f)	tslav	צְלָב (ז)
cúpula (f)	kipa	כִּיפָּה (נ)
ícone (m)	ikonin	אִיקוֹנִין (ז)
alma (f)	neʃama	נְשָׁמָה (נ)
destino (m)	goral	גּוֹרָל (ז)
mal (m)	'ro'a	רוֹעַ (ז)
bem (m)	tuv	טוּב (ז)
vampiro (m)	arpad	עַרְפָּד (ז)

bruxa (f)	maxʃefa	מְכַשֵּׁפָה (נ)
demônio (m)	ʃed	שֵׁד (ז)
espírito (m)	'ruax	רוּחַ (נ)
redenção (f)	kapara	כַּפָּרָה (נ)
redimir (vt)	lexaper al	לְכַפֵּר עַל
missa (f)	'misa	מִיסָה (נ)
celebrar a missa	la'arox 'misa	לַעֲרוֹךְ מִיסָה
confissão (f)	vidui	וִידּוּי (ז)
confessar-se (vr)	lehitvadot	לְהִתְוַדּוֹת
santo (m)	kadoʃ	קָדוֹשׁ (ז)
sagrado (adj)	mekudaʃ	מְקוּדָשׁ
água (f) benta	'mayim kdoʃim	מַיִם קְדוֹשִׁים (ז"ר)
ritual (m)	'tekes	טֶקֶס (ז)
ritual (adj)	ʃel 'tekes	שֶׁל טֶקֶס
sacrifício (m)	korban	קוֹרְבָּן (ז)
superstição (f)	emuna tfela	אֱמוּנָה תְּפֵלָה (נ)
supersticioso (adj)	ma'amin emunot tfelot	מַאֲמִין אֱמוּנוֹת תְּפֵלוֹת
vida (f) após a morte	ha'olam haba	הָעוֹלָם הַבָּא (ז)
vida (f) eterna	xayei olam, xayei 'netsax	חַיֵּי עוֹלָם (ז"ר), חַיֵּי נֶצַח (ז"ר)

223

TEMAS DIVERSOS

249. Várias palavras úteis

ajuda (f)	ezra	עֶזְרָה (נ)
barreira (f)	mixʃol	מִכְשׁוֹל (ז)
base (f)	basis	בָּסִיס (ז)
categoria (f)	kate'gorya	קָטֶגוֹרְיָה (נ)
causa (f)	siba	סִיבָּה (נ)
coincidência (f)	hat'ama	הַתְאָמָה (נ)
coisa (f)	'xefets	חֵפֶץ (ז)
começo, início (m)	hatxala	הַתְחָלָה (נ)
cômodo (ex. poltrona ~a)	'noax	נוֹחַ
comparação (f)	haʃva'a	הַשְׁוָואָה (נ)
compensação (f)	pitsui	פִּיצוּי (ז)
crescimento (m)	gidul	גִּידוּל (ז)
desenvolvimento (m)	hitpatxut	הִתְפַּתְּחוּת (נ)
diferença (f)	'ʃoni	שׁוֹנִי (ז)
efeito (m)	efekt	אֶפֶקְט (ז)
elemento (m)	element	אֶלֶמֶנְט (ז)
equilíbrio (m)	izun	אִיזוּן (ז)
erro (m)	ta'ut	טָעוּת (נ)
esforço (m)	ma'amats	מַאֲמָץ (ז)
estilo (m)	signon	סִגְנוֹן (ז)
exemplo (m)	dugma	דוּגְמָה (נ)
fato (m)	uvda	עוּבְדָה (נ)
fim (m)	sof	סוֹף (ז)
forma (f)	tsura	צוּרָה (נ)
frequente (adj)	tadir	תָּדִיר
fundo (ex. ~ verde)	'reka	רֶקַע (ז)
gênero (tipo)	sug	סוּג (ז)
grau (m)	darga	דַּרְגָּה (נ)
ideal (m)	ide'al	אִידֵיאָל (ז)
labirinto (m)	mavox	מָבוֹךְ (ז)
modo (m)	'ofen	אוֹפֶן (ז)
momento (m)	'rega	רֶגַע (ז)
objeto (m)	'etsem	עֶצֶם (ז)
obstáculo (m)	maxsom	מַחְסוֹם (ז)
original (m)	makor	מָקוֹר (ז)
padrão (adj)	tikni	תִּקְנִי
padrão (m)	'teken	תֶּקֶן (ז)
paragem (pausa)	hafsaka	הַפְסָקָה (נ)
parte (f)	'xelek	חֵלֶק (ז)

partícula (f)	χelkik	חֶלְקִיק (ז)
pausa (f)	hafuga	הֲפוּגָה (נ)
posição (f)	emda	עֶמְדָה (נ)
princípio (m)	ikaron	עִיקָרוֹן (ז)

problema (m)	be'aya	בְּעָיָה (נ)
processo (m)	tahaliχ	תַהֲלִיךְ (ז)
progresso (m)	kidma	קִדְמָה (נ)
propriedade (qualidade)	tχuna, sgula	תכוּנָה, סגוּלָה (נ)

reação (f)	tguva	תגוּבָה (נ)
risco (m)	sikun	סִיכּוּן (ז)
ritmo (m)	'ketsev	קֶצֶב (ז)
segredo (m)	sod	סוֹד (ז)
série (f)	sidra	סְדְרָה (נ)

sistema (m)	ʃita	שִׁיטָה (נ)
situação (f)	matsav	מַצָב (ז)
solução (f)	pitaron	פִּיתָרוֹן (ז)
tabela (f)	tavla	טַבְלָה (נ)
termo (ex. ~ técnico)	musag	מוּשָׂג (ז)

tipo (m)	min	מִין (ז)
urgente (adj)	daχuf	דָחוּף
urgentemente	bidχifut	בִּדְחִיפוּת
utilidade (f)	to''elet	תוֹעֶלֶת (נ)

variante (f)	girsa	גִירסָה (נ)
variedade (f)	bχina	בְּחִינָה (נ)
verdade (f)	emet	אֱמֶת (נ)
vez (f)	tor	תוֹר (ז)
zona (f)	ezor	אֵזוֹר (ז)

250. Modificadores. Adjetivos. Parte 1

aberto (adj)	pa'tuaχ	פָּתוּחַ
afetuoso (adj)	raχ	רַךְ
afiado (adj)	χad	חַד
agradável (adj)	na'im	נָעִים
agradecido (adj)	asir toda	אָסִיר תוֹדָה

alegre (adj)	sa'meaχ	שָׂמֵחַ
alto (ex. voz ~a)	ram	רָם
amargo (adj)	marir	מָרִיר
amplo (adj)	meruvaχ	מְרוּוָח
antigo (adj)	atik	עָתִיק

apertado (sapatos ~s)	tsar	צַר
apropriado (adj)	mat'im	מַתְאִים
arriscado (adj)	mesukan	מְסוּכָּן
artificial (adj)	melaχuti	מְלָאכוּתִי

azedo (adj)	χamuts	חָמוּץ
baixo (voz ~a)	ʃaket	שָׁקֵט

barato (adj)	zol	זוֹל
belo (adj)	mefo'ar	מְפוֹאָר
bom (adj)	tov	טוֹב
bondoso (adj)	tov	טוֹב
bonito (adj)	yafe	יָפֶה
bronzeado (adj)	ʃazuf	שָׁזוּף
burro, estúpido (adj)	tipeʃ	טִיפֵּשׁ
calmo (adj)	ʃaket	שָׁקֵט
cansado (adj)	ayef	עָיֵף
cansativo (adj)	me'ayef	מְעַיֵּף
carinhoso (adj)	do'eg	דוֹאֵג
caro (adj)	yakar	יָקָר
cego (adj)	iver	עִיוֵּר
central (adj)	merkazi	מֶרְכָּזִי
cerrado (ex. nevoeiro ~)	samuχ	סָמוּךְ
cheio (xícara ~a)	male	מָלֵא
civil (adj)	ezraχi	אֶזְרָחִי
clandestino (adj)	maχtarti	מַחְתַּרְתִּי
claro (explicação ~a)	barur	בָּרוּר
claro (pálido)	bahir	בָּהִיר
compatível (adj)	to'em	תּוֹאֵם
comum, normal (adj)	ragil	רָגִיל
congelado (adj)	kafu	קָפוּא
conjunto (adj)	meʃutaf	מְשׁוּתָּף
considerável (adj)	χaʃuv	חָשׁוּב
contente (adj)	merutse	מְרוּצֶה
contínuo (adj)	memuʃaχ	מְמוּשָׁךְ
contrário (ex. o efeito ~)	negdi	נֶגְדִּי
correto (resposta ~a)	naχon	נָכוֹן
cru (não cozinhado)	χai	חַי
curto (adj)	katsar	קָצָר
de curta duração	katsar	קָצָר
de sol, ensolarado	ʃimʃi	שִׁמְשִׁי
de trás	aχorani	אֲחוֹרָנִי
denso (fumaça ~a)	tsafuf	צָפוּף
desanuviado (adj)	lelo ananim	לְלֹא עֲנָנִים
descuidado (adj)	meruʃal	מְרוּשָׁל
diferente (adj)	ʃone	שׁוֹנֶה
difícil (decisão)	kaʃe	קָשֶׁה
difícil, complexo (adj)	mesubaχ	מְסוּבָּךְ
direito (lado ~)	yemani	יְמָנִי
distante (adj)	raχok	רָחוֹק
diverso (adj)	kol minei	כָּל מִינֵי
doce (açucarado)	matok	מָתוֹק
doce (água)	metukim	מְתוּקִים
doente (adj)	χole	חוֹלֶה
duro (material ~)	kaʃe	קָשֶׁה

educado (adj)	menumas	מְנוּמָס
encantador (agradável)	neχmad	נֶחְמָד
enigmático (adj)	mistori	מִסתּוֹרִי
enorme (adj)	anaki	עֲנָקִי
escuro (quarto ~)	χaʃuχ	חָשׁוּךְ
especial (adj)	meyuχad	מְיוּחָד
esquerdo (lado ~)	smali	שְׂמָאלִי
estrangeiro (adj)	zar	זָר
estreito (adj)	tsar	צַר
exato (montante ~)	meduyak	מְדוּיָק
excelente (adj)	metsuyan	מְצוּיָן
excessivo (adj)	meyutar	מְיוּתָּר
externo (adj)	χitsoni	חִיצוֹנִי
fácil (adj)	kal	קַל
faminto (adj)	ra'ev	רָעֵב
fechado (adj)	sagur	סָגוּר
feliz (adj)	me'uʃar	מְאוּשָׁר
fértil (terreno ~)	pore	פּוֹרֶה
forte (pessoa ~)	χazak	חָזָק
fraco (luz ~a)	amum	עָמוּם
frágil (adj)	ʃavir	שָׁבִיר
fresco (pão ~)	tari	טָרִי
fresco (tempo ~)	karir	קָרִיר
frio (adj)	kar	קַר
gordo (alimentos ~s)	ʃamen	שָׁמֵן
gostoso, saboroso (adj)	ta'im	טָעִים
grande (adj)	gadol	גָדוֹל
gratuito, grátis (adj)	χinam	חִינָם
grosso (camada ~a)	ave	עָבֶה
hostil (adj)	oyen	עוֹיֵן

251. Modificadores. Adjetivos. Parte 2

igual (adj)	zehe	זֶהֶה
imóvel (adj)	χasar tnu'a	חֲסַר תְּנוּעָה
importante (adj)	χaʃuv	חָשׁוּב
impossível (adj)	'bilti efʃari	בִּלתִּי אֶפשָׁרִי
incompreensível (adj)	'bilti muvan	בִּלתִּי מוּבָן
indigente (muito pobre)	ani	עָנִי
indispensável (adj)	naχuts	נָחוּץ
inexperiente (adj)	χasar nisayon	חֲסַר נִיסָיוֹן
infantil (adj)	yaldi	יַלדִי
ininterrupto (adj)	mitmaʃeχ	מִתמַשֵׁךְ
insignificante (adj)	χasar χaʃivut	חֲסַר חֲשִׁיבוּת
inteiro (completo)	ʃalem	שָׁלֵם
inteligente (adj)	pi'keaχ	פִּיקֵחַ

interno (adj)	pnimi	פְּנִימִי
jovem (adj)	tsa'ir	צָעִיר
largo (caminho ~)	raχav	רָחָב
legal (adj)	χuki	חוּקִי
leve (adj)	kal	קַל
limitado (adj)	mugbal	מוּגְבָּל
limpo (adj)	naki	נָקִי
líquido (adj)	nozli	נוֹזְלִי
liso (adj)	χalak	חָלָק
liso (superfície ~a)	χalak	חָלָק
livre (adj)	χofʃi	חוֹפְשִׁי
longo (ex. cabelo ~)	aroχ	אָרוֹךְ
maduro (ex. fruto ~)	baʃel	בָּשֵׁל
magro (adj)	raze	רָזֶה
mais próximo (adj)	hakarov beyoter	הַקָּרוֹב בְּיוֹתֵר
mais recente (adj)	ʃe'avar	שֶׁעָבַר
mate (adj)	mat	מַט
mau (adj)	ra	רַע
meticuloso (adj)	kapdani	קַפְּדָנִי
míope (adj)	ktsar re'iya	קְצַר רְאִיָּה
mole (adj)	raχ	רַךְ
molhado (adj)	ratuv	רָטוֹב
moreno (adj)	ʃaχum	שָׁחוּם
morto (adj)	met	מֵת
muito magro (adj)	raze	רָזֶה
não difícil (adj)	lo kaʃe	לֹא קָשֶׁה
não é clara (adj)	lo barur	לֹא בָּרוּר
não muito grande (adj)	lo gadol	לֹא גָּדוֹל
natal (país ~)	ʃel mo'ledet	שֶׁל מוֹלֶדֶת
necessário (adj)	daruʃ	דָּרוּשׁ
negativo (resposta ~a)	ʃlili	שְׁלִילִי
nervoso (adj)	atsbani	עַצְבָּנִי
normal (adj)	nor'mali	נוֹרְמָלִי
novo (adj)	χadaʃ	חָדָשׁ
o mais importante (adj)	haχaʃuv beyoter	הֶחָשׁוּב בְּיוֹתֵר
obrigatório (adj)	heχreχi	הֶכְרֵחִי
original (incomum)	mekori	מְקוֹרִי
passado (adj)	ʃe'avar	שֶׁעָבַר
pequeno (adj)	katan	קָטָן
perigoso (adj)	mesukan	מְסוּכָּן
permanente (adj)	ka'vu'a	קָבוּעַ
perto (adj)	karov	קָרוֹב
pesado (adj)	kaved	כָּבֵד
pessoal (adj)	prati	פְּרָטִי
plano (ex. ecrã ~ a)	ʃa'tuaχ	שָׁטוֹחַ
pobre (adj)	ani	עָנִי
pontual (adj)	daikan	דַּיְּקָן

possível (adj)	eʃʃari	אֶפְשָׁרִי
pouco fundo (adj)	radud	רָדוּד
presente (ex. momento ~)	noχeχi	נוֹכְחִי
prévio (adj)	kodem	קוֹדֵם
primeiro (principal)	ikari	עִיקָּרִי
principal (adj)	raʃi	רָאשִׁי
privado (adj)	iʃi	אִישִׁי
provável (adj)	eʃʃari	אֶפְשָׁרִי
próximo (adj)	karov	קָרוֹב
público (adj)	tsiburi	צִיבּוּרִי
quente (cálido)	χam	חַם
quente (morno)	χamim	חָמִים
rápido (adj)	mahir	מָהִיר
raro (adj)	nadir	נָדִיר
remoto, longínquo (adj)	raχok	רָחוֹק
reto (linha ~a)	yaʃar	יָשָׁר
salgado (adj)	ma'luaχ	מָלוּחַ
satisfeito (adj)	mesupak	מְסוּפָּק
seco (roupa ~a)	yaveʃ	יָבֵשׁ
seguinte (adj)	haba	הַבָּא
seguro (não perigoso)	ba'tuaχ	בָּטוּחַ
similar (adj)	dome	דוֹמֶה
simples (fácil)	paʃut	פָּשׁוּט
soberbo, perfeito (adj)	metsuyan	מְצוּיָן
sólido (parede ~a)	mutsak	מוּצָק
sombrio (adj)	koder	קוֹדֵר
sujo (adj)	meluχlaχ	מְלוּכְלָךְ
superior (adj)	haga'voha beyoter	הַגָּבוֹהַ בְּיוֹתֵר
suplementar (adj)	nosaf	נוֹסָף
tranquilo (adj)	ʃalev	שָׁלֵו
transparente (adj)	ʃakuf	שָׁקוּף
triste (pessoa)	atsuv	עָצוּב
triste (um ar ~)	atsuv	עָצוּב
último (adj)	aχaron	אַחֲרוֹן
úmido (adj)	laχ	לַח
único (adj)	meyuχad bemino	מְיוּחָד בְּמִינוֹ
usado (adj)	meʃumaʃ	מְשׁוּמָשׁ
vazio (meio ~)	rek	רֵיק
velho (adj)	yaʃan	יָשָׁן
vizinho (adj)	samuχ	סָמוּךְ

500 VERBOS PRINCIPAIS

252. Verbos A-B

abraçar (vt)	leχabek	לְחַבֵּק
abrir (vt)	lift'toaχ	לִפְתּוֹחַ
acalmar (vt)	lehar'gi‘a	לְהַרְגִּיעַ
acariciar (vt)	lelatef	לְלַטֵּף
acenar (com a mão)	lenafnef	לְנַפְנֵף
acender (~ uma fogueira)	lehadlik	לְהַדְלִיק
achar (vt)	lisbor	לִסְבּוֹר
acompanhar (vt)	lelavot	לְלַווֹת
aconselhar (vt)	leya‘ets	לְיַעֵץ
acordar, despertar (vt)	leha‘ir	לְהָעִיר
acrescentar (vt)	lehosif	לְהוֹסִיף
acusar (vt)	leha’aʃim	לְהַאֲשִׁים
adestrar (vt)	le’alef	לְאַלֵּף
adivinhar (vt)	lenaχeʃ	לְנַחֵשׁ
admirar (vt)	lehitpa‘el	לְהִתְפַּעֵל
adorar (~ fazer)	le’ehov	לֶאֱהוֹב
advertir (vt)	lehazhir	לְהַזְהִיר
afirmar (vt)	lit‘on	לִטְעוֹן
afogar-se (vr)	lit'bo‘a	לִטְבּוֹעַ
afugentar (vt)	legareʃ	לְגָרֵשׁ
agir (vi)	lif'ol	לִפְעוֹל
agitar, sacudir (vt)	lena’er	לְנַעֵר
agradecer (vt)	lehodot	לְהוֹדוֹת
ajudar (vt)	la‘azor	לַעֲזוֹר
alcançar (objetivos)	lehasig	לְהַשִּׂיג
alimentar (dar comida)	leha’aχil	לְהַאֲכִיל
almoçar (vi)	le’eχol aruχat tsaha'rayim	לֶאֱכוֹל אֲרוּחַת צָהֳרַיִם
alugar (~ o barco, etc.)	liskor	לִשְׂכּוֹר
alugar (~ um apartamento)	liskor	לִשְׂכּוֹר
amar (pessoa)	le’ehov	לֶאֱהוֹב
amarrar (vt)	likʃor	לִקְשׁוֹר
ameaçar (vt)	le’ayem	לְאַייֵם
amputar (vt)	lik'to‘a	לִקְטוֹעַ
anotar (escrever)	lesamen	לְסַמֵּן
anotar (escrever)	lirʃom	לִרְשׁוֹם
anular, cancelar (vt)	levatel	לְבַטֵּל
apagar (com apagador, etc.)	limχok	לִמְחוֹק
apagar (um incêndio)	leχabot	לְכַבּוֹת

apaixonar-se ...	lehit'ahev	לְהִתְאַהֵב
aparecer (vi)	leho'fi'a	לְהוֹפִיעַ
aplaudir (vi)	limχo ka'payim	לִמְחוֹא כַּפַּיִם
apoiar (vt)	litmoχ be...	לִתְמוֹך בְּ...
apontar para ...	leχaven	לְכַוֵּן
apresentar (alguém a alguém)	lehatsig	לְהַצִּיג
apresentar (Gostaria de ~)	lehatsig	לְהַצִּיג
apressar (vt)	lezarez	לְזָרֵז
apressar-se (vr)	lemaher	לְמַהֵר
aproximar-se (vr)	lehitkarev	לְהִתְקָרֵב
aquecer (vt)	leχamem	לְחַמֵּם
arrancar (vt)	litloʃ	לִתְלוֹשׁ
arranhar (vt)	lisrot	לִשְׂרוֹט
arrepender-se (vr)	lehitsta'er	לְהִצְטַעֵר
arriscar (vt)	la'kaχat sikun	לָקַחַת סִיכּוּן
arrumar, limpar (vt)	lesader	לְסַדֵּר
aspirar a ...	liʃof	לִשְׁאוֹף
assinar (vt)	laχtom	לַחְתּוֹם
assistir (vt)	la'azor	לַעֲזוֹר
atacar (vt)	litkof	לִתְקוֹף
atar (vt)	likʃor	לִקְשׁוֹר
atracar (vi)	la'agon	לַעֲגוֹן
aumentar (vi)	ligdol	לִגְדּוֹל
aumentar (vt)	lehagdil	לְהַגְדִּיל
avançar (vi)	lehitkadem	לְהִתְקַדֵּם
avistar (vt)	lir'ot	לִרְאוֹת
baixar (guindaste, etc.)	lehorid	לְהוֹרִיד
barbear-se (vr)	lehitga'leaχ	לְהִתְגַּלֵּחַ
basear-se (vr)	lehitbases	לְהִתְבַּסֵּס
bastar (vi)	lehasmik	לְהַסְמִיק
bater (à porta)	lidfok	לִדְפוֹק
bater (espancar)	lehakot	לְהַכּוֹת
bater-se (vr)	lehitkotet	לְהִתְקוֹטֵט
beber, tomar (vt)	liʃtot	לִשְׁתּוֹת
brilhar (vi)	lizhor	לִזְהוֹר
brincar, jogar (vi, vt)	lesaχek	לְשַׂחֵק
buscar (vt)	leχapes	לְחַפֵּשׂ

253. Verbos C-D

caçar (vi)	latsud	לָצוּד
calar-se (parar de falar)	lehiʃtatek	לְהִשְׁתַּתֵּק
calcular (vt)	lispor	לִסְפּוֹר
carregar (o caminhão, etc.)	leha'amis	לְהַעֲמִיס
carregar (uma arma)	lit'on	לִטְעוֹן

casar-se (vr)	lehitχaten	לְהִתְחַתֵּן
causar (vt)	ligrom le...	לִגְרוֹם לְ...
cavar (vt)	laχpor	לַחְפּוֹר
ceder (não resistir)	levater	לְוַתֵּר
cegar, ofuscar (vt)	lisanver	לְסַנְוֵור
censurar (vt)	linzof	לִנְזוֹף
chamar (~ por socorro)	likro	לִקְרוֹא
chamar (alguém para ...)	likro le...	לִקְרוֹא לְ...
chegar (a algum lugar)	lehasig	לְהַשִּׂיג
chegar (vi)	leha'gi'a	לְהַגִּיעַ
cheirar (~ uma flor)	leha'riaχ	לְהָרִיחַ
cheirar (tem o cheiro)	leha'riaχ	לְהָרִיחַ
chorar (vi)	livkot	לִבְכּוֹת
citar (vt)	letsatet	לְצַטֵּט
colher (flores)	liktof	לִקְטוֹף
colocar (vt)	lasim	לָשִׂים
combater (vi, vt)	lehilaχem	לְהִילָחֵם
começar (vt)	lehatχil	לְהַתְחִיל
comer (vt)	le'eχol	לֶאֱכוֹל
comparar (vt)	lehaʃvot	לְהַשְווֹת
compensar (vt)	lefatsot	לְפַצוֹת
competir (vi)	lehitχarot	לְהִתְחָרוֹת
complicar (vt)	lesabeχ	לְסַבֵּךְ
compor (~ música)	lehalχin	לְהַלְחִין
comportar-se (vr)	lehitnaheg	לְהִתְנַהֵג
comprar (vt)	liknot	לִקְנוֹת
comprometer (vt)	lehav'iʃ et reχo	לְהַבְאִישׁ אֶת רֵיחוֹ
concentrar-se (vr)	lehitrakez	לְהִתְרַכֵּז
concordar (dizer "sim")	lehaskim	לְהַסְכִּים
condecorar (dar medalha)	leha'anik	לְהַעֲנִיק
confessar-se (vr)	lehodot be...	לְהוֹדוֹת בְּ...
confiar (vt)	liv'toaχ	לִבְטוֹחַ
confundir (equivocar-se)	lehitbalbel	לְהִתְבַּלְבֵּל
conhecer (vt)	lehakir et	לְהַכִּיר אֶת
conhecer-se (vr)	lehakir	לְהַכִּיר
consertar (vt)	lesader	לְסַדֵּר
consultar ...	lehitya'ets im	לְהִתְיָיעֵץ עִם
contagiar-se com ...	lehibadek	לְהִידָבֵק
contar (vt)	lesaper	לְסַפֵּר
contar com ...	lismoχ al	לִסְמוֹךְ עַל
continuar (vt)	lehamʃiχ	לְהַמְשִׁיךְ
contratar (vt)	leha'asik	לְהַעֲסִיק
controlar (vt)	liʃlot	לִשְׁלוֹט
convencer (vt)	leʃaχ'ne'a	לְשַׁכְנֵעַ
convidar (vt)	lehazmin	לְהַזְמִין
cooperar (vi)	leʃatef pe'ula	לְשַׁתֵף פְּעוּלָה

coordenar (vt)	leta'em	לְתָאֵם
corar (vi)	lehasmik	לְהַסְמִיק
correr (vi)	laruts	לָרוּץ
corrigir (~ um erro)	letaken	לְתַקֵּן
cortar (com um machado)	lixrot	לִכְרוֹת
cortar (com uma faca)	laxtox	לַחְתּוֹךְ
cozinhar (vt)	levaʃel	לְבַשֵּׁל
crer (pensar)	leha'amin	לְהַאֲמִין
criar (vt)	litsor	לִיצוֹר
cultivar (~ plantas)	legadel	לְגַדֵּל
cuspir (vi)	lirok	לִירוֹק
custar (vt)	la'alot	לַעֲלוֹת
dar (vt)	latet	לָתֵת
dar banho, lavar (vt)	lirxots	לִרְחוֹץ
datar (vi)	leta'arex	לְתָאֲרֵךְ
decidir (vt)	lehaxlit	לְהַחְלִיט
decorar (enfeitar)	lekaʃet	לְקַשֵּׁט
dedicar (vt)	lehakdiʃ	לְהַקְדִּישׁ
defender (vt)	lehagen	לְהָגֵן
defender-se (vr)	lehitgonen	לְהִתְגּוֹנֵן
deixar (~ a mulher)	la'azov	לַעֲזוֹב
deixar (esquecer)	lehaʃir	לְהַשְׁאִיר
deixar (permitir)	leharʃot	לְהַרְשׁוֹת
deixar cair (vt)	lehapil	לְהַפִּיל
denominar (vt)	likro	לִקְרוֹא
denunciar (vt)	lehalʃim	לְהַלְשִׁין
depender de ...	lihyot talui be...	...בְּ תָלוּי לִהְיוֹת
derramar (~ líquido)	liʃpox	לִשְׁפּוֹךְ
derramar-se (vr)	lehiʃapex	לְהִישָׁפֵךְ
desaparecer (vi)	lehe'alem	לְהֵיעָלֵם
desatar (vt)	lehatir 'keʃer	קֶשֶׁר לְהַתִּיר
desatracar (vi)	lehaflig	לְהַפְלִיג
descansar (um pouco)	la'nuax	לָנוּחַ
descer (para baixo)	la'redet	לָרֶדֶת
descobrir (novas terras)	legalot	לְגַלּוֹת
descolar (avião)	lehamri	לְהַמְרִיא
desculpar (vt)	lis'loax	לִסְלוֹחַ
desculpar-se (vr)	lehitnatsel	לְהִתְנַצֵּל
desejar (vt)	lirtsot	לִרְצוֹת
desempenhar (papel)	lesaxek	לְשַׂחֵק
desligar (vt)	lexabot	לְכַבּוֹת
desprezar (vt)	lezalzel be...	...בְּ לְזַלְזֵל
destruir (documentos, etc.)	lexasel	לְחַסֵּל
dever (vi)	lihyot xayav	חַיָּב לִהְיוֹת
devolver (vt)	liʃ'loax baxazara	בַּחֲזָרָה לִשְׁלוֹחַ
direcionar (vt)	lexaven	לְכַוֵּון

dirigir (~ um carro)	linhog	לִנְהוֹג
dirigir (~ uma empresa)	lenahel	לְנַהֵל
dirigir-se (a um auditório, etc.)	lifnot el	לִפְנוֹת אֶל
discutir (notícias, etc.)	ladun	לָדוּן
disparar, atirar (vi)	lirot	לִירוֹת
distribuir (folhetos, etc.)	lehafits	לְהָפִיץ
distribuir (vt)	leχalek	לְחַלֵק
divertir (vt)	levader	לְבַדֵר
divertir-se (vr)	lehanot	לֵיהָנוֹת
dividir (mat.)	leχalek	לְחַלֵק
dizer (vt)	lomar	לוֹמַר
dobrar (vt)	lehaχpil	לְהַכְפִּיל
duvidar (vt)	lefakpek	לְפַקְפֵּק

254. Verbos E-J

elaborar (uma lista)	lena'seaχ, la'aroχ	לְנַסֵחַ, לַעֲרוֹך
elevar-se acima de …	lehitromem	לְהִתְרוֹמֵם
eliminar (um obstáculo)	lehasir	לְהָסִיר
embrulhar (com papel)	le'eroz	לֶאֱרוֹז
emergir (submarino)	latsuf	לָצוּף
emitir (~ cheiro)	lehafits	לְהָפִיץ
empreender (vt)	linkot	לִנְקוֹט
empurrar (vt)	lidχof	לִדְחוֹף
encabeçar (vt)	la'amod beroʃ	לַעֲמוֹד בְּרֹאשׁ
encher (~ a garrafa, etc.)	lemale	לְמַלֵא
encontrar (achar)	limtso	לִמְצוֹא
enganar (vt)	leramot	לְרַמוֹת
ensinar (vt)	lelamed	לְלַמֵד
entediar-se (vr)	lehiʃta'amem	לְהִשְׁתַעֲמֵם
entender (vt)	lehavin	לְהָבִין
entrar (na sala, etc.)	lehikanes	לְהִיכָּנֵס
enviar (uma carta)	liʃ'loaχ	לִשְׁלוֹחַ
equipar (vt)	letsayed	לְצַייֵד
errar (enganar-se)	lit'ot	לִטְעוֹת
escolher (vt)	livχor	לִבְחוֹר
esconder (vt)	lehastir	לְהַסְתִיר
escrever (vt)	liχtov	לִכְתוֹב
escutar (vt)	lehakʃiv	לְהַקְשִׁיב
escutar atrás da porta	leha'azin be'seter	לְהַאֲזִין בְּסֵתֶר
esmagar (um inseto, etc.)	lirmos	לִרְמוֹס
esperar (aguardar)	lehamtin	לְהַמְתִּין
esperar (contar com)	letsapot	לְצַפּוֹת
esperar (ter esperança)	lekavot	לְקַווֹת
espreitar (vi)	lehatsits	לְהָצִיץ

esquecer (vt)	lifkoaχ	לִשְׁכֹּחַ
estar	lihyot munaχ	לִהְיוֹת מוּנָח
estar (vi)	lihyot	לִהְיוֹת
estar convencido	lehiftaχ'ne'a	לְהִשְׁתַּכְנֵעַ
estar deitado	lifkav	לִשְׁכַּב
estar perplexo	lit'moha	לִתְמֹהַ
estar preocupado	lid'og	לִדְאֹג
estar sentado	la'fevet	לָשֶׁבֶת
estremecer (vi)	lir'od	לִרְעֹד
estudar (vt)	lilmod	לִלְמֹד
evitar (~ o perigo)	lehimana	לְהִימָּנַע
examinar (~ uma proposta)	livχon	לִבְחֹן
exigir (vt)	lidrof	לִדְרֹשׁ
existir (vi)	lehitkayem	לְהִתְקַיֵּם
explicar (vt)	lehasbir	לְהַסְבִּיר
expressar (vt)	levate	לְבַטֵּא
expulsar (~ da escola, etc.)	lesalek	לְסַלֵּק
facilitar (vt)	lehakel al	לְהָקֵל עַל
falar com ...	ledaber	לְדַבֵּר
faltar (a la escuela, etc.)	lehaχsir	לְהַחְסִיר
fascinar (vt)	lehaksim	לְהַקְסִים
fatigar (vt)	le'ayef	לְעַיֵּף
fazer (vt)	la'asot	לַעֲשׂוֹת
fazer lembrar	lehazkir	לְהַזְכִּיר
fazer piadas	lehitba'deaχ	לְהִתְבַּדֵּחַ
fazer publicidade	lefarsem	לְפַרְסֵם
fazer uma tentativa	lenasot	לְנַסּוֹת
fechar (vt)	lisgor	לִסְגֹּר
felicitar (vt)	levareχ	לְבָרֵךְ
ficar cansado	lehit'ayef	לְהִתְעַיֵּף
ficar em silêncio	liftok	לִשְׁתֹּק
ficar pensativo	lif'ko'a bemaχfavot	לִשְׁקֹעַ בְּמַחְשָׁבוֹת
forçar (vt)	lehaχ'riaχ	לְהַכְרִיחַ
formar (vt)	le'atsev	לְעַצֵּב
gabar-se (vr)	lehitravrev	לְהִתְרַבְרֵב
garantir (vt)	lehav'tiaχ	לְהַבְטִיחַ
gostar (apreciar)	limtso χen be'ei'nayim	לִמְצֹא חֵן בְּעֵינַיִים
gritar (vi)	lits'ok	לִצְעֹק
guardar (fotos, etc.)	lifmor	לִשְׁמֹר
guardar (no armário, etc.)	lefanot	לְפַנּוֹת
guerrear (vt)	lehilaχem	לְהִילָּחֵם
herdar (vt)	la'refet	לָרֶשֶׁת
iluminar (vt)	leha'ir	לְהָאִיר
imaginar (vt)	ledamyen	לְדַמְיֵן
imitar (vt)	leχakot	לְחַקּוֹת
implorar (vt)	lehitχanen	לְהִתְחַנֵּן

importar (vt)	leyabe	לְיַבֵּא
indicar (~ o caminho)	lenatev	לְנַתֵּב
indignar-se (vr)	lehitra'em	לְהִתְרַעֵם
infetar, contagiar (vt)	lehadbik	לְהַדְבִּיק
influenciar (vt)	lehaʃpiʻa	לְהַשְׁפִּיעַ
informar (~ a policia)	leya'de'a	לְיַדֵּעַ
informar (vt)	leho'dia	לְהוֹדִיעַ
informar-se (~ sobre)	levarer	לְבָרֵר
inscrever (na lista)	lehosif	לְהוֹסִיף
inserir (vt)	lehaχnis	לְהַכְנִיס
insinuar (vt)	lirmoz	לִרְמֹז
insistir (vi)	lehit'akeʃ	לְהִתְעַקֵּשׁ
inspirar (vt)	lehalhiv	לְהַלְהִיב
instruir (ensinar)	lehadriχ	לְהַדְרִיךְ
insultar (vt)	leha'aliv	לְהַעֲלִיב
interessar (vt)	le'anyen	לְעַנְיֵן
interessar-se (vr)	lehit'anyen	לְהִתְעַנְיֵן
intervir (vi)	lehit'arev	לְהִתְעָרֵב
invejar (vt)	lekane	לְקַנֵּא
inventar (vt)	lehamtsi	לְהַמְצִיא
ir (a pé)	la'leχet	לָלֶכֶת
ir (de carro, etc.)	lin'so'a	לִנְסֹעַ
ir nadar	lehitraχets	לְהִתְרַחֵץ
ir para a cama	liʃkav liʃon	לִשְׁכַּב לִישׁוֹן
irritar (vt)	le'atsben	לְעַצְבֵּן
irritar-se (vr)	lehitragez	לְהִתְרַגֵּז
isolar (vt)	levoded	לְבוֹדֵד
jantar (vi)	le'eχol aruχat 'erev	לֶאֱכֹל אֲרוּחַת עֶרֶב
jogar, atirar (vt)	lizrok	לִזְרֹק
juntar, unir (vt)	le'aχed	לְאַחֵד
juntar-se a …	lehitstaref	לְהִצְטָרֵף

255. Verbos L-P

lançar (novo projeto, etc.)	lehaf'il	לְהַפְעִיל
lavar (vt)	liʃtof	לִשְׁטוֹף
lavar a roupa	leχabes	לְכַבֵּס
lavar-se (vr)	lehitraχets	לְהִתְרַחֵץ
lembrar (vt)	lizkor	לִזְכּוֹר
ler (vt)	likro	לִקְרֹא
levantar-se (vr)	lakum	לָקוּם
levar (ex. leva isso daqui)	lehotsi	לְהוֹצִיא
libertar (cidade, etc.)	leʃaχrer	לְשַׁחְרֵר
ligar (~ o radio, etc.)	lehadlik	לְהַדְלִיק
limitar (vt)	lehagbil	לְהַגְבִּיל
limpar (eliminar sujeira)	lenakot	לְנַקּוֹת

limpar (tirar o calcário, etc.)	lenakot	לְנַקּוֹת
lisonjear (vt)	lehaχnif	לְהַחֲנִיף
livrar-se de ...	lehipater mi...	לְהִיפָּטֵר מ...
lutar (combater)	lehilaχem	לְהִילָחֵם
lutar (esporte)	lehe'avek	לְהֵיאָבֵק
marcar (com lápis, etc.)	lesamen	לְסַמֵּן
matar (vt)	laharog	לַהֲרוֹג
memorizar (vt)	lizkor	לִזְכּוֹר
mencionar (vt)	lehazkir	לְהַזְכִּיר
mentir (vi)	leʃaker	לְשַׁקֵּר
merecer (vt)	lihyot ra'ui	לִהְיוֹת רָאוּי
mergulhar (vi)	litslol	לִצְלוֹל
misturar (vt)	le'arbev	לְעַרְבֵּב
morar (vt)	lagur	לָגוּר
mostrar (vt)	lehar'ot	לְהַרְאוֹת
mover (vt)	lehaziz	לְהָזִיז
mudar (modificar)	leʃanot	לְשַׁנּוֹת
multiplicar (mat.)	lehaχpil	לְהַכְפִּיל
nadar (vi)	lisχot	לִשְׂחוֹת
negar (vt)	liʃlol	לִשְׁלוֹל
negociar (vi)	laset velatet	לָשֵׂאת וְלָתֵת
nomear (função)	lemanot	לְמַנּוֹת
obedecer (vt)	letsayet	לְצַיֵּת
objetar (vt)	lehitnaged	לְהִתְנַגֵּד
observar (vt)	litspot, lehaʃkif	לִצְפּוֹת, לְהַשְׁקִיף
ofender (vt)	lifgo'a	לִפְגוֹעַ
olhar (vt)	lehistakel	לְהִסְתַּכֵּל
omitir (vt)	lehaʃmit	לְהַשְׁמִיט
ordenar (mil.)	lifkod	לִפְקוֹד
organizar (evento, etc.)	le'argen	לְאַרְגֵּן
ousar (vt)	leha'ez	לְהָעֵז
ouvir (vt)	liʃmo'a	לִשְׁמוֹעַ
pagar (vt)	leʃalem	לְשַׁלֵּם
parar (para descansar)	la'atsor	לַעֲצוֹר
parar, cessar (vt)	lehafsik	לְהַפְסִיק
parecer-se (vr)	lihyot dome	לִהְיוֹת דּוֹמֶה
participar (vi)	lehiʃtatef	לְהִשְׁתַּתֵּף
partir (~ para o estrangeiro)	la'azov	לַעֲזוֹב
passar (vt)	la'avor	לַעֲבוֹר
passar a ferro	legahets	לְגַהֵץ
pecar (vi)	laχato	לַחֲטוֹא
pedir (comida)	lehazmin	לְהַזְמִין
pedir (um favor, etc.)	levakeʃ	לְבַקֵּשׁ
pegar (tomar com a mão)	litfos	לִתְפּוֹס
pegar (tomar)	la'kaχat	לָקַחַת
pendurar (cortinas, etc.)	litlot	לִתְלוֹת

penetrar (vt)	laχdor	לַחְדוֹר
pensar (vi, vt)	laχʃov	לַחְשׁוֹב
pentear-se (vr)	lehistarek	לְהִסְתָּרֵק
perceber (ver)	lasim lev	לָשִׂים לֵב
perder (o guarda-chuva, etc.)	le'abed	לְאַבֵּד

perdoar (vt)	lis'loaχ	לִסְלוֹחַ
permitir (vt)	leharʃot	לְהַרְשׁוֹת
pertencer a ...	lehiʃtayeχ	לְהִשְׁתַּיֵּךְ
perturbar (vt)	lehatrid	לְהַטְרִיד

pesar (ter o peso)	liʃkol	לִשְׁקוֹל
pescar (vt)	ladug	לָדוּג
planejar (vt)	letaχnen	לְתַכְנֵן
poder (~ fazer algo)	yaχol	יָכוֹל

pôr (posicionar)	la'aroχ	לַעֲרוֹךְ
possuir (uma casa, etc.)	lihyot 'ba'al ʃel	לִהְיוֹת בַּעַל שֶׁל
predominar (vi, vt)	ligbor	לִגְבּוֹר
preferir (vt)	leha'adif	לְהַעֲדִיף

preocupar (vt)	lehad'ig	לְהַדְאִיג
preocupar-se (vr)	lid'og	לִדְאוֹג
preparar (vt)	lehaχin	לְהָכִין
preservar (ex. ~ a paz)	leʃamer	לְשַׁמֵּר

prever (vt)	laχazot	לַחֲזוֹת
privar (vt)	liʃlol	לִשְׁלוֹל
proibir (vt)	le'esor	לֶאֱסוֹר
projetar, criar (vt)	letaχnen	לְתַכְנֵן
prometer (vt)	lehav'tiaχ	לְהַבְטִיחַ

pronunciar (vt)	levate	לְבַטֵּא
propor (vt)	leha'tsi'a	לְהַצִּיעַ
proteger (a natureza)	liʃmor	לִשְׁמוֹר
protestar (vi)	limχot	לִמְחוֹת

provar (~ a teoria, etc.)	leho'χiaχ	לְהוֹכִיחַ
provocar (vt)	lehitgarot	לְהִתְגָּרוֹת
punir, castigar (vt)	leha'aniʃ	לְהַעֲנִישׁ
puxar (vt)	limʃoχ	לִמְשׁוֹךְ

256. Verbos Q-Z

quebrar (vt)	liʃbor	לִשְׁבּוֹר
queimar (vt)	lisrof	לִשְׂרוֹף
queixar-se (vr)	lehitlonen	לְהִתְלוֹנֵן
querer (desejar)	lirtsot	לִרְצוֹת

rachar-se (vr)	lehisadek	לְהִיסָּדֵק
ralhar, repreender (vt)	linzof	לִנְזוֹף
realizar (vt)	lehagʃim	לְהַגְשִׁים
recomendar (vt)	lehamlits	לְהַמְלִיץ
reconhecer (identificar)	lezahot	לְזַהוֹת

reconhecer (o erro)	lehakir be...	לְהַכִּיר בְּ...
recordar, lembrar (vt)	lehizaχer	לְהִיזָכֵר
recuperar-se (vr)	lehaχlim	לְהַחלִים
recusar (~ alguém)	lesarev	לְסָרֵב
reduzir (vt)	lehaktin	לְהַקטִין
refazer (vt)	la'asot meχadaʃ	לַעֲשׂוֹת מֵחָדָשׁ
reforçar (vt)	leχazek	לְחַזֵק
refrear (vt)	lerasen	לְרַסֵן
regar (plantas)	lehaʃkot	לְהַשׁקוֹת
remover (~ uma mancha)	lehasir	לְהָסִיר
reparar (vt)	letaken	לְתַקֵן
repetir (dizer outra vez)	laχazor al	לַחֲזוֹר עַל
reportar (vt)	leda'veaχ	לְדַווֵחַ
reservar (~ um quarto)	leʃaryen	לְשַׁריֵן
resolver (o conflito)	lesader	לְסַדֵר
resolver (um problema)	liftor	לִפתוֹר
respirar (vi)	linʃom	לִנשׁוֹם
responder (vt)	la'anot	לַעֲנוֹת
rezar, orar (vi)	lehitpalel	לְהִתפַּלֵל
rir (vi)	litsχok	לִצחוֹק
romper-se (corda, etc.)	lehikara	לְהִיקָרַע
roubar (vt)	lignov	לִגנוֹב
saber (vt)	la'da'at	לָדַעַת
sair (~ de casa)	latset	לָצֵאת
sair (ser publicado)	latset le'or	לָצֵאת לָאוֹר
salvar (resgatar)	lehatsil	לְהַצִיל
satisfazer (vt)	lesapek	לְסַפֵּק
saudar (vt)	lomar ʃalom	לוֹמַר שָׁלוֹם
secar (vt)	leyabeʃ	לְייַבֵּשׁ
seguir (~ alguém)	la'akov aχarei	לַעֲקוֹב אַחֲרֵי
selecionar (vt)	livχor	לִבחוֹר
semear (vt)	liz'ro'a	לִזרוֹעַ
sentar-se (vr)	lehityaʃev	לְהִתייַשֵׁב
sentenciar (vt)	ligzor din	לִגזוֹר דִין
sentir (vt)	laχuʃ	לָחוּשׁ
ser (vi)	lihyot	לִהיוֹת
ser diferente	lehibadel	לְהִיבָּדֵל
ser indispensável	lehidareʃ	לְהִידָרֵשׁ
ser necessário	lehidareʃ	לְהִידָרֵשׁ
ser preservado	lehiʃtamer	לְהִשׁתַמֵר
servir (restaurant, etc.)	leʃaret	לְשָׁרֵת
servir (roupa, caber)	lehat'im	לְהַתאִים
significar (palavra, etc.)	lomar	לוֹמַר
significar (vt)	lomar	לוֹמַר
simplificar (vt)	lefaʃet	לְפַשֵׁט
sofrer (vt)	lisbol	לִסבּוֹל

sonhar (~ com)	laχalom	לַחֲלוֹם
sonhar (ver sonhos)	laχalom	לַחֲלוֹם
soprar (vi)	linʃov	לִנְשׁוֹב
sorrir (vi)	leχayeχ	לְחַיֵּךְ
subestimar (vt)	leham'it be"ereχ	לְהַמְעִיט בְּעֵרֶךְ
sublinhar (vt)	lehadgiʃ	לְהַדְגִּישׁ
sujar-se (vr)	lehitlaχleχ	לְהִתְלַכְלֵךְ
superestimar (vt)	leha'ariχ 'yeter al hamida	לְהַאֲרִיךְ יָתֵר עַל הַמִּידָה
supor (vt)	leʃa'er	לְשַׁעֵר
suportar (as dores)	lisbol	לִסְבּוֹל
surpreender (vt)	lehaf'ti'a	לְהַפְתִּיעַ
surpreender-se (vr)	lehitpale	לְהִתְפַּלֵּא
suspeitar (vt)	laχʃod	לַחְשׁוֹד
suspirar (vi)	lehe'anaχ	לְהֵיאָנַח
tentar (~ fazer)	lenasot	לְנַסּוֹת
ter (vt)	lehaχzik	לְהַחְזִיק
ter medo	lefaχed	לְפַחֵד
terminar (vt)	lesayem	לְסַיֵּם
tirar (vt)	lehorid	לְהוֹרִיד
tirar cópias	leʃaχpel	לְשַׁכְפֵּל
tirar fotos, fotografar	letsalem	לְצַלֵּם
tirar uma conclusão	lehasik	לְהַסִּיק
tocar (com as mãos)	lin'go'a	לִנְגּוֹעַ
tomar café da manhã	le'eχol aruχat 'boker	לֶאֱכוֹל אֲרוּחַת בּוֹקֶר
tomar emprestado	lilvot	לִלְווֹת
tornar-se (ex. ~ conhecido)	lahafoχ le...	לַהֲפוֹךְ לְ...
trabalhar (vi)	la'avod	לַעֲבוֹד
traduzir (vt)	letargem	לְתַרְגֵּם
transformar (vt)	leʃanot tsura	לְשַׁנוֹת צוּרָה
tratar (a doença)	letapel be...	לְטַפֵּל בְּ...
trazer (vt)	lehavi	לְהָבִיא
treinar (vt)	le'amen	לְאַמֵּן
treinar-se (vr)	lehit'amen	לְהִתְאַמֵּן
tremer (de frio)	lir'od	לִרְעוֹד
trocar (vt)	lehitχalef	לְהִתְחַלֵּף
trocar, mudar (vt)	lehaχlif	לְהַחְלִיף
usar (uma palavra, etc.)	lehiʃtameʃ be...	לְהִשְׁתַּמֵּשׁ בְּ...
utilizar (vt)	lehiʃtameʃ be...	לְהִשְׁתַּמֵּשׁ בְּ...
vacinar (vt)	leχasen	לְחַסֵּן
vender (vt)	limkor	לִמְכּוֹר
verter (encher)	limzog	לִמְזוֹג
vingar (vt)	linkom	לִנְקוֹם
virar (~ para a direita)	lifnot	לִפְנוֹת
virar (pedra, etc.)	lahafoχ	לַהֲפוֹךְ
virar as costas	lehafnot 'oref le...	לְהַפְנוֹת עוֹרֶף לְ...
viver (vi)	liχyot	לִחְיוֹת

voar (vi)	la'uf	לָעוּף
voltar (vi)	laʃuv	לָשׁוּב
votar (vi)	lehats'bi'a	לְהַצבִּיעַ
zangar (vt)	lehargiz	לְהַרגִּיז
zangar-se com ...	lehitragez	לְהִתְרַגֵּז
zombar (vt)	lil'og	לִלעוֹג

www.ingramcontent.com/pod-product-compliance
Lightning Source LLC
Chambersburg PA
CBHW062054080426
42734CB00012B/2651